新媒体营销与运营实战

从入门到精通

谭贤 / 著

人民邮电出版社

北京

图书在版编目（CIP）数据

新媒体营销与运营实战从入门到精通 / 谭贤著. --
北京 ： 人民邮电出版社，2017.12
ISBN 978-7-115-46436-1

Ⅰ. ①新… Ⅱ. ①谭… Ⅲ. ①网络营销 Ⅳ.
①F713.36

中国版本图书馆CIP数据核字(2017)第180362号

内 容 提 要

    本书通过内容运营和平台运营两条主线，全方位立体剖析新媒体营销与运营。内容运营的技巧线主要包括内容定位、图文设计、内容优化、吸粉引流、社群构建、内容变现等6大内容运营专题，全面概括了新媒体营销与运营的方法。平台运营的案例线主要涵盖微信平台、微博平台、问答平台、百科平台、直播平台、视频平台、音频平台、新媒体写作平台、论坛、垂直领域内容平台等10大平台运营专题，详细解读了新媒体营销与运营的实战技巧。

    本书结构清晰，内容精炼，图表丰富，适合新媒体从业者、公众平台运营者、文案策划人员等阅读。

◆ 著　　　　　　谭　贤
　　责任编辑　　恭竟平
　　执行编辑　　马　霞
　　责任印制　　周昇亮

◆ 人民邮电出版社出版发行　　北京市丰台区成寿寺路 11 号
　　邮编　100164　　电子邮件　315@ptpress.com.cn
　　网址　http://www.ptpress.com.cn

　　北京虎彩文化传播有限公司印刷

◆ 开本：700×1000　1/16
　　印张：22.5　　　　　　　　2017 年 12 月第 1 版
　　字数：440 千字　　　　　　2024 年 8 月北京第27次印刷

定价：59.80 元
读者服务热线：(010)81055296　印装质量热线：(010)81055316
反盗版热线：(010)81055315
广告经营许可证：京东市监广登字 20170147 号

前言

写作驱动

随着移动互联网时代的到来，营销进入新的网络营销阶段。搭上网络营销"顺风车"的企业，早就开始享受它带来的巨大"红利"；而普通民众也已经潜移默化地接受了网络营销，享受这种营销模式带来的快捷和便利。

各种互联网平台的兴起和发展，是网络营销模式产生的"根本"。通过各种互联网平台，网络营销突破了传统模式的渠道限制，大大减少了营销的各种中间环节阻碍，使企业与用户的联系更为紧密。

网络营销具有低成本、精准化、快捷化、有效化等优势，企业可以通过网络营销推送内容、广告、产品、品牌等各种营销信息。而且，企业还可以通过各种营销平台发布和日常生活紧密联系的内容，进一步运营积累自己的粉丝用户。

对个人用户而言，网络营销会使消费信息更为丰富，人们的消费有了更多的选择，能通过更多、更全面的渠道来进行消费。并且，一些优质的网络营销品牌，还能帮助用户节省选择成本，消费会变得更为轻松和实惠。

在日常生活中，网络营销已经成为一种普遍化现象。不管是传统企业还是新型企业，都面临着向网络营销转型的发展路口。如何通过网络来推广产品、树立品牌，成为各行各业需要考虑的问题。

然而，许多企业和个人依然只是粗略知道网络营销，对于网络营销的一些运营技巧并不了解，对各种网络营销运营平台也很生疏，所以在进行实际的网络营销时，会遇到各种具体的营销运营问题。

例如：怎样实现营销的内容定位，分析用户喜欢的内容？怎样分析营销数据，充分研究潜在用户群体？怎样进行图文设计，打造用户喜欢的内容？怎样进行内容优化，提升网络营销内容的质量？怎样吸粉引流，实现粉丝用户的暴涨？怎样构建社群，打造高黏性的粉丝经济？

以上的各种问题，通过阅读理解本书内容便能得到答案。本书就是为了帮助读者认识网络营销而编著的，通过本书的全面讲解和深度剖析，读者能掌握网络营销的各种技巧，熟悉各种网络营销推广的平台，从而在面对网络营销时游刃有余。

本书相比《新网络营销推广实战从入门到精通》的理论式讲解，在内容上更加专业化、差异化、全面化、案例化，使读者能快速掌握网络营销的运营重点。本书通过对网络营销的技巧解析，以及经典网络营销案例的讲解，让读者深刻认识了解网络营销的具体作用，对企业的品牌树立和营销推广有抛砖引玉的启发意义。

💡 本书内容

笔者在本书中为营销运营者奉献了近百种运营技巧，主要包括：3 大读者定位要素、3 大内容误区讲解、4 种直接式数据分析、5 种形象式数据分析、7 种平台数据找热点、6 个社群营销的要点、6 种满足需求的标题、8 大图片细节引爆的方法、6 种形式的正文编辑、8 大正文取胜的技巧、9 种提升版式的技巧、20 种微信引流的技巧等内容。本书结构清晰，内容全面，全书主体框架如下所示。

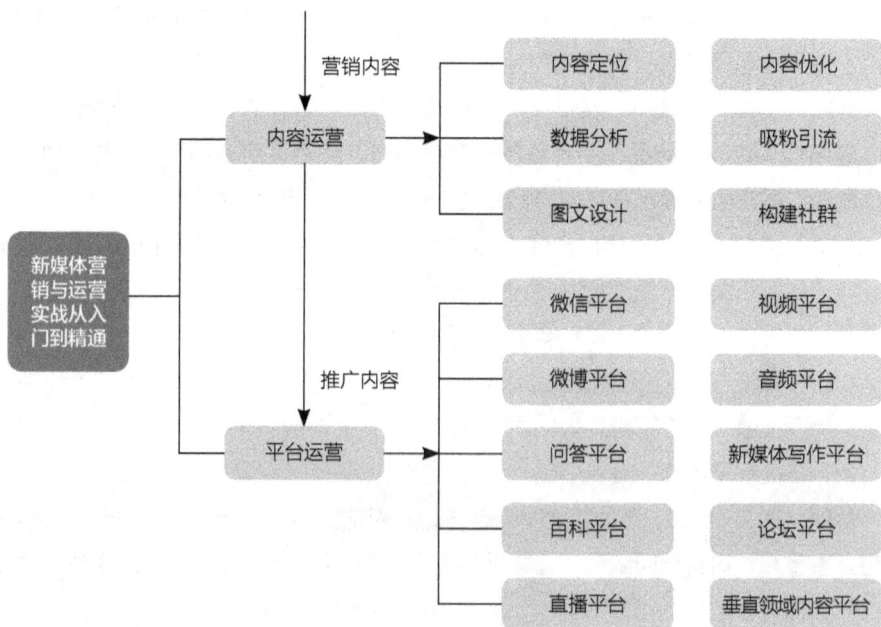

由于作者知识水平有限，书中难免有错误和疏漏之处，恳请广大读者批评指正。

目录 | Contents

第3章　图文设计，打造用户喜欢看的内容

第4章　内容优化，提升网络内容质量

第 5 章 吸粉引流，揭开粉丝暴涨的秘密

第 8 章 微博平台，传播就是"人的接力"

第 9 章　问答平台，小成本达到大推广效果

第1章

内容定位，分析用户喜欢什么内容

学前提示

移动互联网时代，网络营销推广成为一种新的营销方式，它能为企业带来巨大的利益，这种利益包括直接经济收益和无形影响力。

而在网络营销推广前，首先需要对营销推广的内容进行定位，分析自己的用户到底喜欢什么样的内容。

要点展示

>> 读者定位，想一想你的内容给谁看

>> 用户画像，知道你的精准客户是谁

>> 内容定位，根据读者群来策划内容

1.1 读者定位，想一想你的内容给谁看

随着移动互联的火热发展，各种网络营销方式相应诞生了。因为看到了网络营销的潜在商机，越来越多的个人和企业参与到网络营销中，通过网络营销的优势来分享网络营销的红利。

虽然网络营销逐渐成为商业营销的主要发展方向，人们的日常生活和信息获取都离不开它，但是如何做好网络营销却是一个难点，依然有很多商家没有掌握好其中的技巧。

想要做好互联网时代的网络营销，首先要做的就是要有一个清晰的定位，包括用户定位、服务定位和平台定位，然后根据自己的定位来确定营销的内容，确立自己的品牌形象。

本节笔者将从定位的关键点出发，分别为大家介绍读者用户、读者服务、读者平台的定位。

1.1.1 读者定位的关键点

在定位之前，先要明确定位的几个关键点，主要需要思考以下几个问题，如图 1-1 所示。

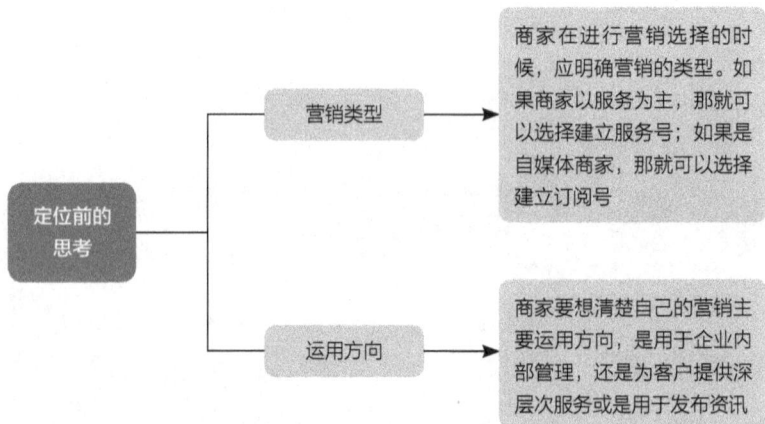

图 1-1 定位前的思考

商家除了要明确自己营销的类型和方向，还有一点很关键，那就是要明确目的，即需要清楚自己通过营销能够得到什么，因为只有清楚自己的目的，才能够有选择的依据和方向。

1.1.2 读者用户的定位

企业在营销的过程中，用户定位是至关重要的一环。只有了解了自己的目标读者，

才能根据这些读者的需求，提供相应的内容，达到最好的营销效果。目标读者定位主要要做两件事：

- 了解自己的目标读者是谁；
- 了解这些目标群体的主要特征。

如果企业能够摸透这两件事，那么对后面的产品定位和平台定位都是大有好处的。通常，对目标群体特征的分析，主要从 2 个方面入手，如图 1-2 所示。

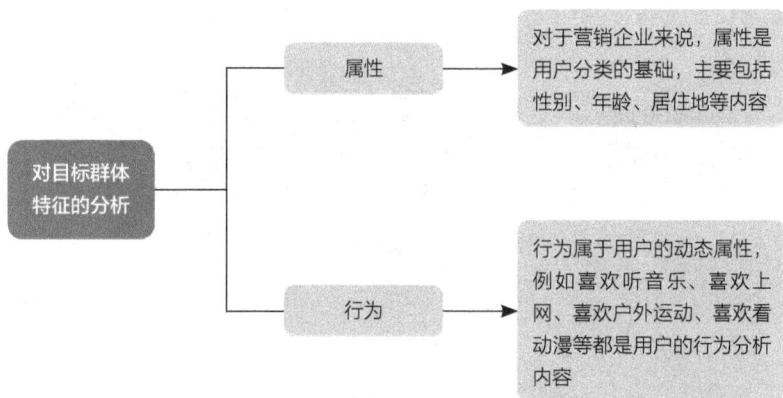

图 1-2　对目标群体特征的分析

一个优秀的网络营销者，还需要对目标用户进行简单的群体特征分析，分析这些群体特征主要从图 1-3 所示的几个特性着手。

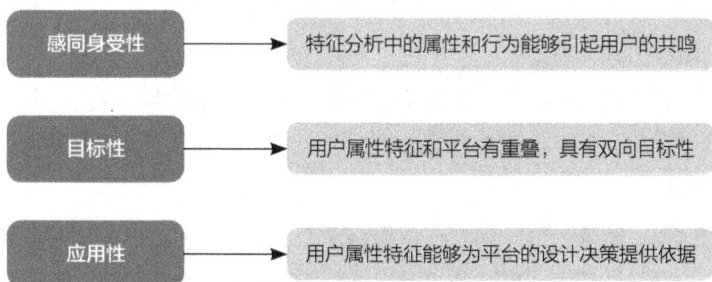

图 1-3　群体特征分析的几个特性

介绍完了目标群体特征分析的内容，下面笔者向大家介绍一下目标读者定位的流程，通常来说，对目标读者的定位需要经过图 1-4 所示的三个步骤。

收集信息	可以通过多种方式收集用户的信息，例如问卷或访谈的形式，然后将这些信息制成表格，根据表格数据来分析用户的基本属性
分类	根据用户的信息分析出用户的基本属性后，可以将用户分成几大类，然后给这些分类后的用户贴上标签，例如哪些是活跃用户、哪些是购买能力很强的用户等
实现定位	在收集了用户信息、对用户分类后，就可以实现用户定位的最后一步——对目标群体进行全方位的用户画像描述，包括性别、婚姻、手机依赖性、收入、爱好、性格等内容

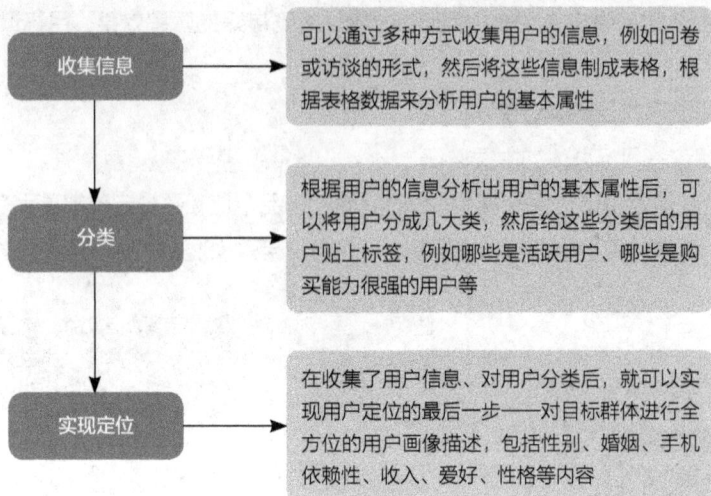

图 1-4　目标读者定位的流程

1.1.3　读者服务的定位

众所周知，在不同行业里，不同产品的营销方式也有很大的不同，因此网络营销其实也并不是适用于所有的行业和产品的，做好产品服务特色定位也是至关重要的一环。

想要投身到网络营销之中，就必须深入地了解自己的产业特色、产品特色，有针对性地进行产品服务定位。比如，手机厂商应该根据手机的功能，锁定不同年龄层的用户，进行精准化营销和宣传。

除了从自身角度出发之外，还要从目标用户的角度提供用户喜爱的差异化服务，如果企业的差异化服务不是用户所需要的，那么即使公司推出了相关服务，用户不接受也没有任何意义。

互联网时代，微信公众营销是一种网络营销，想要抢占微信公众营销高地，在众多微信公众号中脱颖而出，就必须打造出独具特色的微信公众平台，那么该怎么去打造特色化的微信公众平台呢？

企业可以为自己的微信公众平台进行差异化的产品和服务定位，差异化的产品和服务定位首先需要对竞争对手有一定的了解，然后分析自己与竞争对手之间的差异和优势，最终分析出属于自己企业的特色服务。

以大众熟悉的小米手机为例，和其他手机品牌的"广撒网"方针不同，小米手机巧妙地避开了竞争劣势，精准地定位了自己的客户群——将目标瞄准到年轻一族的身上，把握好年轻人的心理特征，然后打造出了属于自己的产品服务特色。

图 1-5 所示是小米公司的微信公众号平台，通过公众号可以进入小米商城。小米商城里有最新款的手机推荐，以及小米电视、小米笔记本电脑、小米压力电饭煲等产品，这些小米产品非常受用户欢迎。

图 1-5　小米公司微信公众平台的相关服务和微商城

1.1.4　读者平台的定位

营销要求内容为王，不管是以前的传统营销，还是现在的网络营销，这都是一个永恒不变的真理。

网络作为一种新的信息传播媒介，它对内容的定位要求是很严格的，不仅要求内容包罗万象，还要能通过多种信息载体和多种媒体形式来传达信息。

在网络上，企业展示内容的方式包括：

- 文本；
- 图片；
- 视频。

然而，很多企业不知道如何对内容进行定位，也不知道要放什么样的内容才能吸引人，下面笔者为大家介绍网络营销内容定位的方式。

企业想要做好网络营销的内容定位，首先要对内容的表现形式进行选择。只用文本、图片和视频等方式展示内容是完全不够的，想要通过更独特的方式去展示内容，就要对展示平台有一定的了解。

例如，有的企业就通过炫酷、有趣的 HTML5 等方式来展示内容，这些内容展示方式，在网络营销中已经火了一段时间了。还有的企业通过语音方式，每天推送一段带有关键信息的语音内容。

图 1-6 所示是"罗辑思维"微信公众平台，该平台每天为用户推送一段 60 秒的语音内容。用户回复"语音中的关键字"，就能看到更多的具体内容，这种带有互动性的营销方式具有很好的引流效果。

图 1-6 "罗辑思维"微信公众平台

1.2 用户画像，知道你的精准用户是谁

对于网络营销的运营者来说，构建用户画像是必不可少的，想要找到最好的运营方式，就必须通过具体的数据来了解用户，甚至可以将用户这个角色更加立体化、个性化、形象化地展现出来。

通过用户的性别、年龄、教育水平、地域、婚姻情况、皮肤性质等方面的信息对用户进行一个精准的分析，可以勾勒出一个生动而立体化的形象群体，企业可以根据用户画像更加了解自己的用户。

1.2.1 了解用户，必须构建用户画像

用户画像又叫用户角色，是团队用来分析用户行为、动机、个人喜好的一种工具，用户画像能够让团队更加聚焦用户群体，对目标用户群体有一个更为精准的了解和分析。

1. 用户画像简介

对于微信公众平台运营者来说，如果没有一个精准的期望目标，而是用户画像模糊，比如既囊括了男人女人、老人小孩，又囊括了文艺青年、热衷八卦的青年等，这样的产品终究会走向消亡。

图 1-7 所示是用户画像的具体图解。

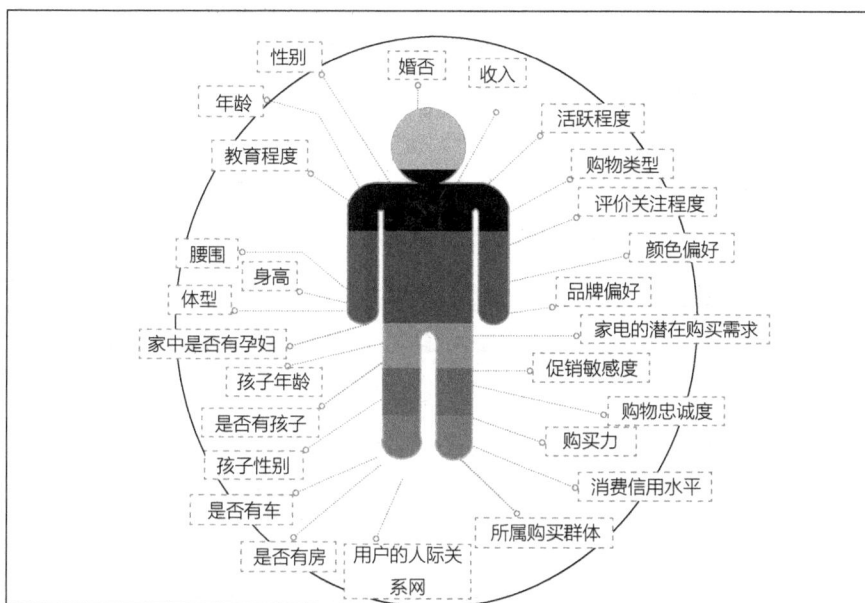

图 1-7　用户画像

根据图片，我们可以了解用户画像的许多特性，这些内容对互联网营销而言具有很大的参考价值，例如下面这些特性：

- 是否结婚；
- 收入多少；
- 教育程度；
- 购物类型；
- 颜色偏好；
- 消费信用水平；
- 社交类型和活跃度等。

2. 用户画像的作用

对于网络营销来说，每次营销都是为特定的用户提供服务而存在的，不存在营销内容适合每一个人的情况。而作为一种虚拟形象存在的用户画像，它并不是运营者脱离实际虚构出来的，它是由一群有代表性的用户群体和目标受众的各类数据总结而来的。

用户画像最核心的目的就是给用户打上一个标签，从而实现数据的分类统计，比如在北京地区的用户有多少，喜欢唱歌的用户有多少，男性用户和女性用户分别是多少，结婚的用户有多少等信息标签。

除了利用用户画像数据做简单的数据分类统计之外，还可以进行关联数据计算和聚类数据分析等。例如，在北京地区的女性用户占多少比例，在北京地区的用户年龄分布情况、婚姻生育情况等。

用户画像通过大数据处理方式，为运营者带来了更为便利、更为精准化的数据结果。让运营者在投放广告、投放平台内容的时候，能够准确地抓住用户的心理，将他们想要的信息投放出去，实现网络营销的需求。

3. 用户画像的构建步骤

如图 1-8 所示，在学习构建用户画像之前，网络营销的运营者必须了解一个优秀的、令人信服的用户画像需要满足的一些条件。

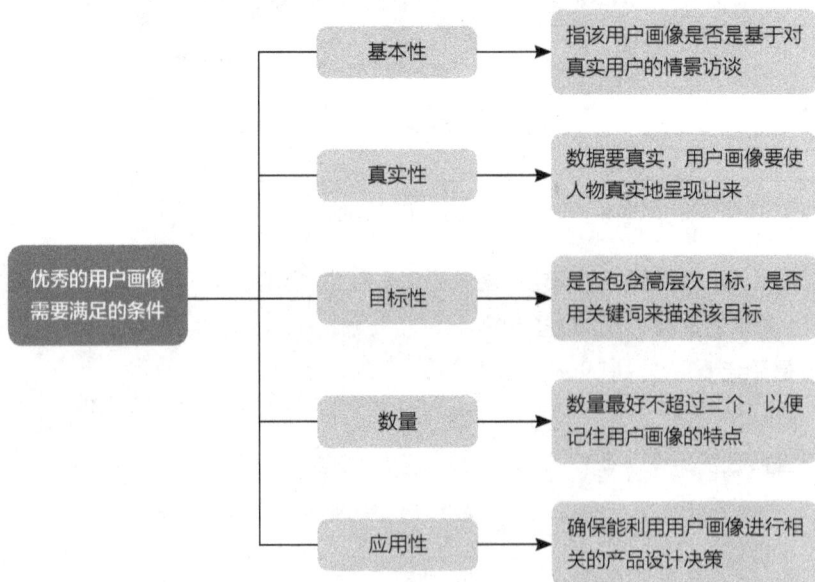

图 1-8　优秀的用户画像需要满足的条件

知道了用户画像条件，那么如何构建用户画像呢？如图 1-9 所示，构建用户画像主要有以下几个步骤。

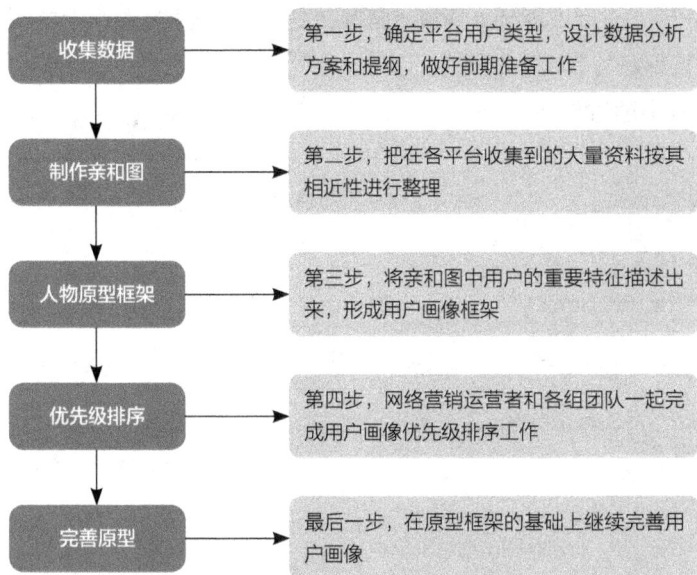

图 1-9 构建用户画像的步骤

1.2.2 微信后台，直接式数据分析

网络营销的平台有很多，本小节以当下最为流行的微信平台为例，介绍网络营销的直接数据分析方式。

在微信后台的"用户分析"功能中，除了直接了解用户的增长数据外，还能了解用户的分布属性。下面以微信公众号"手机摄影构图大全"为例，主要从性别、语言、地域等方面进行介绍。

1. 性别属性

在经营微信公众号的过程中，如果微信管理者想要知道用户的性别属性，可以在后台进入"用户分析"页面，然后单击"用户属性"按钮，如图 1-10 所示。

执行上述操作后，进入平台的"用户属性"的页面，就能查看用户的性别分布图，如图 1-11 所示。

把鼠标指针放在分布图上，就能看到分布的数据，从图 1-11 中可以看出，"手机摄影构图大全"的男性成员和女性成员比例相当，女性用户比男性用户稍微少一点。

微信运营者要根据微信公众号的定位，来进一步判断这样的比例是否和微信公众号的目标用户群体相匹配。

因为用户的性别比例相当，所以运营者在发布图文消息的时候，要兼顾男性用户和女性用户的喜好习惯和行为模式，这就要求微信运营者对"手机摄影构图大全"的内容有更为精细的分类。

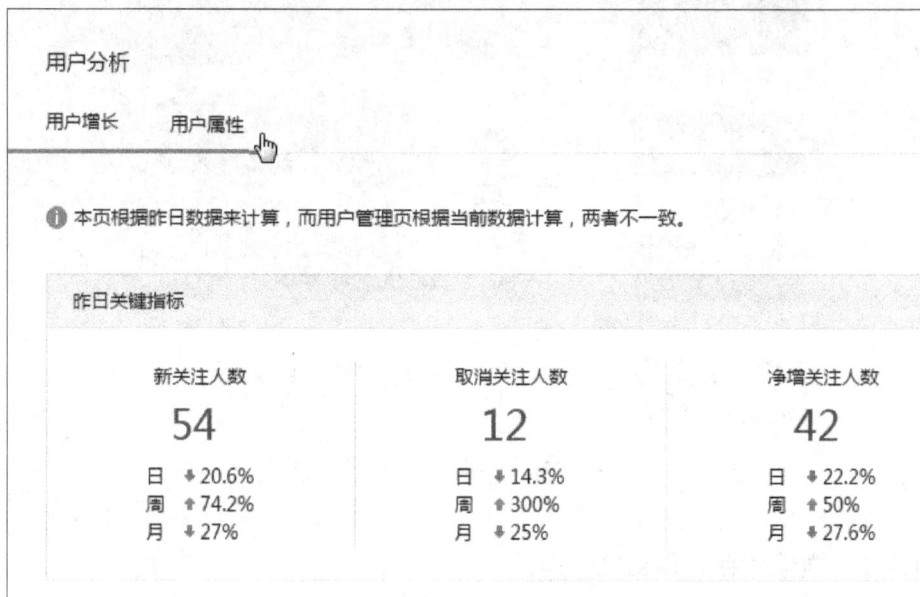

图 1-10　单击"用户属性"按钮

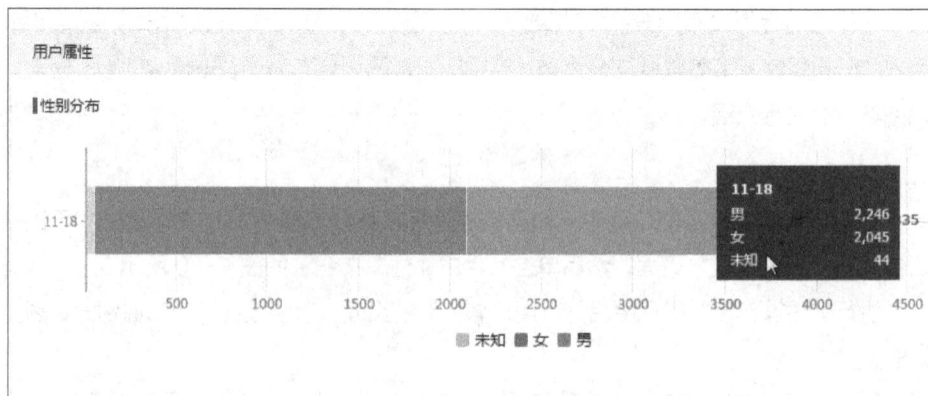

图 1-11　性别分布图

笔者认为，平台运营者可以将用户按照性别进行分组，分为女性组和男性组，然后发布一些有个性的或者有针对性的内容。例如，针对女性用户，可以发布一些与美妆、情感、闺蜜相关的手机构图知识；而针对男性用户，则可以发布一些黑科技、美剧大片相关的手机构图知识。笔者在这里只是举例说明，详细的策略还需要各平台运营者自行揣摩和研究。

同时，笔者提醒各平台运营者，因为微信平台对每一位用户的信息都是保密的，因此运营者在对男女性别进行分类的时候可能会遇到困难，但是笔者可以教给大家一个方法，就是看用户的姓名和头像。

现在的人玩微信，很少会出现以前 QQ 上的那种非主流的名字了，很多人的名字都比较有特点，通过名字，很容易知道是男是女，而且很多用户的头像也很有代表性，因此运营者可以通过用户的头像和名字来辨别其真实的性别。

2. 语言属性

在"性别分布"的后面，就是"语言分布"，图 1-12 所示为"手机摄影构图大全"的语言分布图。

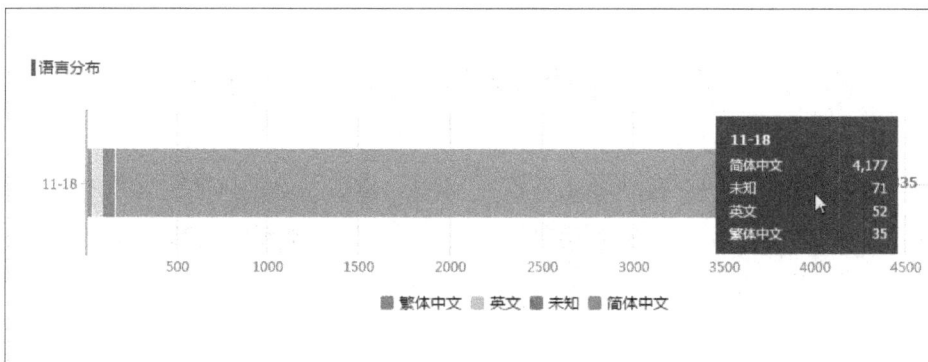

图 1-12 语言分布图

从图 1-12 中可以看出，在"手机摄影构图大全"的粉丝群体中，使用简体中文的用户数量为 4177 人，使用英文的用户数量为 52 人，使用繁体中文的用户数量为 35 人，还有使用的语言未知的用户 71 人。

3. 地域属性

2015 年 9 月，微信公众平台对用户的地理位置数据进行了优化，从而给微信管理者带来了极大的便利——提供省份和城市的分布情况。

（1）省份分布数据

省份分布数据能够让微信管理者看到微信粉丝在各省的分布情况，图 1-13 为"手机摄影构图大全"的用户省份分布数据。

单击"用户数"旁边的三角形可以对用户数据进行从高到低或者从低到高的排序，让微信运营者能够更方便地了解用户的分布情况。

省份	用户数 ⇕
广东省	664
江苏省	333
北京	270
四川省	267
湖南省	252
浙江省	221
福建省	217
山东省	189
吉林省	180
陕西省	158

1 / 4 ▶

图 1-13 "手机摄影构图大全"的用户省份分布数据

（2）城市分布数据

城市分布数据在省份分布数据的下方，微信管理者可以查看全国的城市用户分布情况，也可以查看某个省的城市用户分布情况，单击"城市分布"旁边的选项框，就会弹出可选的选项，如图 1-14 所示。

城市	用户数 ⇕
北京	270
广州	233
成都	170
长沙	167
上海	157
深圳	145
长春	117
重庆	106
杭州	104
厦门	101

1 / 31 ▶

图 1-14 城市分布数据

根据地域分布进行营销的思路，主要有图 1-15 所示的几点。

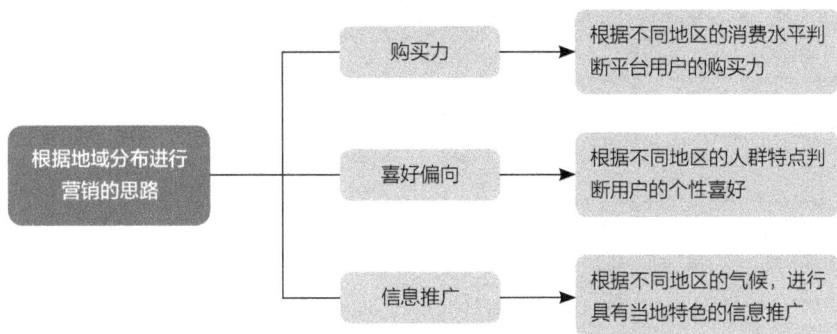

图 1-15　根据地域分布进行营销的思路

用户的地域分布信息比起性别、语言或其他的信息来说，要透明得多，微信平台运营者在后台的"用户管理"功能栏中，将鼠标指针放在微信用户的头像上，就能显示出每一个用户的地区信息，如图 1-16 所示。

图 1-16　用户地区信息显示

在性别、语言、地域等属性分布图下，数据表分析对了解用户也有一定的参考意义。微信后台为了方便运营者分析数据，在"用户属性"页面的最下方布置了"属性分布表"，运营者可以在属性分布表中查看详细数据。

图 1-17 所示为"语言"的详细数据表。

运营者可以将数据直接复制到 Excel 表格中，然后将数据用更清晰、更能展示趋势的图形表现出来，这样就能一眼看到数据的具体分布情况。

语言	用户数 ↓	占比
简体中文	4177	96.36%
未知	71	1.64%
英文	52	1.20%
繁体中文	35	0.81%

图 1-17　"语言"详细数据

1.2.3　新榜平台，形象式数据分析

新榜平台是一个用于发布自媒体平台运营数据和榜单的平台，通过新榜平台，用户能够了解自媒体平台的整体发展情况。本小节笔者将以微信公众号"悦读"为例，为大家介绍新榜平台对用户画像的形象式数据分析。

1．初步解析

进入新榜平台，在搜索页面搜索"悦读"，单击进入"悦读"平台；单击"广告价值"按钮，在该页面找到"用户画像"模块；单击页面"查看更多"按钮，如图 1-18所示，即可进入"悦读"的"用户画像"页面。

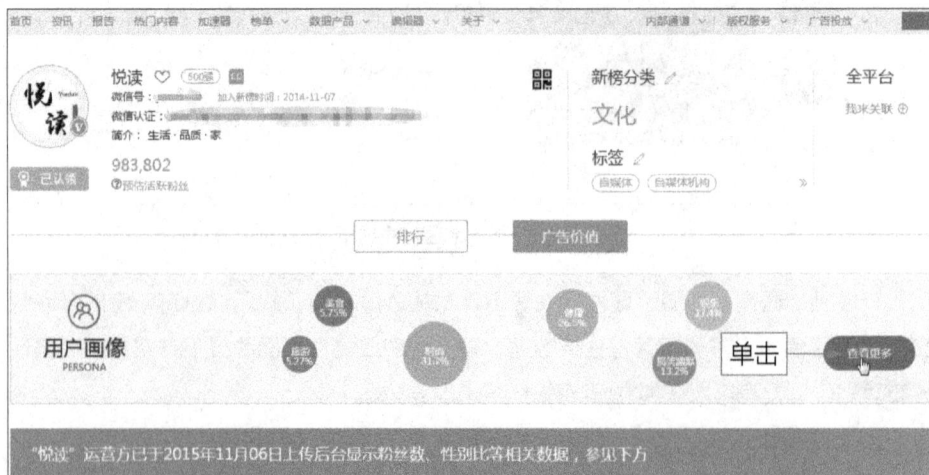

图 1-18　单击"查看更多"按钮

下面笔者将为大家介绍新榜自媒体平台的用户画像，具体包括以下几类数据：

- 预计活跃粉丝数；
- 性别比例；
- 年龄比例；
- 地域比例；
- 兴趣人群比例。

2．用户活跃度

据悉，新榜上的"预估活跃粉丝数"是按照自媒体平台文章阅读量和图文打开率的公式进行估算的，每一个账号都有一个活跃粉丝的预估值，新榜平台对"悦读"公众号的活跃粉丝估计值为 98 万多，如图 1-19 所示。

图 1-19　预估活跃粉丝数

3．性别分布

新榜上，每个公众账号都有性别比例的统计图，运营者能够一眼就看到自身平台的男女比例情况，图 1-20 所示为"悦读"公众号的性别比例图。

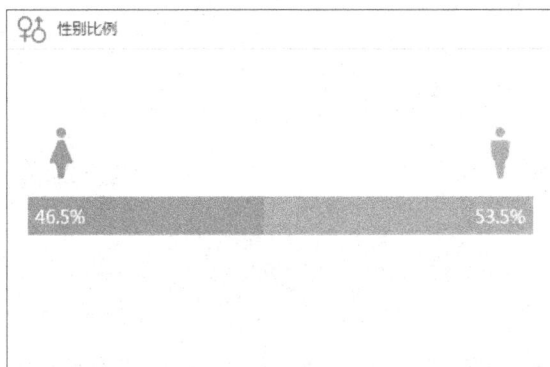

图 1-20　性别比例图

从性别比例图中可以看出，女性用户占 46.5%，而男性用户占 53.5%，女性用户比男性用户少。

4. 年龄分布

在粉丝性别比例后面就是年龄分布图。图 1-21 所示为"悦读"公众号粉丝的年龄比例图。

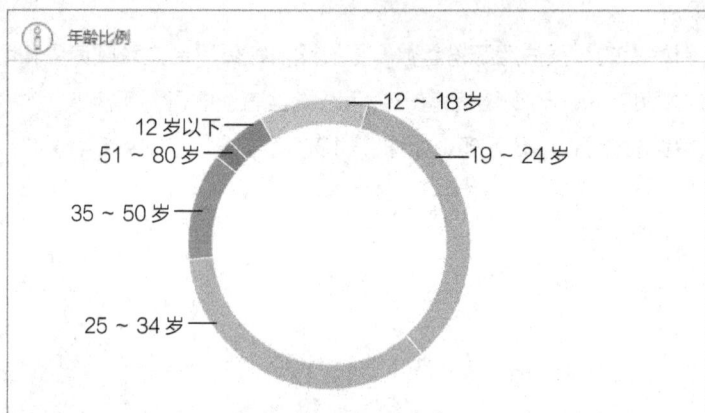

图 1-21　年龄比例图

从"悦读"的年龄比例图中可以看出，"悦读"的用户主要集中在 19 ～ 24 岁、25 ～ 34 岁。

如图 1-22 所示，19 ～ 24 岁的用户占比 34.4%，25 ～ 34 岁的用户占比 34.68%，所以 19 ～ 24 岁的用户占比和 25 ～ 34 岁的用户占比相差不大。

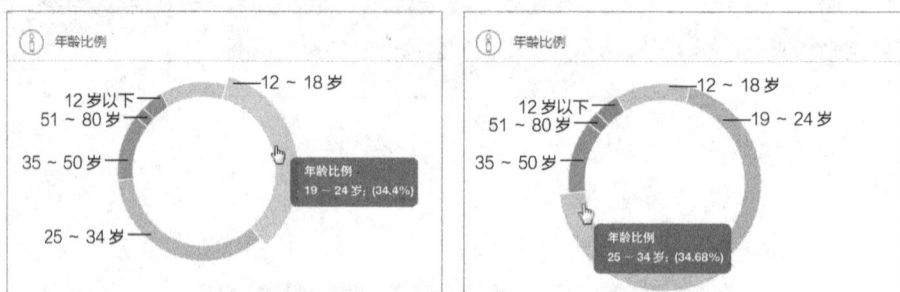

图 1-22　年龄占比对比

5. 地域分布

新榜还为每个公众号统计了用户的地域分布情况，并将分布排名前 10 位的地域用柱状图表现了出来。

图 1-23 所示为"悦读"公众号粉丝的分布排名前 10 位的地域比例分布图。

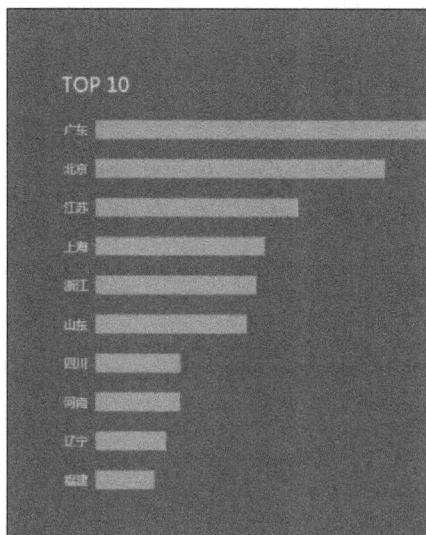

图 1-23　分布排名前 10 位的地域比例分布图

1.3　内容定位，根据读者群来策划内容

新媒体运营者在运营一个微信公众号的时候，有一点是一定要花费更多的精力去做好的，那就是平台的内容。

对于微信公众平台运营来说，内容就是绝对的主角。因为平台内容的好坏、有价值与否，关系着平台粉丝的数量，从而影响平台的盈利，所以做好平台内容的把关是每一个运营者都要重视的。

在这一节中，笔者将为大家介绍内容定位选择的 4 个方面的相关内容，如图 1-24 所示。

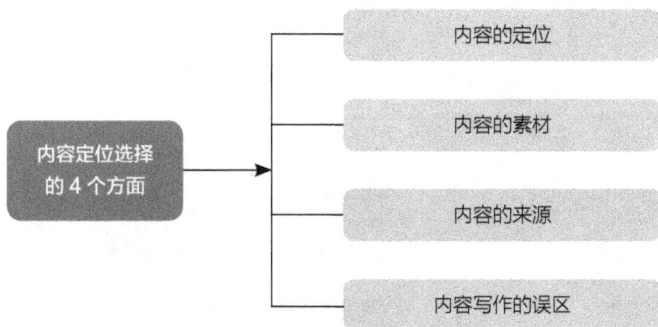

图 1-24　内容定位选择的 4 个方面

1.3.1 内容的定位

网络营销者在运营的时候，要对自己运营的内容进行定位。只有做好内容的定位，才能有清楚的运营方向，才能坚定地在一个领域走下去。运营者在进行内容定位的时候，主要需要确定以下2个方面的内容，如图1-25所示。

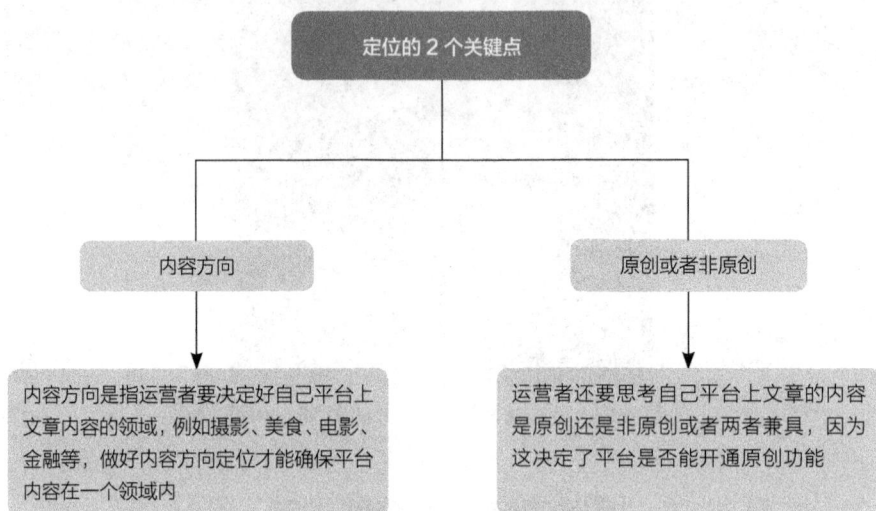

图 1-25　定位的 2 个关键点

1.3.2 内容的素材

对于微信公众平台来说，不可能每一条微信图文消息都是原创的，那样既浪费时间又浪费精力，因此运营者如果要获得更多的素材的话，就必须了解几个适宜的素材来源网站，笔者总结了几个素材来源网站，如图1-26所示。

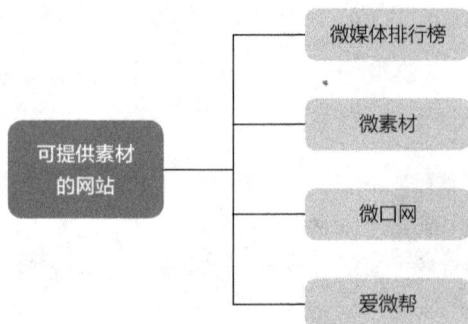

图 1-26　可提供素材的网站

1.3.3 内容的来源

在编辑内容之前需要先弄清楚内容有哪些来源，从而清楚向哪些人群收集平台的内容。如图 1-27 所示，内容可以从以下 3 个渠道来收集。

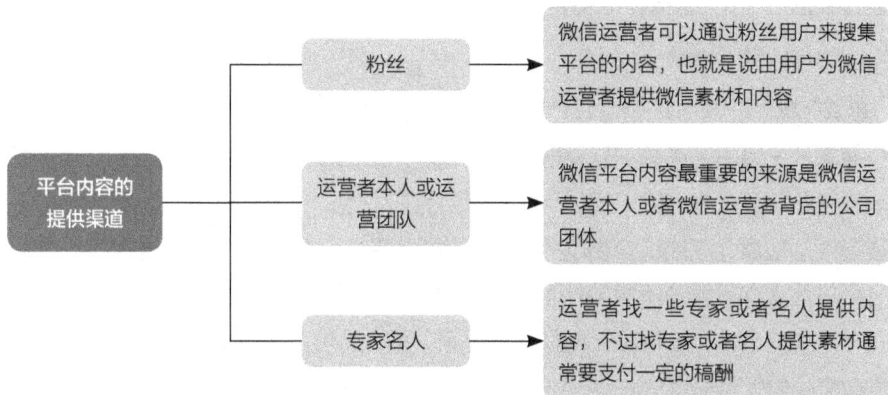

图 1-27 平台内容的提供渠道

从市面上已经在运营的微信公众号来看，很多商家对公众号的运营就是建个账号、发点新闻或者搞笑段子而已，而通常这种纯广告式的微信公众平台是没有什么价值的，用户的关注度也不高。

那么什么样的内容比较容易吸引用户呢？当然是那些建立在满足用户需求上的内容更加吸引人，运营者必须使自己的内容满足用户需求，才能达到预想的效果。

那么平台内容收集有哪些方法呢？笔者总结了图 1-28 所示的几种方法。

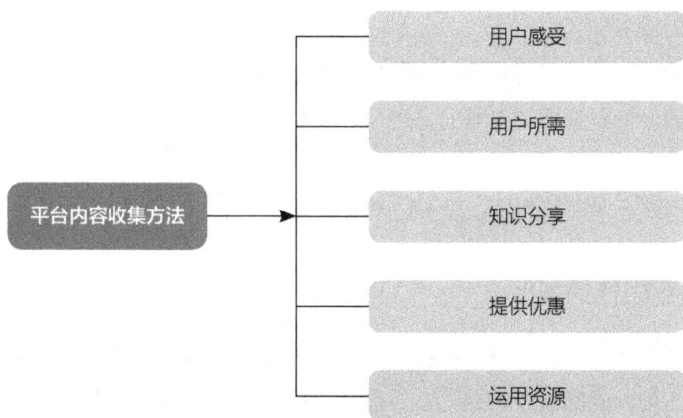

图 1-28 平台内容收集方法

1. 用户感受

很多用户会通过微信表达他们的不满，也有很多用户通过微信表达赞美，商家干万不能忽视这个环节，完全可以对此加以利用。

2. 用户所需

商家要了解用户需求，这样才能解决用户问题。要清楚用户在说什么，要留意用户通过微信搜索什么产品，并把用户关注的这些问题分门别类地进行整理，然后针对这些问题设计微信内容。

3. 知识分享

通常，一段干巴巴的产品介绍、产品说明是无法吸引用户眼球的，所以需要商家对所推销的产品进行知识延展。用户喜欢带有知识性的信息，以酒业为例，商家如果要推销他们的酒，不能只介绍酒的成分、酒精度多少、口感如何等，这些固然重要，但是用户更喜欢了解关于酿酒方面的知识，或是关于酒的悠久历史，或是关于品酒的小技巧，又或是储存方法等，很受用户青睐。不少运营者就熟练掌握了这一方法，在微信内容编辑上获得成功。

4. 提供优惠

很多用户都是冲着折扣信息去关注品牌信息的，但是，把促销信息一窝蜂地发布出来，并不会起到显著的宣传效果。对于用户来说，这种微信内容就像街头路边散发的小广告，他们并不会过多关注，甚至会感到厌恶。

商家应该避免这种误区，设计一些专门为微信会员打造的活动或优惠活动，让他们感到一种不同于他人的优待感，这样，粉丝才会有一种被重视的感觉，对微信公众号也会越依赖和喜欢。

5. 运用资源

运营者要做到善于运用资源，借助他人的精华来增加平台素材的来源，因此商家可以从网上摘录一些经典的文章分享在自己的公众平台的文章中或者收集一些网上最新最热门的段子，以此迎合用户的喜好。但是，商家在将这些文章、段子搬运到自己平台上时一定要记得注明文章和段子的来源。

1.3.4 内容写作的误区

随着微信时代的到来，各种微信营销信息也随之泛滥，太多没有价值的垃圾信息混杂进来，占据大众的视线和时间。要想让自己的内容能吸引读者阅读，避开内容写作中的误区是关键。

平台内容写作需避开的 3 大误区，如图 1-29 所示。

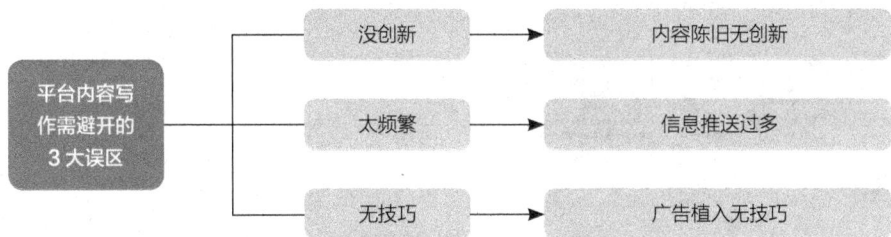

图 1-29　平台内容写作需避开的 3 大误区

1.　内容陈旧无创新

商家创作微信公众平台的目的其实只有一个，那就是为了获取更多粉丝的关注，在平台文章中植入广告，也是为了借助粉丝推销产品。据了解，有 99% 的商家把自己的平台的内容编写成了路边的宣传单。

如果商家的平台内容都是千篇一律，没有新意，没有趣味，没有实用价值，用户群是不会关注的，商家的预定宣传效果也就无法实现。

2.　信息推送过多

微信公众平台推送信息的到达率是百分之百，因此商家乐此不疲，推送过多的信息，造成轰炸之势，以为这样能博取用户的眼球。实际上，这些商家忽略了阅读率，用户群体虽然收到了这些微信公众平台的消息，但并不会一一点开查看。

过多的信息只会让用户心烦，他们可能产生逆反心理，不去翻阅，那么，商家的很多消息并没有真正被接收。

3.　广告植入无技巧

不少运营者的微信公众平台用户人数众多，商家急于宣传，于是在平台信息中硬性植入广告，对技巧和内容要求也相对较低，没有多少技术含量，完全没有考虑到用户的感受。这种广告事实上也不会收到多少效果，只会让用户厌烦，甚至是取消关注，商家最后得不偿失。

第 2 章

数据分析，充分研究潜在用户群体

学前提示

　　和传统的营销推广方式不同，网络营销是一种更为主动的营销。网络营销需要以发展的眼光看待用户，主动分析用户数据以及内容数据。

　　从数据中寻找可以用户关注的热点内容，通过数据来分析新增的用户和流失的用户。

要点展示

>>> 分析用户数据和内容数据
>>> 从数据中寻找热点内容
>>> 分析新增用户与取消关注用户

2.1　分析用户数据和内容数据

数据能够给我们最好的答案，想要分析数据，就必须学会数据分析的流程，一般来说，数据分析包括收集数据、整理数据、选择形式、分析数据和得出结论等流程。

2.1.1　收集数据

如何收集数据是所有网络营销运营者需要思考的一个问题，对于大多数的运营者来说，主要的数据来源就是平台的一系列数据，这些数据具有很大的参考价值。下面笔者将为大家介绍几种主流的数据平台。

1.　微信平台

微信后台是每个微信运营者都必须重点关注的地方，微信后台的统计功能模块下有 6 大分析项目，分别是用户分析、图文分析、菜单分析、消息分析、接口分析和网页分析。

在这些项目中，每一个指标下都会有趋势图，这些趋势图是通过折线的形式表现出来的，不需要运营者自己再去做图形，运营者通过这些折线图，能够一目了然地进行数据分析。

图 2-1 所示为用户分析项目中"新增人数"的趋势图。

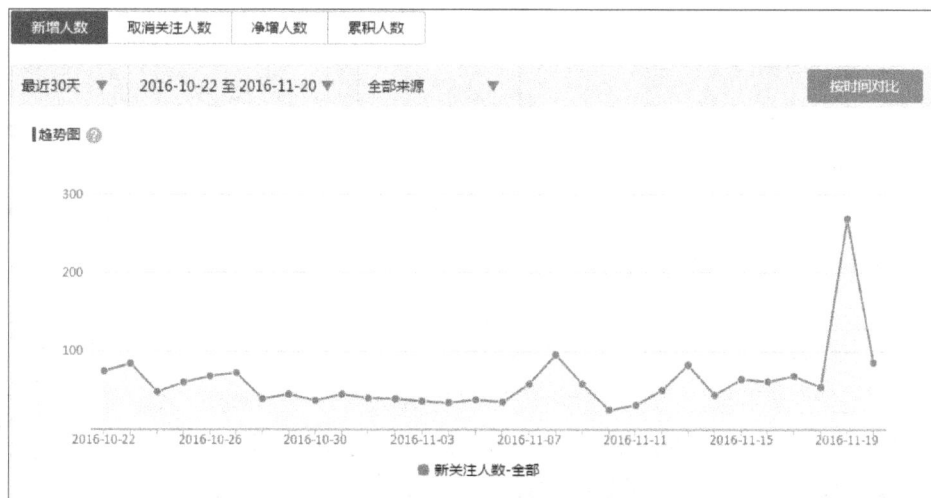

图 2-1　用户分析项目中"新增人数"的趋势图

除了查看趋势图数据外，运营者还可以直接获得原始数据，然后根据自己的需要对原始数据进行后期加工处理，具体的操作方式见图 2-2。

如图 2-2 所示，单击"下载表格"按钮，然后就能将数据导出到 Excel 表格中。

时间 ⇕	新关注人数 ⇕	取消关注人数 ⇕	净增关注人数 ⇕	累积关注人数 ⇕
2016-11-23	118	19	99	4869
2016-11-22	72	22	50	4770
2016-11-21	63	8	55	4720
2016-11-20	85	10	75	4665
2016-11-19	268	13	255	4590
2016-11-18	54	12	42	4335
2016-11-17	68	14	54	4293
2016-11-16	61	19	42	4239
2016-11-15	64	10	54	4197
2016-11-14	44	11	33	4143
2016-11-13	82	10	72	4110

图 2-2　单击"下载表格"按钮

2. 新榜平台

有一个为微信公众号内容进行价值评估的平台，微信运营者一定不能放过，这个第三方机构平台就是新榜。

目前，新榜平台上有超过 1000 万个微信公众号，对超过 24 万个有影响力的优秀账号实行每日固定监测，从而发布影响力排行榜。

通过新榜平台，微信运营者可以查询某公众号的排名情况，还可以查询统计周期内的其他数据，包括：

- 发布数据；
- 总阅读数、头条阅读数；
- 点赞数；
- 当日排名数据。

3. 清博平台

清博是一个大数据平台，目前是一个拥有超过 300 万微信粉丝的社交矩阵，与互联网三大巨头 BAT、网易、今日头条等互联网公司有深度合作。

在清博指数平台上，微信运营者可以在首页输入微信公众号的 ID 或者名称，就能看到其排名情况。通过清博平台，还可以收集以下的数据，具体包括：

- 排名；
- 活跃粉丝数；
- 阅读数、头条阅读数；
- 点赞数等。

2.1.2 整理数据

要整理数据，首先就要将后台的数据导出来，将后台的数据导出来之后，就要对数据进行一定的整理，整理的方法有很多，例如：

- 剔除多余、无用的数据或元素，以免对后面的数据分析造成干扰，如图 2-3 所示。

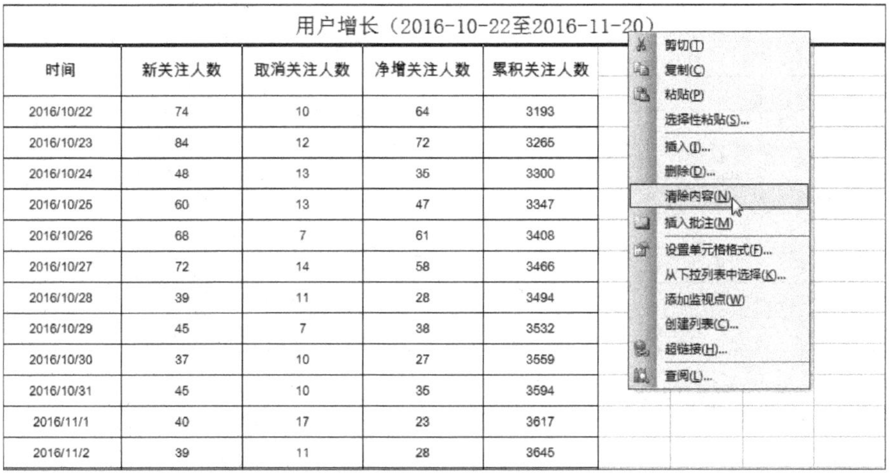

用户增长（2016-10-22至2016-11-20）				
时间	新关注人数	取消关注人数	净增关注人数	累积关注人数
2016/10/22	74	10	64	3193
2016/10/23	84	12	72	3265
2016/10/24	48	13	35	3300
2016/10/25	60	13	47	3347
2016/10/26	68	7	61	3408
2016/10/27	72	14	58	3466
2016/10/28	39	11	28	3494
2016/10/29	45	7	38	3532
2016/10/30	37	10	27	3559
2016/10/31	45	10	35	3594
2016/11/1	40	17	23	3617
2016/11/2	39	11	28	3645

图 2-3 删除不需要的元素

- 对数据进行简单的计算，以发现更多的信息点，为后面的数据分析打下基础，数据的计算包括求和、平均数计算等。如图 2-4 所示，通过求和计算得出 10 月 22 至 31 日，取消关注的总人数为 107 人。

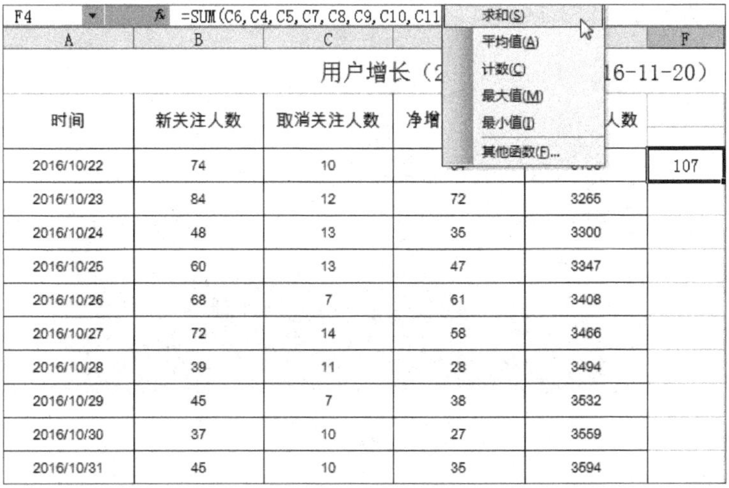

A	B	C			F
用户增长（2…16-11-20）					
时间	新关注人数	取消关注人数	净增…	…人数	
2016/10/22	74	10			107
2016/10/23	84	12	72	3265	
2016/10/24	48	13	35	3300	
2016/10/25	60	13	47	3347	
2016/10/26	68	7	61	3408	
2016/10/27	72	14	58	3466	
2016/10/28	39	11	28	3494	
2016/10/29	45	7	38	3532	
2016/10/30	37	10	27	3559	
2016/10/31	45	10	35	3594	

图 2-4 数据计算

- 对于一些需要特别注意的数据，为了不在后面的分析中将其遗忘，可以将其标注出来，例如改变数据颜色、字体、为单元格填充颜色等。改变数字颜色只要单击"字体颜色"按钮，就能选择想要的颜色。如果要进行其他标注，可以选中数据，然后更改数据所在单元格的格式，如图 2-5 所示。

2016/11/1	40	17	23	3617	剪切(T)
2016/11/2	39	11	28	3645	复制(C)
2016/11/3	36	7	29	3674	粘贴(P)
2016/11/4	34	4	30	3704	选择性粘贴(S)...
2016/11/5	38	10	28	3732	插入(I)...
2016/11/6	35	8	27	3759	删除(D)...
2016/11/7	58	4	54	3813	清除内容(N)
2016/11/8	95	6	89	3902	插入批注(M)
2016/11/9	58	11	47	3949	设置单元格格式(F)...
2016/11/10	25	7	18	3967	从下拉列表中选择(K)...
2016/11/11	31	3	28	3995	添加监视点(W)
2016/11/12	50	7	43	4038	创建列表(C)...
2016/11/13	82	10	72	4110	超链接(H)...
2016/11/14	44	11	33	4143	查阅(L)...

图 2-5　标注数据

2.1.3　选择形式

数据其实可以有很多种表现形式，纯数据的表格形式往往会让人一下看不到重点，所以整理好数据后，就要将数据的形式进行转变，以方便运营者观察数据。图 2-6 所示为某月新增关注人数的柱形图。

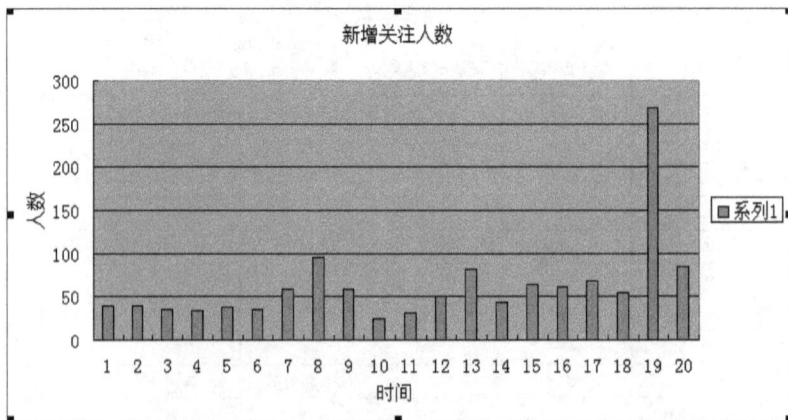

图 2-6　新增关注人数的柱形图

对于数据的表现形式，笔者总结出了以下几点内容，如图 2-7 所示。

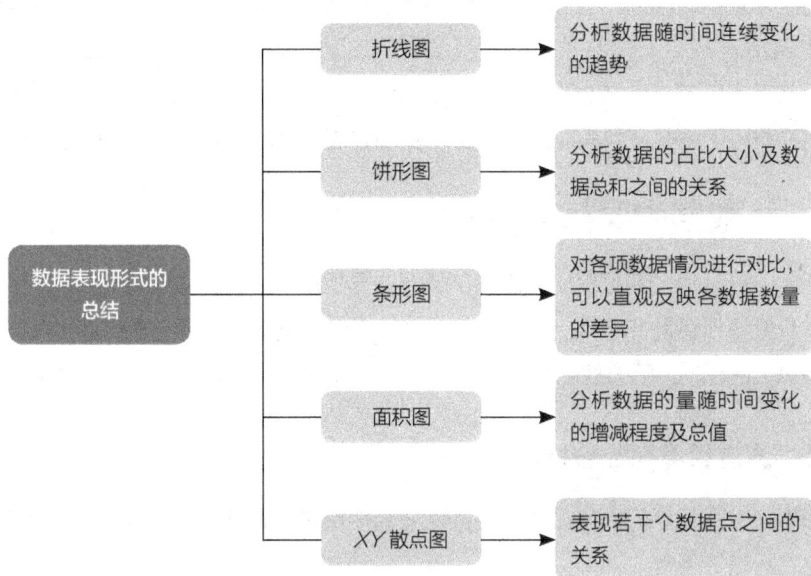

图 2-7　数据表现形式的总结

2.1.4　分析数据

收集数据、整理数据之后，就要对数据进行分析，需要将数据进行对比，分析其趋势变化，并且从中找出一些特殊点，再结合平台具体的运营情况进行分析。

例如，看到某个时间段阅读量暴增或者骤减，这个时候运营者就必须去了解这些时间段内推送的文章是什么，有什么特点，查出导致阅读量暴增或者骤减的原因。

平台的新增用户在某个时期持续性暴增，那么很有可能微信公众平台在这个时间段里发布活动了，从而导致用户持续性增加，也有可能是其他原因导致平台用户持续增加，运营者需要根据这些数据，将深层次的原因找出来，为以后的平台运营打下基础、积累经验。

2.1.5　得出结论

分析完数据后，就能得出结论了，结论通常是用来解释这种数据情况产生的原因，运营者通常要纵观全局，才能发掘出最深层次的原因。

例如，对于某个开全国连锁店的商家来说，通过企业微信公众平台，发现某个省的用户数量比较大，比其他省都要高出很多，这个时候，企业的微信平台运营者就需要分析为什么会出现这样的情况。于是运营者就从多个角度提出设想，进行对比分析，最后找出原因——发现是该省商家的宣传工作做得更好，导致该省的用户数量比较大。

因此得出结论：一些小小的举动往往能够带来意想不到的结果。之后公司就将该省的这种宣传手段推行到其他的连锁店，来帮助提高企业微信公众平台的粉丝量。

2.2　从数据中寻找热点内容

想要做好微信公众运营，就必须了解一些寻找热点、打开营销道路的方式，只有平台本身聚集了话题和热点，才能获得用户的关注，而想要获得这些热点，就必须了解一些热点话题的来源方式。

2.2.1　通过百度指数分析近期趋势

百度指数是互联网时代最重要的数据分享平台之一，该平台是基于百度用户行为数据建立起来的平台。

通过该平台，网络营销运营者能够了解到某个热点的火热程度，它能将竞争产品、受众指向、传播效果等数据和信息，以科学的图谱方法呈现在人们面前。

如果企业想要了解某个热点的火热程度，只要在百度指数查询栏里输入热点关键词即可。图 2-8 所示为热门电影《奇异博士》的指数趋势图。

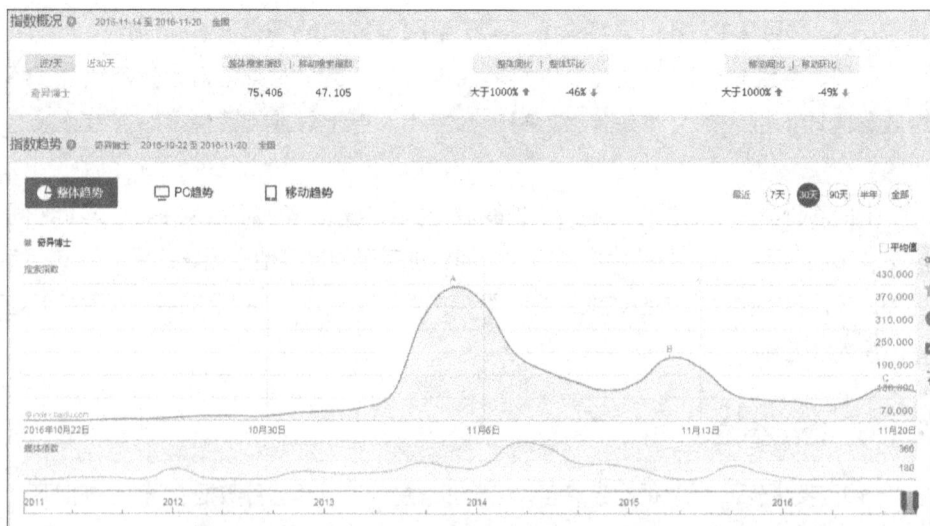

图 2-8　《奇异博士》的指数趋势图

如果企业遇到了好几个同类的热点，不知道哪个热点更受人关注，可以在热点关键词后面添加对比词，然后可以查看哪一个热点的关注指数更好一些。

总结来说，通过百度指数，用户可以了解到图 2-9 所示的信息。

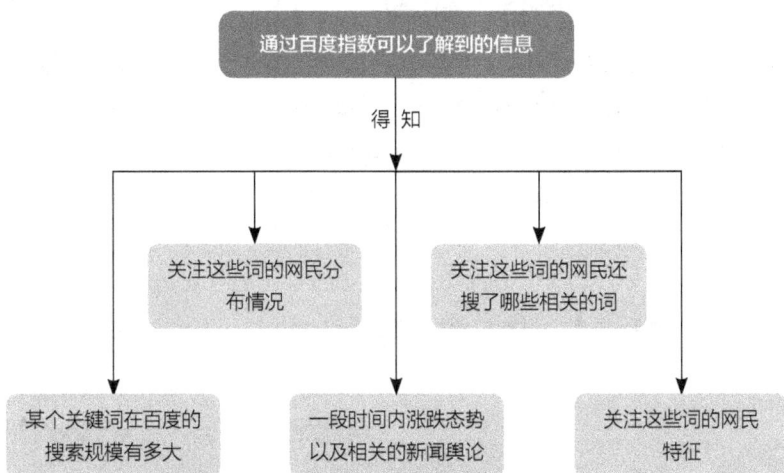

图 2-9 通过百度指数可以了解到的信息

2.2.2 通过微博热门话题寻找热点

微博上的微话题，主要展示 24 小时内关注度比较高的热门事件。单击微博顶部的"发现"按钮，就能进入热门微博推荐界面；单击左侧的"微话题"按钮，就能看到相关的热门话题，如图 2-10 所示。

图 2-10 微话题界面

网络营销推广运营者可以根据自己的推广方向，找到自己关注的领域的微话题，然后将这个微话题嵌入到自己推送的消息中，就能提高用户的关注度和阅读率。

2.2.3　通过淘宝排行榜寻找好卖产品

对于电商类或者以销售产品为主的微信公众平台来说，关注市场行情是很有必要的，这类微信平台要了解商品行情，知道什么最好卖。

商品行情可以通过淘宝排行榜来查看，淘宝排行榜是对淘宝近百万店铺前 500 名进行排名以及对商品性价比进行排序的一种导航，图 2-11 所示为淘宝排行榜的页面。

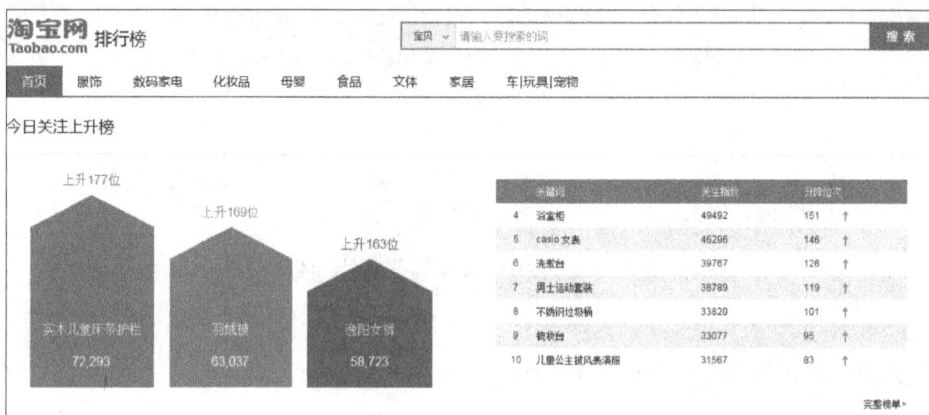

图 2-11　淘宝排行榜

在淘宝排行榜上，可以查看两个榜单，一个是"今日关注上升榜"，另一个是"一周关注热门榜"。如果运营者想要了解更多的信息，可以单击"完整榜单"按钮，进入更加详细的榜单页面，图 2-12 所示为"今日关注上升榜"的完整榜单。

图 2-12　"今日关注上升榜"的完整榜单

网络营销推广运营者还可以根据自身实际情况选择细分行业商品种类。例如，选择"数码家电"中的"U 盘"类商品，就能看到"U 盘"类产品"销售上升榜"，如图 2-13 所示。

图 2-13　"U 盘"类产品的"销售上升榜"

> ⚡ **专家提醒**
>
> 除了销售上升榜之外，还有：
> - 销售热门排行；
> - 搜索上升榜；
> - 搜索热门排行；
> - 品牌上升榜；
> - 品牌热门排行。

2.2.4　通过百度搜索风云榜分析数据

百度搜索风云榜是基于数亿网民搜索行为的数据，以关键词为统计对象建立关键词排行榜的平台，该平台覆盖十余个行业类别，100 多个榜单，能够直观地反映出互联网网民的兴趣和需求。

网络营销推广运营者可以在百度搜索风云榜上查看网民关注的兴趣点，然后结合自己的运营内容，将热点与自己的推广内容结合起来，推送给用户，这样更容易吸引用户点击阅读。

图 2-14 所示为百度搜索风云榜的首页页面。

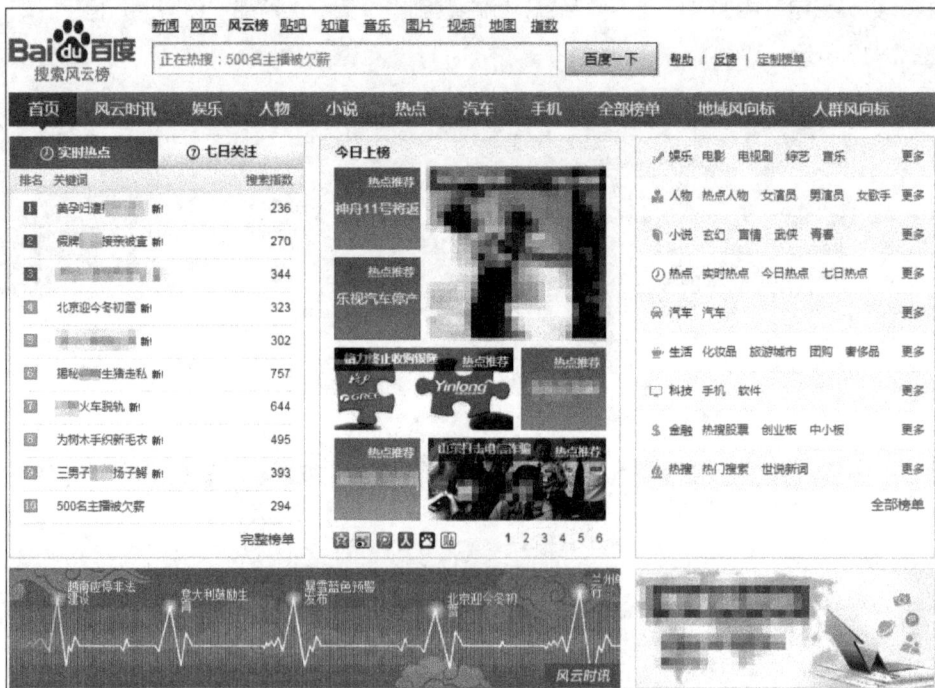

图 2-14　百度搜索风云榜的首页

2.2.5　通过网评排行分析最受关注的内容

在网评排行 - 搜狐上，可以通过网友对某一新闻的跟帖数和点击数，了解用户的关注点所在。

在该平台上，运营者可以通过排行榜了解国内、国际的社会、娱乐、财经等领域的"日热点排行"和"日点击排行"，然后再结合这些热点，在此基础上撰写文章。

2.2.6　通过知乎分析大家都在讨论什么

知乎是一个网络问答社区，在这个平台上，用户可以彼此分享各自的专业知识、见解和经验等。微信运营者可以进入话题广场，选择与自己平台运营有关的话题，进入之后就可以看到热门话题的排序。

图 2-15 所示为"阅读"话题的动态排序情况，运营者可以通过查看这些热门排序来了解网友们的关注点和讨论话题。

图 2-15   "阅读"话题的热门排序

2.2.7   通过爱奇艺指数分析热门视频

爱奇艺指数是一个视频数据分析平台，通过该平台，用户可以了解图 2-16 所示的信息。

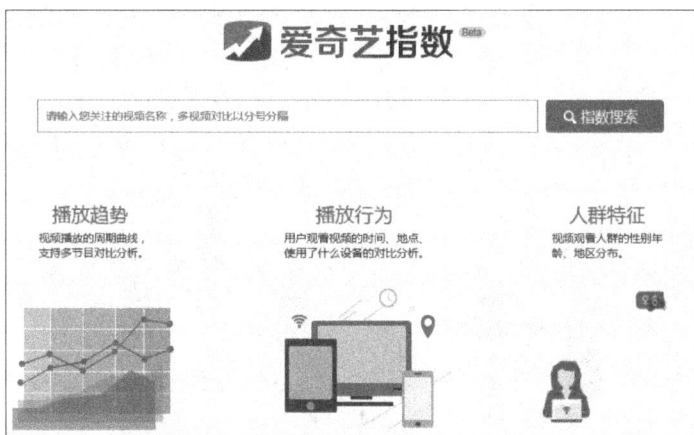

图 2-16   通过爱奇艺指数了解到的信息

对于视频类的微信公众平台来说，需要经常利用这样的视频指数平台来分析热门视频的一些播放趋势、用户的观看行为、观看用户的特征特点等。

运营者只需要在搜索栏中输入关注的视频名称即可查看视频的指数情况，如果是想要进行多视频对比，在搜索栏中输入视频名称时以分号分隔即可。

图 2-17 所示为热播电视剧《老九门》的播放指数趋势。

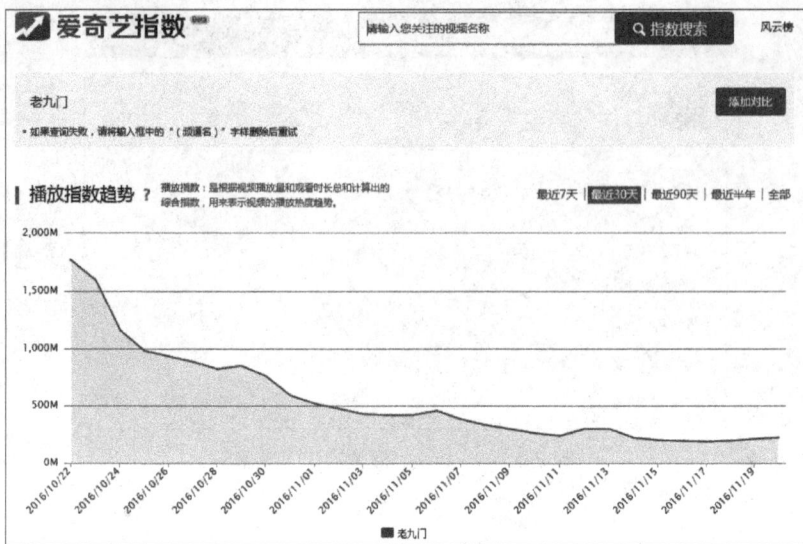

图 2-17 《老九门》的播放指数趋势

图 2-18 所示为《老九门》用户画像的性别和年龄部分。

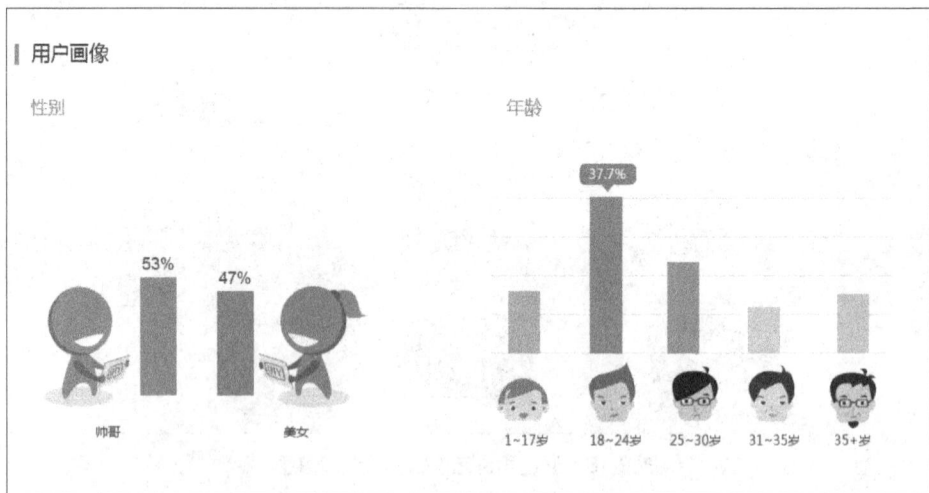

图 2-18 《老九门》的用户画像

2.3 分析新增用户与取消关注用户

很多微信公众平台运营者看到后台的数据，不知从何入手，其实这些数据能够给运营者带来很多启示，关键看运营者会不会解读这些数据，在微信后台统计功能模块下的第一项就是用户分析数据，分析这些数据，能够得到哪些有用的信息呢？

2.3.1 价值体现，微信后台数据分析

进入微信公众平台，有一个绝对不能忽视的功能模块，那就是统计功能模块。在该功能模块中，位列第一的就是"用户分析"功能模块。将用户分析放在第一位，是不是想告诉运营者们，用户在微信公众运营中，占据着举足轻重的地位呢？这其中的深意值得微信运营者们思考。

1. "用户增长"看用户数量变化

当微信运营者进入微信后台，单击"用户分析"模块进入用户分析页面时，第一个看到的就是"用户增长"项目，如图 2-19 所示。该项目放在这么重要的位置，说明微信公众平台对用户的重视程度。

图 2-19 "用户增长"项目

> **专家提醒**
>
> "用户增长"项目主要是用来查看用户数量变化的，它用于统计平台昨日计算的数据，而用户管理模块的数据是根据当前实时数据计算的，所以两者数据会有差异。

2. "用户增长"的各类数据指标

在用户增长项目中，所有的数据指标有一个总称，叫做"昨日关键指标"，因为用户增长是根据昨日数据统计的，因此它的数据指标称为"昨日关键指标"。

在"昨日关键指标"下，有 4 个非常重要的关键指标，分别是：新关注人数、取

消关注人数、净增关注人数、累积关注人数。对于这四个关键指标,微信公众平台给出了图 2-20 所示的诠释。

新关注人数
新关注的去重用户数

取消关注人数
取消关注的去重用户数

净增关注人数
净增长的去重关注用户数

累积关注人数
当前关注的用户总数

图 2-20　微信平台对于关键指标的诠释

2.3.2　数据汇总,"昨日关键指标"

"昨日关键指标"是一个能够帮助平台运营人员了解用户的动向的汇总数据库,前面说到,"昨日关键指标"主要包含四类数据,如图 2-21 所示。

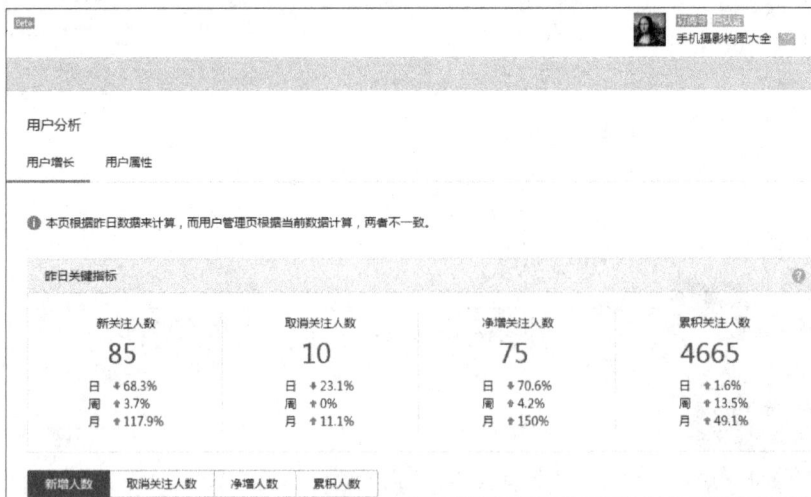

图 2-21　"昨日关键指标"包含的四类数据

从图 2-21 中可以看出,"昨日关键指标"主要是以"日""周""月"为时间单位,分析用户数量在不同时间点的变化情况,即查看昨日数据相比 1 天、7 天、30天前的变化情况,下面笔者为大家分析"昨日关键指标"的意义和数据转换方式。

1.　"昨日关键指标"的意义

关于微信公众平台的运营,众所周知,所有的发展和建设都必须建立在微信粉丝群上，没有足够数量的粉丝群体，再多的努力也是白费，因此，微信公众号的运营者要特别关心用户的动态，了解用户的"昨日关键指标"就是很好的切入点。

在平时，微信运营者可能还看不出这些数据的变化，但是当微信平台推出了新的计划后，这些关键指标就能起到很好的作用了，它能够反映新计划的效果，让微信运营人员根据这些数据指标总结经验，查漏补缺。

2. 将数据进行转换

微信运营者想要对"昨日关键指标"数据进行分析，可以通过下载详细数据表格来进行分析。图2-22所示是微信公众平台"手机摄影构图大全"的"昨日关键指标"的详细数据表格，运营者可以自定义时间，对某一段时间的"昨日关键指标"进行汇总分析。

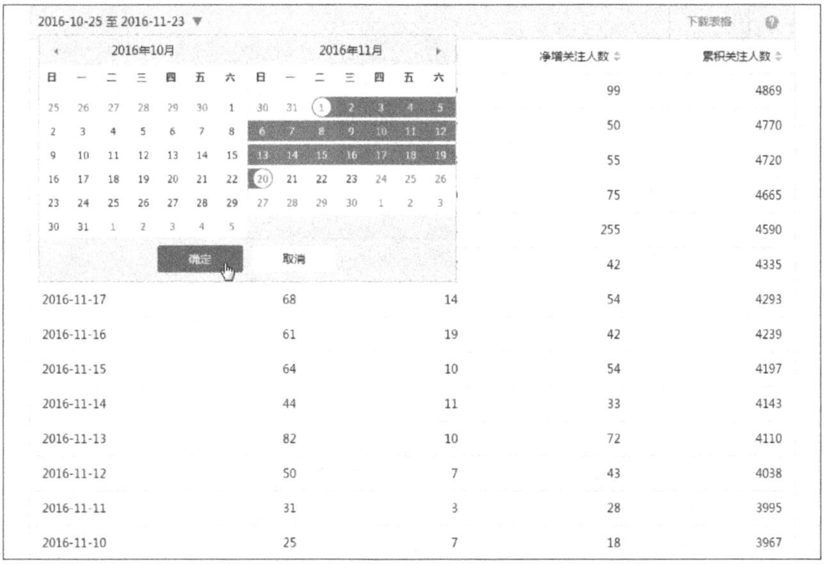

图 2-22 自定义时间汇总"昨日关键指标"

专家提醒

微信公众号的运营者可以在左上方选择自定义时间，就能查看某个时间段的数据了，单击右上方的"下载表格"按钮，将执行下载表格操作。除此之外，单击数据列上方的三角形按钮，就能对数据进行排序——可以从高到低排序，也可以从低到高排序，排好序之后，微信公众号运营者就能对不同的数据进行快速分析了。

2.3.3 预期效果，新增人数分析

在"昨日关键指标"下方，微信运营者还能够看到"新增人数""取消关注人数""净增人数""累积人数"的趋势图，通常运营者在发布微信推送信息，尤其是举办某些征文、征稿之类的比赛的时候，都会对用户的增长有一个预期值。本小节笔者主要为大家分析"新增人数"的趋势图，当微信运营者发现结果没达到原本的预期值时，对"新增人数"的变化趋势进行分析就显得非常重要了。

1. "新增人数"的意义

"新增人数"数据有哪些意义呢？在"新增人数"的趋势图中，微信运营者可以选择几个时间段，对"新增人数"的趋势图进行查看。

图 2-23 所示为"最近 15 天"的"新增人数"趋势图。

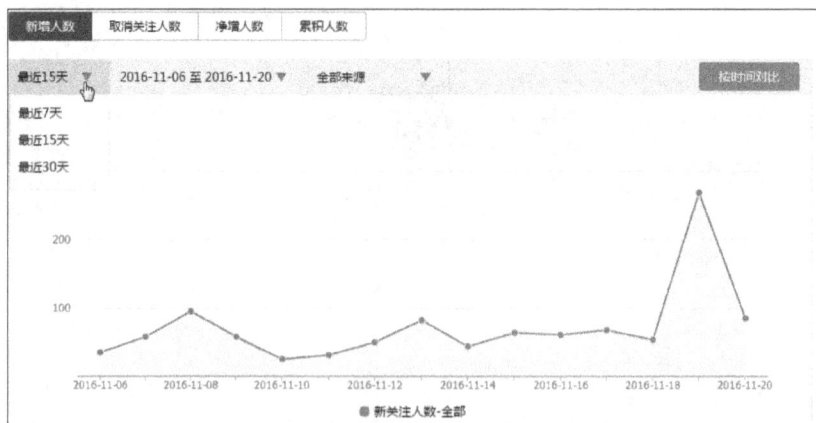

图 2-23 "最近 15 天"的"新增人数"趋势图

将鼠标指针指向不同的节点（日期点），还能够看到该日期下的详细的"新增人数"数据，如图 2-24 所示。

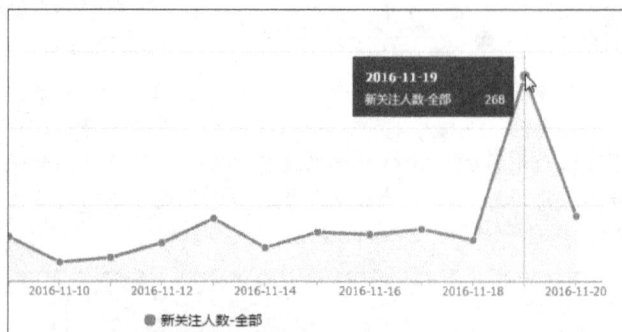

图 2-24 具体日期的"新增人数"数据

在分析新增人数的趋势数据图时，有 2 个方面的意义：

- 一是观察新增人数的趋势，可以以此来判断不同时间段的宣传效果；
- 二是注意趋势图中的几个特殊的点——"峰点"和"谷点"，"峰点"就是趋势图上最高的节点，"谷点"就是趋势图上最低的节点，当出现很明显的"峰点"和"谷点"时，就意味着平台推送可能产生了不同寻常的效果。

例如，在图 2-24 中，11 月 19 日的新关注人数为 268 人，这个数值就是一个"峰点"，微信运营者需要去找出原因，为什么这一天的新关注人数呈现出"峰点"，是因为平台内容吸引人、关键词吸引人、文章标题结合了实时热点，还是其他的原因，等查明原因后，微信运营者就相当于积累了一次经验，以后可以把这种经验复制下去，以期获得更好的效果。

2. 了解新增数据

要了解新增数据可以查看"最近 7 天""最近 15 天""最近 30 天"的趋势图，除了查看这几个时间段的趋势图外，微信运营者还可以根据实际情况自定义时间段进行查看，查看的方式是单击"自定义时间段"，然后会弹出相应的时间选择栏，微信运营者在时间表中选好时间段，再单击"确定"按钮即可，如图 2-25 所示。

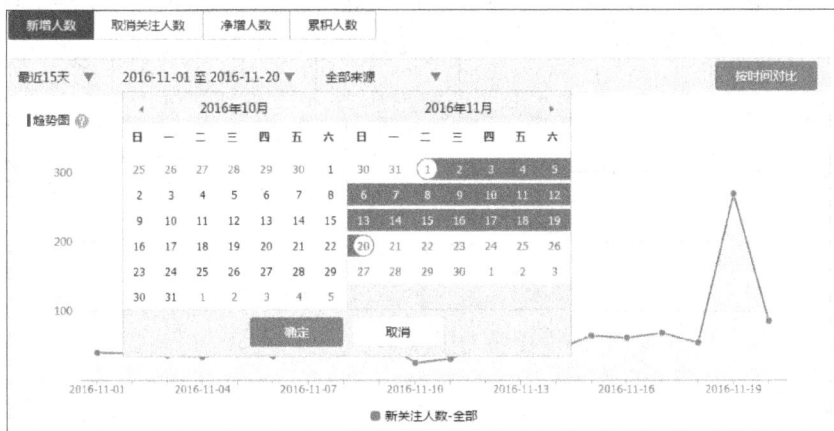

图 2-25　自定义时间段

如果微信运营者想要和某个时期的数据进行对比，可以单击右上方的"按时间对比"按钮，就会得出相应的对比数据。

> 🔔 **专家提醒**
>
> 　　有时候运营者在查看数据来源时，会发现中间某个时间段出现了断层，这就表明在这个时间段内，这个渠道没有新增用户。

图 2-26 所示为 10 月 1 日到 10 月 20 日和 11 月 1 日到 11 月 20 日的新关注人数的数据对比。如果要取消对比，单击右上角的"取消对比"按钮即可。

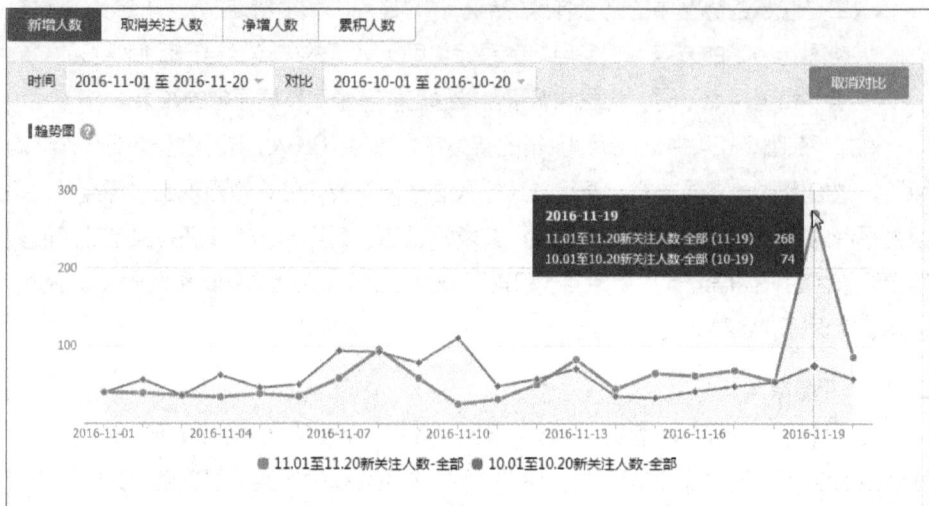

图 2-26　新关注人数数据对比

如果微信公众号运营者想要了解粉丝在不同的渠道的增长数量，可以在数据来源那一栏进行查看。图 2-27 所示为"公众号搜索"渠道的数据增长趋势图。

图 2-27　"公众号搜索"渠道的数据增长趋势图

除了查看"公众号搜索"渠道的新增人数外，还有以下几类来源：扫描二维码；图文页右上角菜单；图文页内公众号名称；名片分享；支付后关注等。

2.3.4 发现问题，分析取消关注人数的数据

"取消关注人数"也是微信运营者要着重考察的数据，因为维持一个老客户比增加一个新客户的成本要低得多。

因此如果企业的微信公众号遇到了取消关注的情况，就一定要引起足够的重视，尤其是那种持续"掉粉"的情况，企业更加要分析其中的原因，尽可能防止这种情况再次出现。

1. 查看"取消关注人数"

在微信公众平台的后台，运营者需要手动单击"取消关注人数"按钮，才能查看"取消关注人数"的趋势图。

图 2-28 所示为"手机摄影构图大全"在"最近 30 天"的"取消关注人数"的数据趋势图。

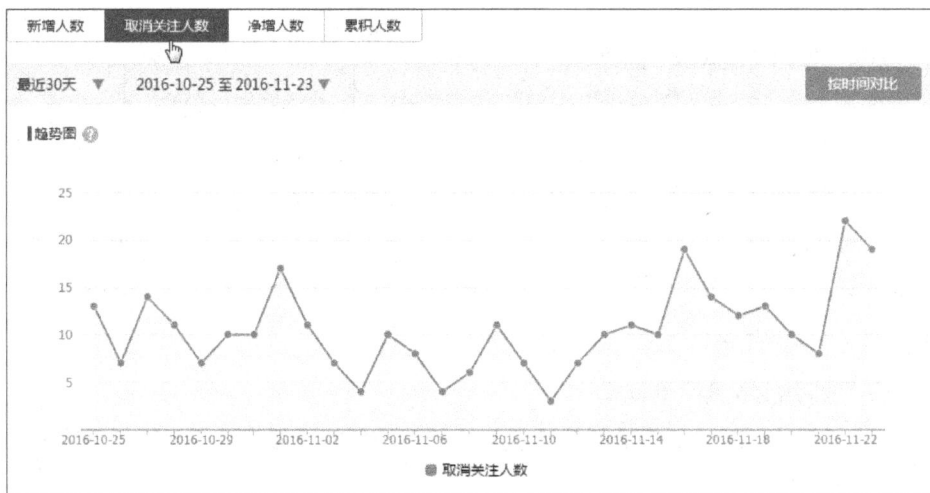

图 2-28 "取消关注人数"趋势图

"取消关注人数"和"新增人数"的数据一样，都能够选择"最近 7 天""最近 15 天""最近 30 天"或者自定义时间查看趋势图。

如果想要将某两个时期的数据进行对比，单击右上方的"按时间对比"按钮，即可实现数据对比。如果要取消对比，单击右上角的"取消对比"按钮即可。

图 2-29 所示为"手机摄影构图大全"公众号平台在 10 月 1 日到 10 月 20 日和 11 月 1 日到 11 月 20 日的取消关注人数数据对比图。通过对比图我们可以直观看出 11 月 19 日取消关注的人数为 13 人，10 月 19 日取消关注的人数为 16 人，总体看来 11 月份的取消关注趋势比 10 月份要好。

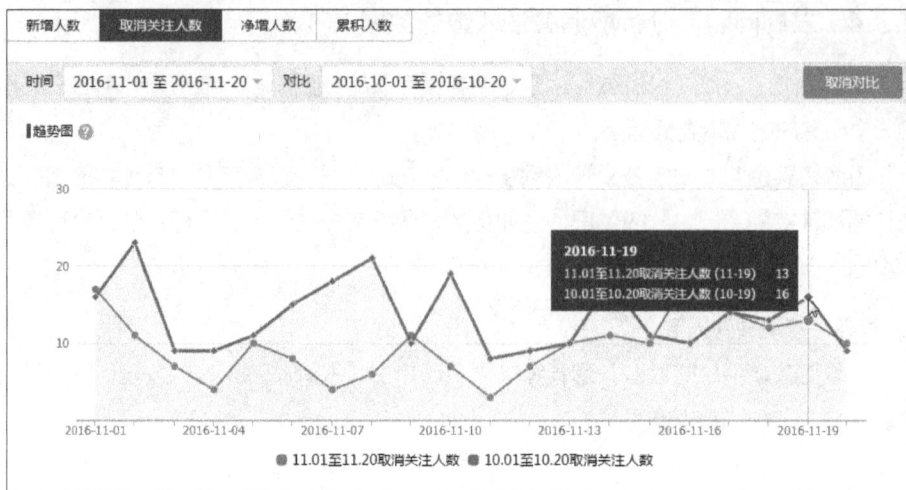

图 2-29　"取消关注人数"数据对比

2. 分析"取消关注人数"的数据

通过"取消关注人数"的数据就能了解每天有多少粉丝对微信公众平台取消了关注，一旦发现这个取消关注的趋势图呈现出了增长的趋势，微信运营者就要格外注意了，要努力找出问题所在，然后尽可能避免这种趋势继续增长。

但是有时候取消关注人数高，并不代表平台一定存在本质问题，因为有时候会出现新增关注人数暴增的情况，可能比平时高出好几倍，这个时候取消关注人数比平时多，也可以说得过去，所以运营者不能只看一个数据，而是要从全局来把握。

3. 从"取消关注人数"看问题

用户对微信公众平台取消关注的原因可能有很多种，下面笔者总结了几种用户取消关注的原因，如图 2-30 所示。

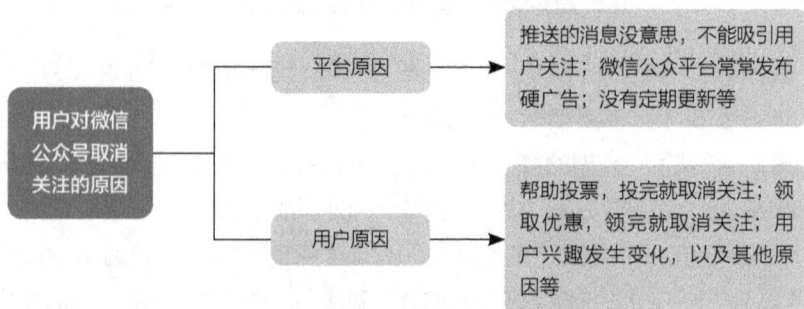

图 2-30　用户对微信公众号取消关注的原因

通常来说，用户取消关注最大的原因是对推送的消息不感兴趣，所以提高内容含金量是最好的解决办法。

如果微信公众平台的取消关注人数一直在增加，那么微信平台运营者就要从以上几个方面查找原因了，然后要对症下药。

4. 关注客户流失率

笔者前面提到，取消关注人数有时候并不能说明问题，因此，运营者需要更为科学的分析方法来对待这一数据，那就是计算用户流失率，用户流失率等于取消关注用户数 / 平台累积关注人数。

2.3.5　数据提炼，净增人数

微信公众平台后台的"净增人数"是用来衡量一定时期内用户的净增人数，也就是将"新增人数"和"取消关注人数"相减后得出的数据，本小节笔者为大家介绍"净增人数"数据。

1. 查看"净增人数"

看了"新增人数"和"取消关注人数"之后，可能微信运营者还是不知道每天净增了多少用户，因此就可以通过"净增人数"趋势图查看。

图 2-31 所示为"手机摄影构图大全"在"最近 30 天"的"净增人数"趋势图。

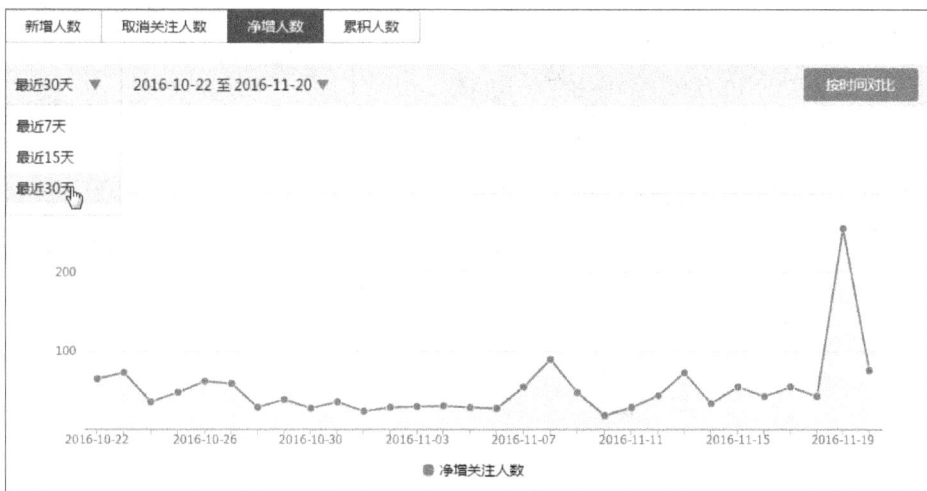

图 2-31　"净增人数"趋势图

从图 2-31 中可以看出，该微信公众平台在 10 月 22 日到 11 月 19 日，"净增人数"有多有少，但总体来说人数是增加的。因此，可以说该微信平台的用户一直维持着增长的趋势。

如果想要将某两个时期的数据进行对比，单击右上方的"按时间对比"按钮，即可实现。图 2-32 所示为平台在 10 月 1 日到 10 月 15 日和 11 月 1 日到 11 月 15 日的"净增人数"的对比趋势图。

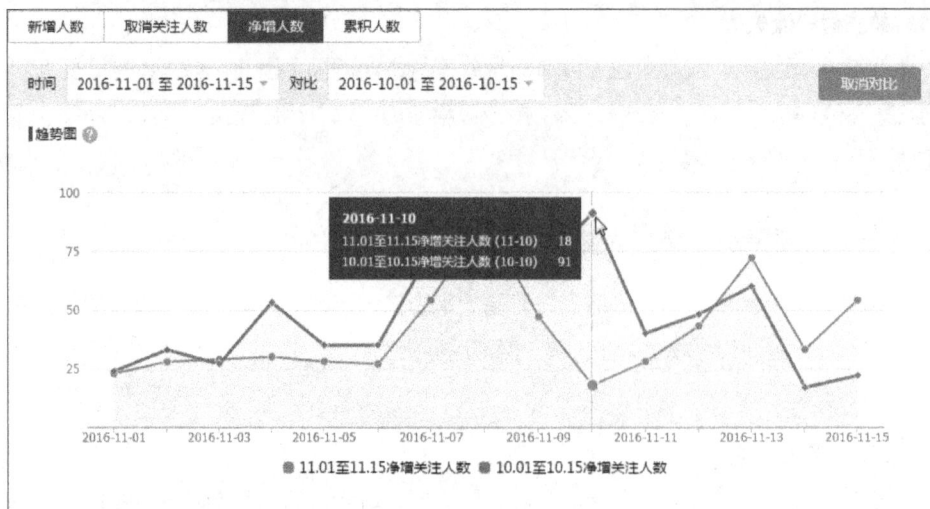

图 2-32　"净增人数"数据对比

2. 分析"净增人数"

微信运营者在分析"净增人数"数据的时候，需要注意的是特殊的高点和特殊的低点，因为这些点往往预示着平台的一些问题。

例如在图 2-33 中，可以看出 11 月 8 日净增人数出现峰值。

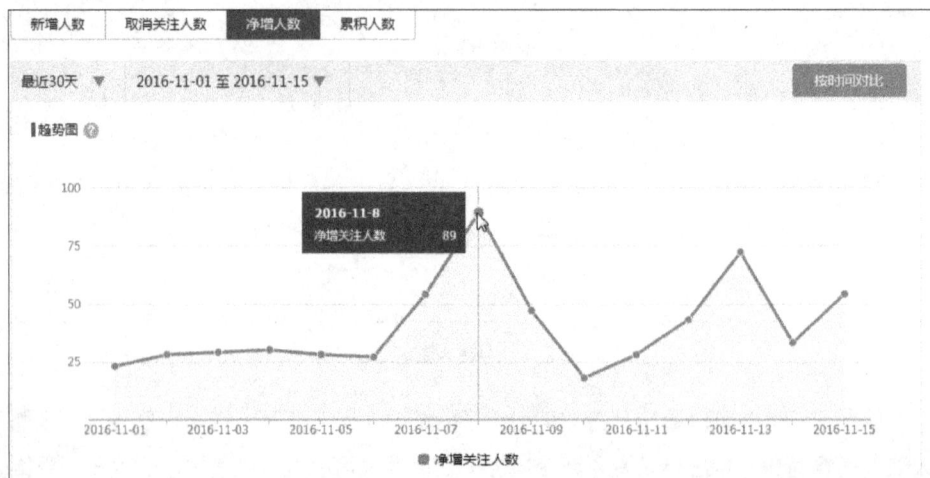

图 2-33　"净增人数"的峰值

该峰值相比起其他的节点，"净增人数"数值要高出好多倍，说明这天平台一定进行了什么活动，才导致这样的结果，例如开展投票活动，进行征稿活动等。

同时，"净增人数"也是检验企业推广效果的很好的手段，假设企业在两个不同的时间点开展了不同内容的推广，那么就可以将这两个时间段的数据进行对比，从而判断不同的推广产生的效果有什么不同。

2.3.6 反映效果，累积人数

"昨日关键指标"中，最后一个数据是"累积人数"，下面为大家介绍"累积人数"数据的查看和分析。

1. 查看用户累积趋势

在"累积人数"趋势图里，可以看到企业微信公众平台的总人数的增长趋势，图 2-34 所示为"手机摄影构图大全"的"累积人数"的趋势图。

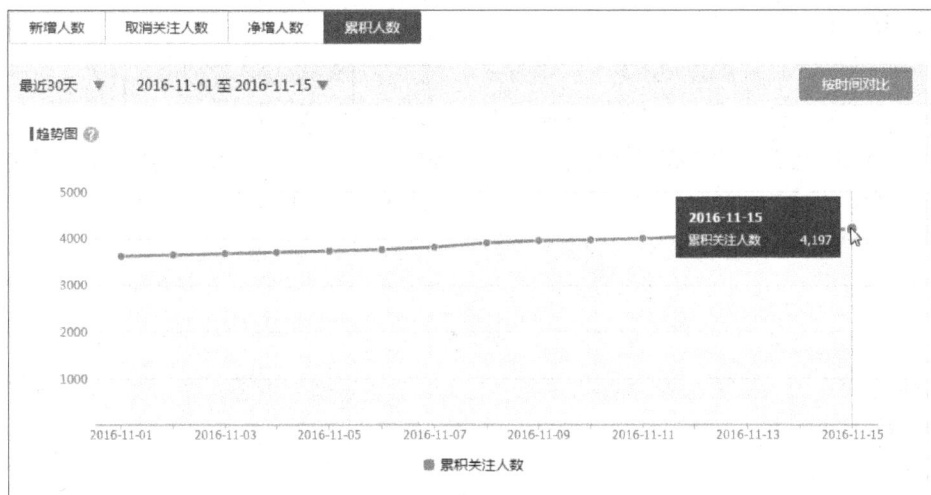

图 2-34 "累积人数"趋势图

"累积人数"也能选择"最近 7 天""最近 15 天""最近 30 天"或者自定义时间查看趋势图。

如果想要将某两个时期的数据进行对比，单击右上方的"按时间对比"按钮，即可实现，想要取消单击"取消对比"按钮即可。

图 2-35 所示为平台在 11 月上半旬和 10 月上半旬的"累积人数"的对比图。从图 2-35 中可以看出，微信公众号"手机摄影构图大全"每个月的"累积人数"呈现逐步上升的趋势，而且增长趋势相对比较平缓，没有出现大幅度的变化。

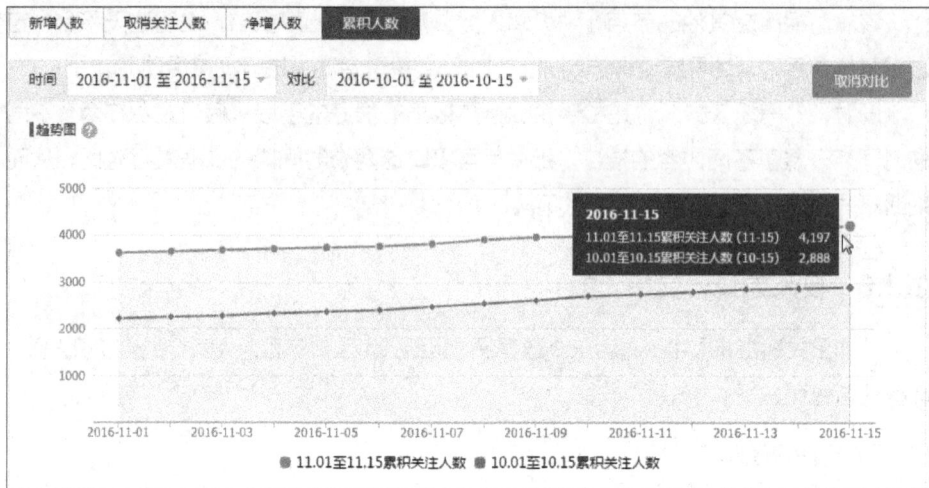

图 2-35　累积人数数据对比

2. 分析用户累积趋势

"累积人数"趋势图其实不仅仅展现了一定时期内的总体人数的增长情况，而且可以用在特殊时间段里，供微信运营者对数据进行深层次的分析。

例如在企业开展营销活动期间，就可以查看活动前、活动前期、活动中期和活动后期这四个时间段的"累积人数"趋势图，通常来说，如果企业的活动做得好的话，在活动前期的用户累积数会大幅增加；到了中期时，用户累积数会趋于平缓；等到了活动后期时，用户数可能会出现小幅度的波动。

需要注意的是，如果在活动后期，用户累积数出现了大幅度的波动，例如突然大幅度下降，那么说明活动策划可能存在某些问题，这是微信运营者和活动策划者需要重点注意的地方。

第3章

图文设计，打造用户喜欢看的内容

学前提示

对网络营销推广而言，最主要的是建立企业与用户及公众之间的联系，因此如何设置营销的内容就显得至关重要。打造用户喜欢的营销内容才能受到欢迎，具体可以从标题的设计、图片的设计以及正文的编辑3个方面入手。

要点展示

>> 新媒体内容的标题设计
>> 新媒体内容的图片设计
>> 新媒体内容的正文编辑

3.1 新媒体内容的标题设计

最先吸引浏览者的是什么？毋庸置疑是标题，好的标题才能引起浏览者注意，让浏览者点进去阅读文章，让浏览者变为读者。因此，拟写营销内容的标题就显得十分重要，掌握一些标题创作技巧，也就成了每个营销运营者必须掌握的技能。

在本节，笔者将为大家介绍拟写标题的一些相关事项，如拟写标题前需注意的事项，好标题能够满足读者的哪些需求，拟写常用标题、实用标题的方法等。

3.1.1 拟写标题前需注意的事项

运营者在给文章拟写标题之前，首先需要了解清楚拟写文章标题需注意的事项，这样运营者在写文章标题时才不会出错。注意事项主要包括标题的作用、创作原则、体现主旨、关键词 4 个方面。

1. 明白标题的作用

要想给文章取一个合适的标题，运营者首先要清楚标题的作用，因为只有清楚了标题在整篇文章中所占有的分量，大家才能更加认真地对待给文章取标题这件事。

相信大家在浏览各种文章的时候，都免不了被一些文章的标题所吸引，然后点开文章阅读。先不说这些文章内容质量的好坏，仅凭它能吸引浏览者点进去阅读这一点，这篇文章就成功了一半。

对于运营者来说，能让浏览者点进去看你发布的文章，那么就相当于获得了一定的文章阅读量、点击量，而阅读量与点击量对运营来说在一定程度上就意味着财富。

文章的标题在今日头条平台上显得尤为重要。因为据众多在今日头条上推送文章的媒体人反映，该平台文章的阅读量的多少，在很大程度上是由文章标题的好坏决定的。

一个好的文章标题，主要具有以下几个方面的作用：

- 提炼文章内容；
- 引起浏览者阅读欲望；
- 增加点击率、流量；
- 为运营者赢得更多人气。

2. 标题创作的原则

衡量一个标题的好坏，不仅仅要看有没有吸引力，还包括其他的一些原则，只有在遵循这些原则上撰写的标题，才称得上是优秀的标题。标题创作原则主要有以下 5 个方面，如图 3-1 所示。

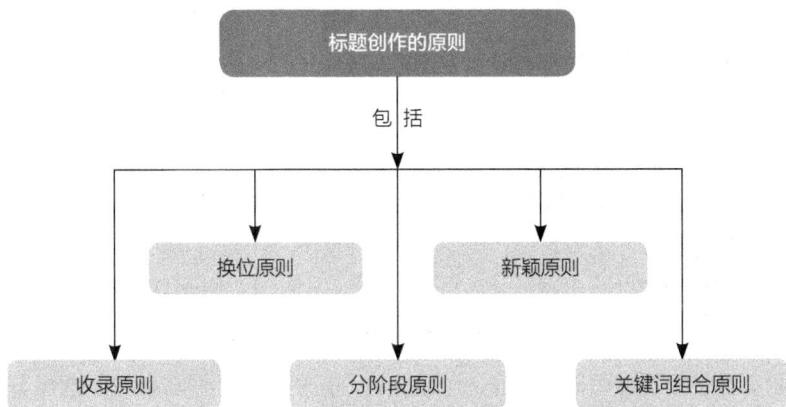

图 3-1　标题创作的原则

（1）换位原则

运营者在拟定文章标题的时候，不能仅仅站在自己的角度去想要推出什么，而是要站在读者角度去思考，也就是说将自己当成读者，思考如果你作为读者想知道这个问题，你会用什么搜索词搜索这个问题的答案。这样写出来的文章标题就会更接近读者心理，文章搜索排名也就会更靠前。

运营者在编写文章标题的时候，可以先将有关的关键词输入浏览器中进行搜索，从而会发现许多解答读者提出的各种各样的问题的文章，然后从排名靠前的文章中找出他们写作标题的规律，再将这些规律用于自己要撰写的文章标题中。

（2）新颖原则

让文章的标题变新颖，这一点在今日头条上很重要。因为运营者在今日头条上发表文章后，需要经过平台的审核才能决定是否通过，而平台在审核时会对全网的文章进行查重，如果运营者的标题跟其他文章相同，那么就会被平台判定为非原创，文章就可能会审核不通过。

因此，运营者在撰写文章标题时，一定要注意标题的新颖原则，运营者让自己文章标题形式变新颖有很多种方法。笔者在这里介绍几种比较实用的标题形式：

- 采用疑问句的形式来引起人们的注意。比如"你还在为减肥而烦恼吗？""这20种摄影构图技巧你知道吗？""这些饮食上的搭配禁忌你了解吗？"这样的标题会比较容易引起人们的好奇心，吸引被这方面问题困扰的读者关注。
- 文章的标题创作要尽量写得详细、细致，这样才能给读者更可信的感觉，也就会越有吸引力。比如，可以在标题里加入具体的数字，从而给读者更为直观的感受。
- 要将涉及读者切身利益方面的东西，通过标题直接表现出来。这种利益可以是关系读者日常生活的事项，也可以是文章本身所含有的能带给读者好处的内容，这种利益性标题具有很好的引流效果。

（3）收录原则

一篇文章如果想要发挥价值，首先必须得被网站收录，只有被收录的文章才有被传播的可能，存在自己电脑里的文章，是没有任何价值可言的。

一篇文章标题好才更有可能让网站收录，网站收录最重要的一点——原创，因此运营者一定要根据网站收录原则对自己平台上的文章的标题进行全新创作，在新颖的同时，还要紧跟时事、热点、流行语，这样才能被网站快速收录。

运营者在进行标题写作的时候，可以先将写好的文章标题放到网上查一下，如果搜索到很多类似的标题，那就要考虑换一个说法了。

（4）分阶段原则

运营者要清楚的一点是，如果你在文章中阶段性地嵌入了一些自己经营的产品的软文广告，那么就要考虑到读者在不同阶段搜索该文章中涉及的产品的关键词是不同的。

那么相对应地，运营者在撰写文章标题的时候也要针对客户所处的阶段在标题中加入不同的关键词，这样才能达到精准网络营销的效果。

（5）关键词组合原则

关键词是文章引流的制胜法宝，例如在各个公众平台上，那些有多个关键词作为标题的文章，通常能有更高的阅读点击量；只有单个关键词作为标题的文章，它的排名影响力不如有多个关键词的标题好。

例如，运营者如果仅在标题中嵌入"面膜"一个关键词，那么读者在搜索时它的搜索结果不仅多，而且被收录的文章排名也不好，而如果标题上含有"面膜""变美""年轻"等多个关键词，则搜索结果的数量会大大降低，标题"露脸"的机会也就比较多。

3. 体现文章主旨

俗话说"题好一半文"，它的意思就是说，一个好的标题就等于一半的文章内容，标题能直接体现内容的好坏。

一个好标题的衡量方法有很多，而标题是否体现文章主旨就是衡量标题好坏的一个主要参考依据。

如果一个标题不能使阅读者看见它的第一眼时就明白它想要表达的内容，那么阅读者很可能认为该文章不具有继续阅读下去的价值，因此在很大程度上会放弃阅读这篇文章。

对文章标题是否体现文章主旨所造成的结果进行分析，如图 3-2 所示。

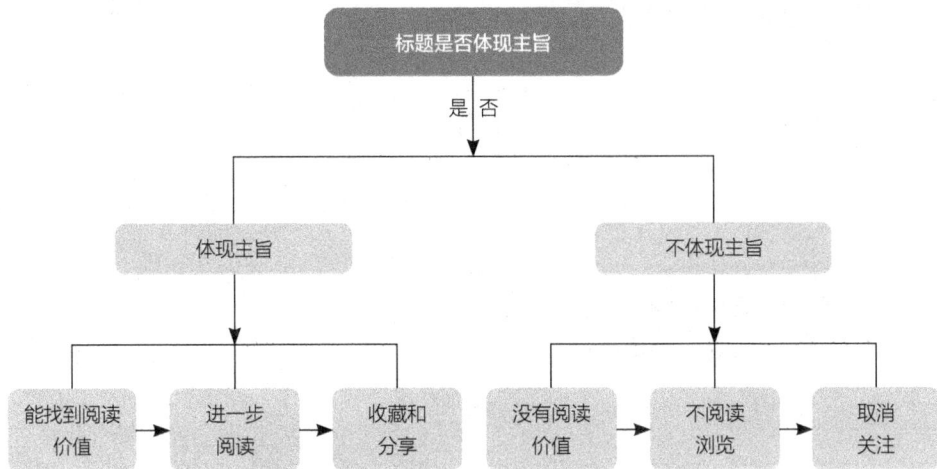

图 3-2   标题是否体现主旨结果分析

经过分析，大家可以直观地看出文章标题是否体现文章主旨会给运营者的文章带来不同的运营效果。

所以运营者在为文章取标题的时候，一定要多注意标题是否体现文章主旨这一点，通过主旨性标题抓住浏览者。

4. 妙用关键词

笔者在前面讲写标题应该遵守的原则中提到过写标题要遵守关键词组合的原则，这样才能以更多的关键词增加文章的"曝光率"，让自己的文章出现在更多读者的面前。在这里笔者将给大家介绍如何在标题中妙用关键词。

总的来说，运营者编写的文章除了给已经关注了运营者平台的读者阅读，另一个目的是为了吸引那些潜在的阅读者，只有能持续吸引潜在阅读者的注意，才能形成稳定的人气增长。

因此，在进行文章标题编写的时候，运营者需要充分考虑怎样去吸引那些潜在阅读者。文章编辑要做到在标题中妙用关键词，就应该考虑到关键词是否含有词根。

词根指的是词语的组成根本，只要有词根我们就可以组成不同的词。微信公众号文章编辑只有在标题中加入有词根的关键词，才能将文章的搜索度提高。

例如，一篇文章标题叫"十分钟教你快速学会手机摄影"，这个标题中"手机摄影"就是关键词，而"摄影"就是词根，根据词根我们可以写出更多的与摄影相关的标题，这就是关键词的妙用。

3.1.2   成功的标题需要满足读者的需求

一个好的标题能成功吸引到读者的一个重要原因，就是能满足读者的需求。好标题可以满足读者以下几种需求，如图 3-3 所示。

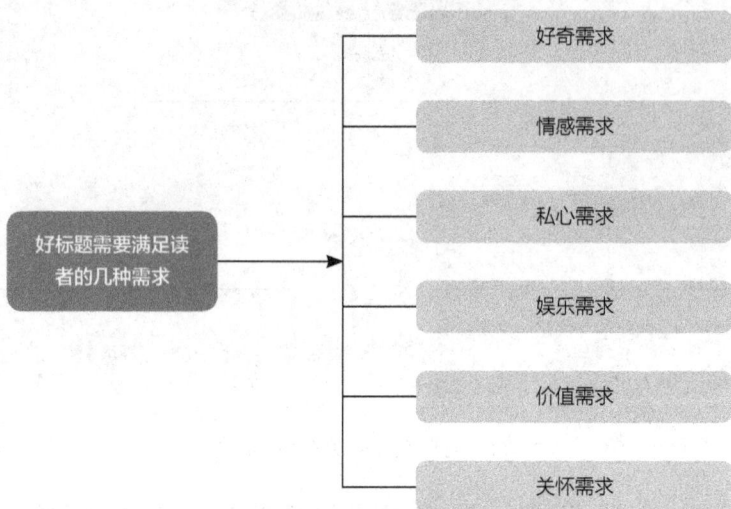

图 3-3 好标题需要满足读者的几种需求

1. 好奇需求

大部分人都是充满好奇心的，对于那些未知的、刺激的东西都会有一种想要去探索、了解的欲望。

运营者在写文章标题的时候就可以抓住读者的这一个特点，将标题写得充满神秘感、满足读者的好奇需求，这样就能够获得更多读者的阅读，阅读的人越多，文章被分享与转发的次数也就会越多。

这种能满足读者好奇需求的文章的标题都是带一点儿神秘感的，让人觉得看了之后就可以了解事情的真相。

2. 情感需求

一个成功的文章标题需要做到能满足读者的情感需求，打动读者，引起读者的共鸣。

3. 私心需求

人们总是会在意跟自己有关的事情，对关系到自己利益的消息多些注意，这是人类很正常的一种行为，文章标题满足读者私心需求其实就是指满足读者的关注与自己相关事情的行为的需求。

运营者在写标题的时候可以利用人们的私心需求，抓住人们的这一个需求，将文章标题打造成这种类型的，这样也就能更易于引起读者的关注。

但是需要注意的是，如果一篇文章写了这样的标题，文章里面的内容就要真正与读者的实际利益有关，不能一点儿实际价值都没有，只有实际价值利益才能形成实际支持。因为，如果每次借用读者的私心需求来引起读者的兴趣，可实际却没有满足读者的需求，这样的标题用多了读者就会对这类文章标题产生免疫，在看见标题的第一眼就知道文章的内容没有一点儿用处。

4. 娱乐需求

那些传播搞笑、幽默的内容的文章会比较容易满足读者的娱乐需求，如冷笑话、幽默与笑话集锦这一类公众号。这一类文章的标题让读者感到开心、愉快。

5. 价值需求

可以满足读者价值需求的文章，只要读者阅读之后觉得真的有用就会自主地将文章传播开来，让身边更多的朋友知道。能满足读者价值需求的文章，从标题上就可以看出文章中所蕴藏的价值。

6. 关怀需求

现代社会，大部分人都为了自己的生活在努力奋斗着，与身边人的感情很淡，生活中、工作上遇见的糟心事也无处诉说。渐渐地，很多人养成了从文字中寻求关怀与安慰的习惯，当他们看见那些传递温暖、含有关怀意蕴的文章时，都会忍不住点开阅读。

因此，运营者在写标题时，可多用一些能够温暖人心、给人关注与关怀的词语，满足读者被关怀的需求。能够满足读者关怀需求的文章的标题，是真正发自肺腑的情感传递。最好文章内容也充满关怀，这样才能让读者不会感觉被欺骗。

3.1.3 标题拟写的几种方法和经典类型

要做好网络营销推广运营，学会拟写内容标题是非常必要的，有吸引力的内容标题才会给公众号带来更多的读者和流量。接下来，笔者将为大家介绍几种常用的拟写标题的方法。

需要注意的是，笔者在这里介绍的创作标题的方法，在微信公众平台、今日头条、一点资讯等新媒体平台上同样是适用的。

1. 夺目吸引法

运营者可以在拟写标题时采用夺目吸引法，让标题看起来比较不可思议，给人以夸张的感觉，从而吸引人们的注意力，让人产生强烈的一窥究竟的欲望。

以下几种类型的标题，都可以算是采用夺目吸引法创作出来的，运营者如果想要采用夺目吸引法拟写标题，就必须要掌握以下几种标题类型。

（1）警告型

警告型标题是一种充满力量又严肃的标题，说得通俗一点，就是用标题给人以警醒作用，警告型标题通常是指将警告事物的特征、功能、作用这3个部分的内容移植到微信公众号文章标题中。

警告型的标题常以发人深省的内容、严肃深沉的语调，给读者以强烈的心理暗示，尤其是警告型的新闻标题，经常被很多公众号文章撰写者所追捧，主要是因为其具备图3-4所示的作用。

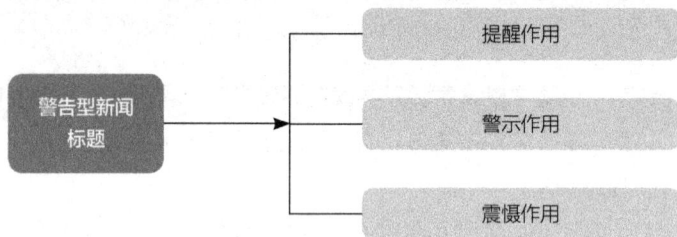

图3-4　警告型新闻标题的作用

（2）数字型

数字型标题是指在标题中嵌入具体的数字，因为数字通常能给读者带来最直观的感受，一个巨大的数字能让人们产生心灵的触动，很容易让人产生惊讶的感觉，往往人们会通过数字想要得知数字背后的内容。

2. 权威引导法

权威引导法是指运营者在写标题的时候，以拥有资深经验的人士或者专家的形象来表达文字的内容，采用这种方法写出的文章标题会给人比较专业、靠谱的感觉。

以下几种类型的标题，都可以算是采用权威引导法创作出来的，运营者如果要采用权威引导法创作文章标题，就一定需要掌握以下几种类型的标题。

（1）观点型

所谓的观点型标题，是一种以表达观点为核心的标题撰写形式，一般会在标题上精准到人，会将人名放置在标题中，在人名的后面会紧跟对某件事的个人观点或看法。下面就来看几种观点型标题的常用模板：

- "某某认为 _____"；
- "某某称 _____"；
- "某某指出 _____"；
- "某某资深 _____，他认为 _____"；
- "某某：_____"。

（2）励志型

励志型标题实际上就是文章编辑从自身或者他人的角度出发，以现身说法的方式来讲述一个故事，从而达到吸引读者的目的。

如今很多人都想做成某一件事，却苦于没有将想法付诸行动的动力，而这个时候给他们看励志型微信公众号文章，让他们知道他人是怎样打破困难的阻碍，走上人生巅峰的，读者会对他人的故事感到特别好奇。

下面通过2种标题模板来举例说明这种类型的标题。

一种模板为"_____ 是如何使我 _____ 的"。例如："3个减肥方法是如何使我从一个180斤的胖妹3个月成为90斤的苗条女郎的"。

另一种模板为"我是如何 _____ 的"。例如："我是如何从一个摄影小白变成摄影高手的"。

微信公众号文章编辑在写励志型文章标题的时候，并不一定要按照模板来写，只要将文章标题写得真正能点燃读者的激情，达到阅读文章的目的即可。

（3）经验型

经验型标题是一种很受读者喜爱的微信公众号文章标题，因为读者阅读这种微信公众号内的文章都是带有一种向文章取经的目的，想在文章中吸取某一方面的经验与总结，以达到提高自身的目的。

这种经验型的文章标题，对编辑的逻辑性要求很高，而且需要注意的是，如果文章使用了经验型标题，那么其文章的内容就必须具有一定的权威性以及学术性或者至少经验性较强，切忌出现大量的抄袭，或者是出现在网上随便就能找到的内容。

（4）鼓舞型

鼓舞型标题是用鼓动性的词句，号召人们快速做出决定的标题。此类标题的文字都会比较有感染力，能给读者传递一种鼓舞的力量，且便于记忆，使读者易于接受宣传的鼓动，产生参与活动的想法。

鼓舞型标题在文学修辞上要积极向上，同时也要注意不要让读者有被强迫的感觉，所以在撰写的时候遣词用句要适当。

（5）指导型

所谓指导型标题，就是针对某一具体的事情，给出一定的解决问题的建议、方法。这类标题会选用"怎样""某某的养成之道""更简单某某之道"之类的字眼，这一类标题能吸引大部分的新人或者对未知领域感兴趣的读者的目光。

运营者在编写时需要注意内容的专业性，广告插入要适当，避免硬广植入的情况发生；不要直接复制粘贴别人的文章，这样才能真正编写出一个优秀的指导型标题。

3. 含蓄表达法

含蓄表达法是指运营者在写标题的时候，不直接明了地将文章要传达的内容在标题上表达出来，而是通过一些暗示或者提示进行文章标题创作的方法。

采用含蓄表达法创作的标题主要有以下几种，运营者如果要采用含蓄表达法拟写文章标题，就必须掌握以下几种标题。

（1）悬念型

悬念型标题是指将文章中最能引起读者注意的内容，先在标题中做个铺垫，在读者心中埋下疑问，引起读者深思，从而吸引读者去阅读文章内容。

利用悬念撰写标题的方法通常有 4 种，如图 3-5 所示。

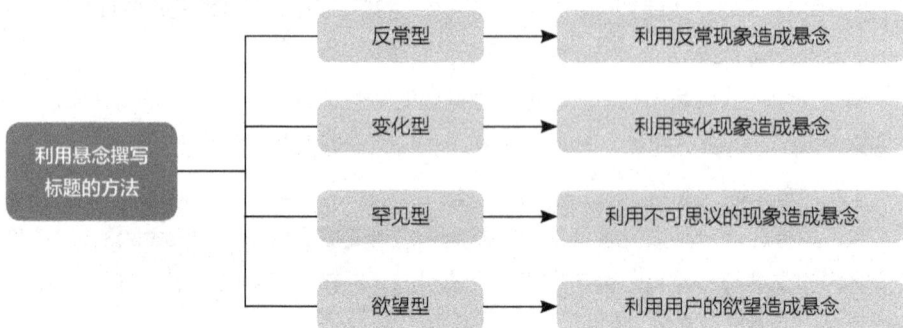

图 3-5　利用悬念撰写标题的方法

悬念型标题的文章在人们的日常生活中运用得非常广泛，也非常受欢迎。人们在看电视、综艺节目的时候也会经常看到一些节目预告之类的广告，这些广告就会采取这种悬念型标题以引起观众的兴趣。

悬念型标题主要目的是为了增加文章内容的可读性，因此微信公众号文章编辑需要注意的一点是，用了这种类型的标题之后，一定要确保文章的内容确实是能够让读者感到惊奇、有悬念的，不然就会引起读者的失望与不满，从而会让读者对公众号产生质疑，影响公众号在读者心中的位置。

运营者在设置悬念型标题之前，需要提前将答案设置好，然后根据答案来设置悬念型标题，不能只做"标题党"，要做到文章标题与内容相符，给读者一个满意的阅读体验。

（2）隐喻型

隐喻型标题是指在文章标题中采用比喻的手法进行创作的标题。隐喻型标题具有很多妙处，能够使文章标题更加新颖、更具创意，从而给读者留下深刻的印象，引起读者阅读的兴趣和好感。

隐喻型标题借助读者本身的知识、修养、情操等，对文章标题发挥一定的想象，以此来提高读者的意境。

（3）问题型

问题型标题是以提问的形式将问题提出来，读者可以从提出的问题中知道文章内容是什么，一般来说问题型标题有 6 种模板，运营者只要围绕这 6 种模板撰写问题型标题即可。

- "什么是 ＿＿＿＿＿＿＿＿＿"；
- "为什么 ＿＿＿＿＿＿＿＿＿"；
- "怎样 ＿＿＿＿＿＿＿＿＿"；
- "＿＿＿＿＿＿＿＿＿ 有哪些诀窍"；
- "＿＿＿＿＿＿＿＿＿ 有哪些秘籍"；
- "某某：当你遇到 ＿＿＿＿＿＿＿＿＿ 问题时"。

💡 **专家提醒**

> 需要特别注意的是，不做"标题党"这一点在今日头条平台上尤其要注意，因为根据今日头条的发文规定，运营者在平台上发文时如果为了追求吸睛，而发布标题与内容不符的文章，是会受到平台处罚的。
>
> 而且标题党很容易引起读者反感，这样会使得文章出现很多负面评论，严重的甚至会导致以前订阅读者的流失。所以总的来说，虽然标题党能暂时吸引流量，但对运营者来说是利小于弊。

3.1.4 实用的标题拟写技巧

在介绍了拟写经典标题的几种方法之后，接下来笔者将为大家介绍拟写实用标题的几种方法。

同样地，拟写实用标题的这些方法不仅适用于微信公众平台，也适用于今日头条、一点资讯等新媒体平台的文章标题创作。

1. "体"字法

所谓的"体"字法，是指运营者在编写文章标题时，创作的标题的类型可以归纳成以"体"字结尾。

最常见的"体"字法标题有以下几种，运营者如果要采用"体"字法创作标题，就必须掌握这几种标题。

（1）急迫体

现代社会，很多人都有拖延症，需要在他人的催促下才愿意动手做事。

急迫体的公众号文章标题就有一种类似于催促读者赶快阅读的意味在里面，它能够给读者传递一种紧迫感，让读者尽快阅读文章。

运营者在使用急迫体写文章标题的时候，可以加"赶快行动、过会儿就删"等短语，让读者产生现在不看等会儿就看不了的感觉。

（2）如何体

如何体的微信公众号文章标题是指在文章标题上会有"如何"的字样出现，这种标题能让读者一眼分辨出文章内容是否是自己想要的，从而决定是否继续阅读该文章。

（3）福利体

福利体的标题是指在文章标题上向读者传递一种阅读这篇文章你就赚到了的感觉，让读者自然而然地想要去阅读文章。

福利体标题的表达方法有 2 种，如图 3-6 所示。

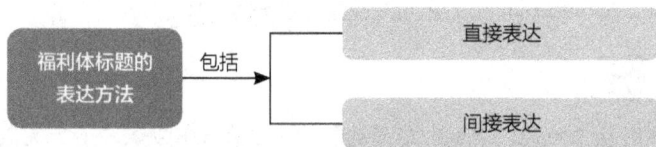

图 3-6　福利体标题的表达方法

直接表达： 这种福利体标题会在文章标题上直接写有"福利"二字，让读者一看就知道该文章有福利。

间接表达： 这种福利体标题不直接将"福利"二字写在标题上，而是通过与福利一词具有一样表达意思的其他词语传递文章里所具有的福利。例如：实用法则、导航、掌握、学会等词。

（4）借势体

借势体标题是指在文章标题上借助社会上一些时事热点、新闻的相关词汇来给文章造势，增加点击量。

时事热点拥有一大批关注者，而且传播的范围也会非常广，微信公众号文章的标题借助这些热点就可以让读者轻易地搜索到该篇文章，从而吸引读者去阅读文章里的内容。

微信公众号文章编辑在采用借势体标题的时候需要注意热点的时效性，要在人们对这一热点关注度最早或者最高的时候将其加入到自己的文章标题中，这样才能达到最好的借势效果。

切记不可等到热点的大势过去了再推送这种借势体标题的文章，这样收获的效果不佳。

2. "性"字法

所谓的"性"字法标题，是指运营者在创作标题时，创作的标题类型可以归纳成以"性"字结尾。

最常见的"性"字法标题有以下几种，运营者如果要采用"性"字法创作标题，就必须掌握这几种标题。

（1）解释性

解释性标题是指将标题分为两部分，在标题的前部分先给出一个总结，然后再针对这个总结进行详细的解释。解释性的标题能够给读者一些神秘感，引导读者对这种神秘感进行探索。

（2）专业性

专业性标题是指在标题中嵌入某个方面的专业性词语，让文章看起来更加专业，传递专业价值。

这种专业性标题能够吸引那些跟专业名词相关的读者，从而达到精准的吸粉目的，这样得来的读者群能够给微信号带来很大的价值，而且这种粉丝的追随度会比其他的粉丝更高。

但是这种专业性的标题相对于其他类型的标题来说，其关注度会偏低一点。因为其专业性使得其受众范围变小了。

然而对微信公众号运营者来说，这其实并不是一件坏事，虽然小众但用户黏性却很高。

图 3-7 所示为微信公众号"手机摄影构图大全"在其平台上推送的专业性标题的文章。

图 3-7 专业性标题案例

（3）趣味性

趣味性标题是指在标题中使用一些有趣、可爱的词语，让整个标题给人一种轻松、欢快的感觉。

这种充满趣味性的标题会给读者营造一种愉悦的阅读氛围，因此就算文章中的内容是产品宣传的广告，也不会让读者很反感。

3. "式"字法

所谓的"式"字法，是指运营者在编写文章标题时，创作的标题的类型可以归纳成以"式"字结尾。

最常见的"式"字法标题有以下几种，运营者如果要采用"式"字法创作标题，就必须掌握这几种标题。

（1）集合式

集合式标题是指在标题上对文章中所涉及的内容进行总结分类，并直接地在标题上写出分类后的具体数字。

读者在阅读集合式标题的文章时会感觉收获比较大，因为文章的标题看起来会比较集中，能给读者带来较强的视觉冲击感。

（2）半遮掩式

半遮掩式标题是指通过标题向读者传递文章内容，但只透露部分，并不说完全，给读者留下小悬念，引起读者的兴趣又不直接告诉读者。

半遮掩式标题给读者的是一种犹抱琵琶半遮面的感觉，又如雾里看花，朦朦胧胧，这样更能引起读者继续阅读的欲望。

（3）揭露式

揭露式标题是指一种为读者揭露某件事物或某人隐藏的不为人知的秘密的标题。大部分人都会有好奇心，而这种标题则恰好可以抓住读者的这种心理。这种标题能给读者传递一种莫名的兴奋感，能充分引起读者的兴趣。

3.2　新媒体内容的图片设计

图片是运营者在进行网络营销推广时的有利武器，一张合适的图片有时能胜过千言万语，可简单直接地吸引用户关注。

图片能给读者带来视觉体验，也能为平台上的文章锦上添花。本节中，笔者将为大家介绍怎样让图片带来最佳的运营效果。

3.2.1　内容图片的 3 个部分

图片是打造一个吸睛微信公众号必不可少的武器，如果说将营销的内容看成一个团体，里面的每一个功能与设置都是组成这个团体的一部分，那么图片毫无疑问就是这个团体的颜值担当。

对于营销运营者而言，微信公众号、APP 在图片上的运营，首先要掌握 3 个主要的关键点，分别是：

- 公众号头像；
- 文章主图；
- 文章侧图。

下面将从这三个方面为大家进行详细介绍。

1.　公众号头像

说起新媒体运营企业的头像，那是一个非常重要的标志，一个优秀、吸人眼球的头像能够胜过千言万语，它能带给读者视觉上的冲击，达到文字所不能实现的效果。

下面以微信公众平台为例，笔者将为大家介绍头像设计的作用和设置的技巧。

（1）头像设计的作用

头像设计的作用，除了能够吸引众读者、众粉丝的眼球之外，还有一个就是通过设计尽可能为企业微信公众平台引入更多人流，也就是有传播性。

无论是自媒体人还是新媒体企业，都必须要重视微信公众号的头像设计。那么，什么样的头像能帮助公众号吸引到更多的读者粉丝呢？就笔者看来，好的头像通常具备以下 3 个特点，如图 3-8 所示。

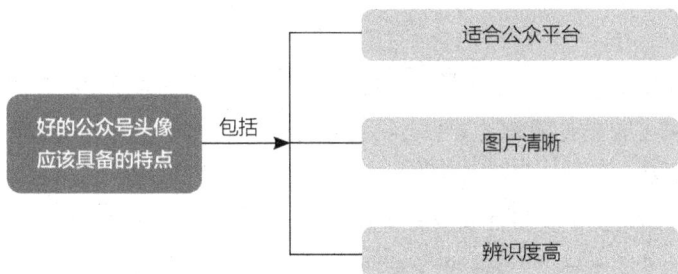

图 3-8　好的公众号头像应该具备的特点

（2）头像设置的技巧

在介绍完头像设计的作用之后，接下来笔者将为大家介绍头像设置的技巧。不同的公众号头像有不同的效果，设置公众号头像时可以考虑使用以下 3 种图片，如图

3-9 所示。

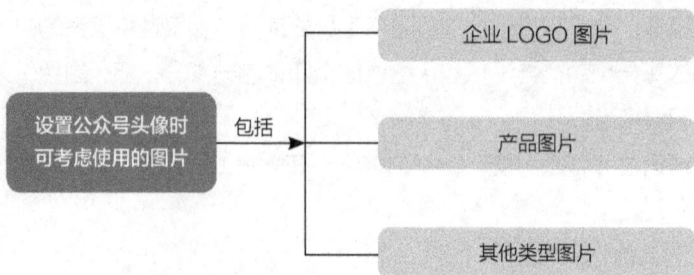

图 3-9　设置公众号头像时可考虑使用的图片

- 企业 LOGO 图片。对于企业微信公众号来说，使用企业的 LOGO 作为公众号头像是一个很不错的选择。这样能够让读者每次看见公众号的时候就能够看见企业的 LOGO，能够加深企业在读者心中的印象，对于企业的传播是很有好处的。
- 产品图片。除了可以使用企业的 LOGO 作为微信公众号的头像之外，还可以选择采用企业或者个人经营的产品图片来作为微信公众号的头像。使用产品图片作为公众号头像可以使产品能更多次数地出现在广大微信用户的眼前，增加了产品的曝光率，从而达到宣传、推广产品的效果。
- 其他类型图片。对于那些自媒体人的微信公众号来说，他们可能没有自己的公司 LOGO，也没有自己经营的产品，在设置自己公众号头像的时候就可以选择其他类型的图片，比如自己生活中的日常照片，各种跟公众号有关联的照片等。

2. 文章主图

在介绍了微信公众号头像的图片之后，接下来笔者将为大家介绍微信公众号文章的主图。大家可能发现有的公众号每天会推送好几篇文章，有的公众号就只会推送两篇或者一篇文章。

但是，不管推送的文章多或少，基本上每一篇文章都会配一张图片，文章所配的图片的大小也会不一样，只有头条文章所配的图片比例是最大的，这张图片即可被称为文章主图。图3-10所示为"盗墓笔记"和"手机摄影构图大全"公众号的文章主图。

文章的主图设置会影响到读者点开文章阅读的概率，一张漂亮、清晰的主图能瞬间吸引读者的眼球，从而让读者有兴趣进一步阅读。

图 3-10 "盗墓笔记"和"手机摄影构图大全"公众号的文章主图

在选取文章主图的时候，需要考虑的是图片的大小、比例是否合适。比例适宜的主图拥有以下几个方面的优点，如图 3-11 所示。

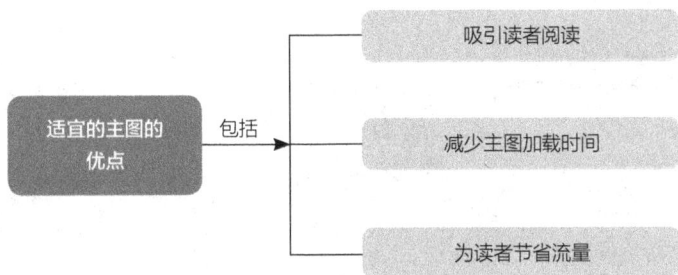

图 3-11 适宜的主图的优点

- 吸引读者阅读。大部分人都是视觉派，看见漂亮的东西就会忍不住多看两眼，对于漂亮的图片也不例外。当读者在点开某一公众号之后，如果它的文章主图有特色，具有非常吸引人的独特亮点，相信很多读者都会忍不住点开文章进行阅读，从而增加了文章流量。
- 减少主图加载时间。当读者点开某一个微信公众号的文章列表时，如果其主图设置得过大，那么加载该图片就会耗费更多的时间，而一张大小适宜的文章主图加载会更容易，能够减少图片的加载时间。加载主图所耗的时间会在一定程度上决定读者是否继续阅读这篇文章，因为并不是每一个人都愿意耗费时间在等待上。

- 为读者节省流量。当一张主图过大的时候，读者要加载它除了需要花费更多的时间外，更重要的一点是耗费的流量也会非常多。因为，有的读者在流量紧张的情况下，为了节省流量的费用，就不会看微信公众号。如果读者不看微信公众号，那么微信运营者推送的文章就没有得到该有的阅读量和点击量。

3. 文章侧图

文章的侧图是指除了头条文章之外的文章所配的图片。虽然文章侧图所占的比例比较小，但是也不可以忽视它的作用，它有着跟主图一样的效果，能提高文章的阅读量，并且能够给读者提供良好的阅读体验。

3.2.2 8个细节让图片引爆读者眼球

微信公众号运营者如果想要让自己公众号上的图片变得吸引人，达到一图胜却千言万语的效果，从而达到引爆读者眼球的效果，就需要做到以下8点，如图3-12所示。

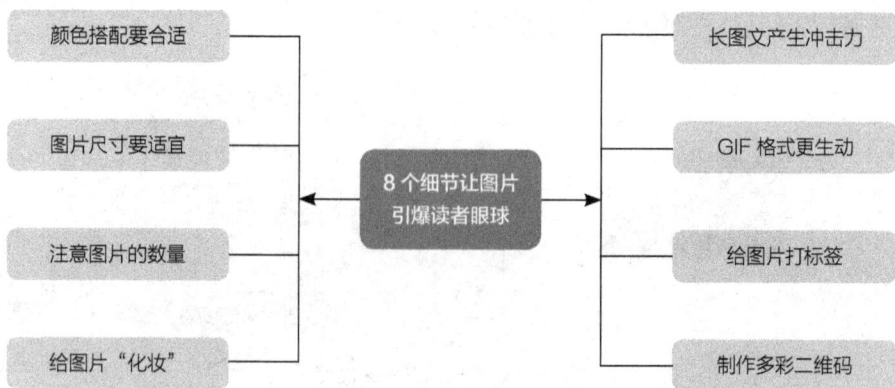

图 3-12 8个细节让图片引爆读者眼球

1. 颜色搭配要合适

微信公众号运营者想要让自己的公众号图片吸引读者的眼球，那么所选的图片的颜色搭配要合适。

图片颜色搭配合适能够给读者一种赏心悦目的感觉，对微信公众号而言，一张图片颜色搭配合适需要做到以下2点，如图3-13所示。

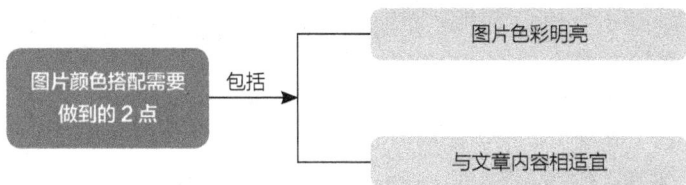

图 3-13　图片颜色搭配合适需做到的 2 点

（1）图片色彩明亮

在没有特殊原因的情况下，微信公众号的图片要尽量色彩明亮，因为这样的图片能给公众号带来更多的点击量，图 3-14 所示为具体原因。

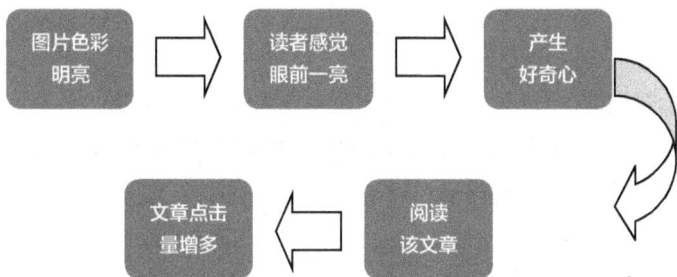

图 3-14　色彩明亮的图片带来更多点击量的原因

很多读者在阅读文章的时候希望能有一个轻松、愉快的氛围，不愿在压抑的环境下阅读，而色彩明亮的图片就不会给读者压抑、沉闷的感觉，恰好能给读者带来轻松的阅读氛围。

（2）与文章内容相适宜

微信公众号运营者在选择图片的时候，需要考虑图片是否与公众号所发表的文章的内容相适宜，如果公众号推送的内容是比较悲沉、严谨的，就需要选择与内容相适应的颜色的图片，而不可使用太过跳跃的颜色，因为这样会使整体感觉不协调。

2. 图片尺寸要适宜

笔者之前在讲公众号文章主图的时候就提到过要选择尺寸适宜的图片做文章的主图，其实在选择微信公众号中的每一张图片的时候都要经过仔细的斟酌，选择尺寸大小适宜的图片。

微信公众号文章编辑在选择图片尺寸大小的时候，需要清楚图片格式的选择是多样的，如图 3-15 所示。

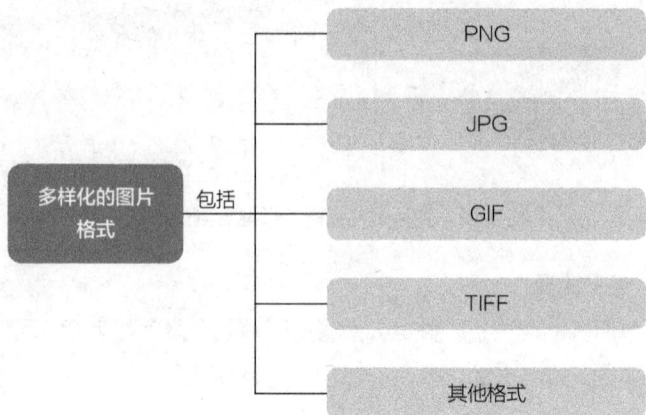

图 3-15　多样化的图片格式

微信公众号文章编辑在选择图片的时候，应该尽量将单张图片的存储容量控制在 1.5～2MB 为最佳，在这个存储容量限制下公众号文章编辑可以从以上图片格式中选取效果最佳的格式进行图片制作。

同时，公众号文章编辑可以根据公众号定位的读者的阅读时间对图片的大小做调整。

之所以说要选择合适大小的图片，就是从读者阅读体验出发的，不想让过大的图片耗费读者大量流量和图片加载时间。如果公众号定位的读者一般习惯晚上八九点阅读文章，而这个时间段基本上人们都是待在家里，读者可以使用 Wi-Fi 打开公众号进行阅读，不用担心读者的流量耗费，也不用担心图片加载过慢，那么文章编辑就可以适当地将图片的存储容量放大一些，为读者提供更清晰的图片，让读者拥有更好的阅读体验。

但是如果公众号定位的读者大部分都是在早上七八点阅读文章，那么读者使用手机流量上网的可能性就会比较大，这时候如果公众号发送文章的话，就需要将图片的存储容量控制在上面所说的 1.5～2MB，为读者节省流量。

3. 注意图片的数量

图片的数量可以从以下 2 个方面来理解。

（1）推送的图文的数量

推送的图文的数量是指一个公众号每天推送的文章的多少。细心的读者会发现，有的公众号每天推送好几篇文章，公众号推送的图文越多，所用的侧图就会越多；推送的图文越少，所用的侧图也就越少。

微信公众号文章的单图文推送跟多图文推送各有各的特点，如图 3-16 所示。

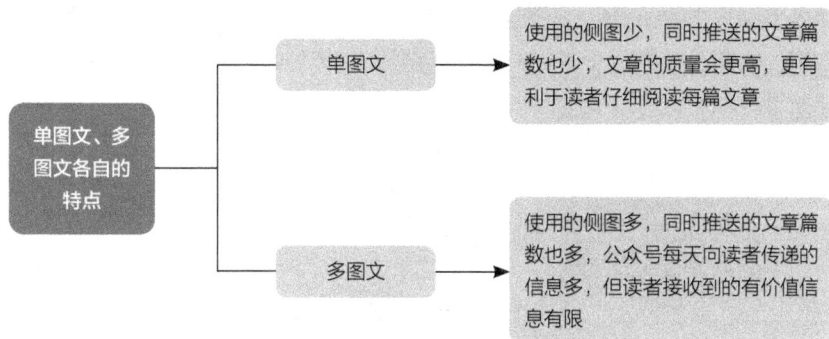

图 3-16　单图文、多图文各自的特点

（2）文章排版所用图片的数量

每个公众号都有属于自己的特色，有的公众号在对文章内容排版时会选择使用多图片的形式。但是，有的微信公众号在进行文章内容排版时，选择只使用一张图片。

文章排版所用图片数量的不同会给读者带来不一样的体验，它们的区别具体如图3-17 所示。

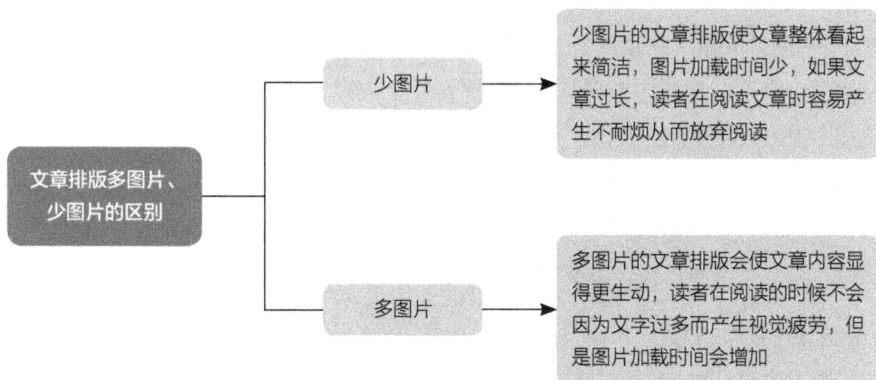

图 3-17　文章排版多图片、少图片的区别

4. 给图片"化妆"

企业、个人在进行微信公众号运营的时候是离不开图片的，图片是让公众号文章内容变得生动的重要武器，会影响文章的阅读量。

因此，企业或者个人在使用图片给公众号增色的时候可以通过一些方法给图片"化妆"，让图片更加有特色，吸引到更多的读者。

微信公众号文章编辑给自己的图片"化妆"，可以让原本单调的图片通过多种方式变得更加鲜活。微信公众号文章编辑给图片"化妆"可以通过 2 种方法着手进行，具体如图 3-18 所示。

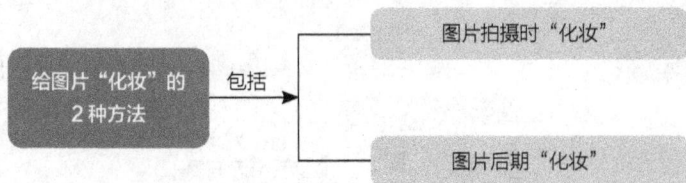

```
┌────────────────────┐              ┌──────────────────────┐
│   给图片"化妆"的    │   包括   ┌──│   图片拍摄时"化妆"   │
│      2 种方法       │─────────┤    └──────────────────────┘
└────────────────────┘          │    ┌──────────────────────┐
                                 └──│   图片后期"化妆"     │
                                      └──────────────────────┘
```

图 3-18　给图片"化妆"的 2 种方法

（1）图片拍摄时"化妆"

微信公众号使用的照片来源是多样的，有的公众号使用的图片是企业或者个人自己拍摄的，有的是从专业的摄影师或者其他地方购买的，还有的是从其他渠道免费获得的。

对于自己拍摄图片的企业或者个人这一类微信公众号运营者来说，只要在拍摄图片时，注意好拍照技巧，以及拍摄场地布局、照片比例布局等，就能达到给图片"化妆"的效果。

（2）图片后期"化妆"

微信公众号运营者在拍完照片后对图片不太满意，或者对其他地方得到的图片不太满意，都可以通过后期修改来给图片"化妆"。

现在用于图片后期处理的软件有很多，如强大的 Photoshop、众所周知的美图秀秀等，微信公众号文章编辑可以根据自己的实际技能水平选择图片后期处理软件，通过软件让图片变得更加夺人眼球。

5. 长图文产生冲击力

长图文也是一种使微信公众平台的图片获得更多关注的好方法。长图文将文字与图片融合在一起，借文字描述图片内容的同时用图片使所要表达的意思更生动、形象，两者相辅相成，配合在一起，能够使文章的阅读量大大提高。

6. GIF 格式更生动

很多的微信公众号在放图片的时候都会采用 GIF 动图形式，这种动起来的图片确实能为公众号吸引不少读者。

GIF 格式让图片更有动感，相对于传统的静态图，它的表达能力会更强大。静态图片只能定格某一瞬间，而一张动图则可以演示一个动作的整个过程，自然效果会更好。

7. 给图片打标签

要想让微信公众号的图片引爆读者的眼球，给图片打个标签也是微信公众运营者需要注意的问题。给图片打标签的意思就是给公众号的图片加上专属于该公众号的水印。微信公众号文章编辑如果要给图片加上专属标签，可以在微信公众平台的后台进行操作。

8. 制作多彩二维码

在现实生活中，随处都布满了二维码的身影，二维码营销已经成为了一种很常见的营销方式。二维码对于微信公众平台来说也是非常重要的一种吸引读者的图片，同时它也是微信公众平台的电子名片。

因此，企业或者个人在运营自己的微信公众号时，可以采用制作多种类型的二维码的方式进行平台推广与宣传，吸引不同审美类型的读者。

生活中见到的二维码有很多种，具体包括：黑白二维码、指纹二维码、彩色二维码、LOGO 二维码、动态二维码等。

3.2.3 图片拥有的力量

要创作一篇出色的微信公众号文章，图片的力量是不可忽视的。一篇图文结合的文章对读者的吸引力肯定是一篇纯文字的文章所不能比拟的。

图片能够给文字插上飞翔的翅膀，让文字所要表达的情感更加深入人心，运用得当的图片能够成为微信公众号打动读者的强力武器。图片所拥有的力量有以下几个方面，具体如图 3-19 所示。

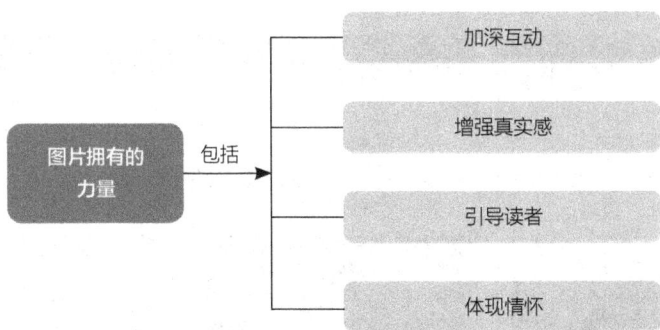

图 3-19　图片拥有的力量

1. 加深互动

在进行微信公众号运营的时候，运营者应根据自己的公众号的文章内容选择合适的图片，使文章内容与图片之间搭配和谐，从而达到借助图片加深与读者之间的互动与交流的目的。增加与读者之间的互动可以帮助公众号凝聚读者，从而培养出微信公众号的忠实粉丝。

2. 增强真实感

运营者在微信公众号发布文章的时候配上图片，能够给读者带来最直观的视觉感受，增强真实感。企业在微信公众平台上推送产品广告文章时，配上图片是进行产品推广最为有效的方法。

如果微信公众平台推送的产品广告文章中能配上购买者对产品的使用感受图或者效果图，那是再好不过了。因为大部分人都是愿意相信自己所看见的，有时候商家说再多产品的好，也抵不过买家的一句使用感受。

3. 引导读者

微信公众号运营者在写文章的时候，如果不配图片，文字再优美，它的吸引力也会大打折扣。因为过长的纯文字会显得比较枯燥，使读者容易产生阅读疲劳，人们对于长篇幅的纯文字会选择性跳过或不阅读。

在文章中加上图片会更加形象，图片能够达到引导读者的效果，它能让读者视觉感官和思维受到图片的影响，使得读者对产品的认可度有一定的提高。

4. 体现情怀

有的公众号只用图片就可以胜过千言万语，能够让读者感受到公众号隐藏的情怀。

图 3-20 所示为一个名叫"诗词天地"的微信公众号，该公众号发布了一篇关于小雪诗词的文章，图中为部分作品图。这篇文章，除了介绍各种诗词外，还配以优美的图片，从而表达出一种高雅情怀。

图 3-20   "诗词天地"公众号的诗词与图片相结合

3.2.4 图片具有的 4 种功效

微信公众平台运营者要清楚图片在公众号运营中蕴藏的力量，图片能使公众号的文章更有说服力，提高读者对文章内容的满意度。

总的来说，对于微信公众平台运营的商家，图片具有以下 4 种功效，具体如图 3-21 所示。

图 3-21 图片具有的 4 种功效

1. 展示产品详情

商家在微信公众平台上进行产品推广、宣传的时候，在推送的文章中可以通过图片展示产品详情，再配上相应的文字描述，可以达到不错的宣传效果。

同时，在利用图片展示产品详情的时候，还可以通过产品的包装、文字描述等让产品看起来更具创意，吸引读者的眼球。

2. 软性植入广告

在微信公众平台上，商家可以用图片的形式将产品相关的图片放到平台上，以实现做广告的目的。

商家发产品广告图片时，可以配上一篇相应的广告文案，放入公众号的推送信息中。因为这种广告是软性的，能够在潜移默化中将产品信息植入到读者的眼中、脑中，从而让读者对产品有一定的认知，这种软性的广告植入法会比直接的用纯文字打广告更容易让读者接受。

3. 让读者产生代入感

商家在平台推送的广告宣传文章中放入顾客购买产品的交易对话图、用户收到产品的晒单图以及产品使用感受图，就能够让其他的读者融入到交易过程中并产生一种代入感，将自己当作顾客，想象是自己在进行产品购买前的咨询或者是使用产品后诉说对产品的感受，体验到顾客的心情。其实这就是图片让读者产生代入感的功效。

4. 让产品效果可视化

图片给人传达的信息是直接的，能够深入人心。商家在自己的微信公众平台推送的产品宣传、推广文章中嵌入与广告文案相适应的图片，能够让消费者直观地看见产品的样子，同时也能够提前看见使用该产品的效果，这就是图片具有的让产品效果可视化的功效。

人们在购买东西的时候，都是在见过产品之后才会决定买与不买，而通过图片，消费者能看见使用该产品后可以产生的效果，这样就可以打动读者，让读者产生立马购买的欲望，从而促成交易。

3.3 新媒体内容的正文编辑

运营者在运营一个微信公众号的时候，有一点是一定要花费众多的精力去做好的，那就是平台的内容。

对于微信公众平台运营来说，内容就是运营的绝对主角。因为平台内容的好坏、有价值与否，关系着平台粉丝的数量，从而影响着平台的盈利，所以做好平台内容把关是每一个运营者都要重视的。

3.3.1 6 种形式编辑公众平台正文

运营者在编写内容的时候，其编辑内容的形式可以是多样的，而且，这些内容形式每一种都拥有独属于自己的特点，因此，运营者要掌握每种方式的内容的特点，从而让自己平台上的内容更具吸引力。

接下来，笔者将为大家介绍内容形式相关的知识。

1. 文字式

文字式的微信公众平台内容是指那些整篇文章除了运营者在文章中嵌入的邀请读者关注该公众号的图片或者文章末尾的该微信公众号的二维码图片之外，要表达的其它内容都是用文字描述，没有嵌入其他图片的文章。

微信公众平台上，有这种形式的内容存在，但是不常见。这种形式的内容，如果它的字数很多，篇幅很长，那么就非常容易引起读者的阅读疲劳以及读者的抵触心理。所以，微信公众平台经营者在推送文章的时候，可以少用这种形式来传递内容。

文字式的内容具有以下特点，如图 3-22 所示。

2. 图片式

微信公众平台推送的图片形式的内容是指在整篇文章中，其内容都是以图片形式表达的，没有文字或者文字已经包含在图片里面了。

微信公众平台上图片式的内容具有以下特点，如图 3-23 所示。

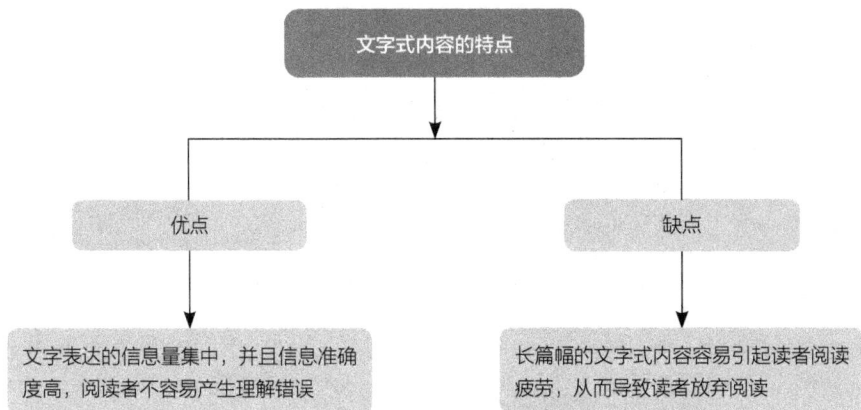

图 3-22　文字式内容的特点

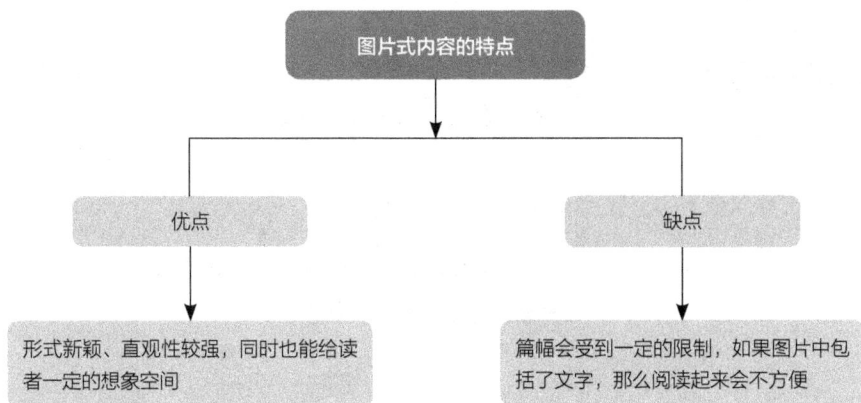

图 3-23　图片式内容的特点

3. 图文式

图文式的内容，其实就是指图片跟文字相结合，一篇文章中有图片也有文字。这种内容的呈现形式，可以是一篇文章只放一张图，也可以是一篇文章放多张图。如果运营者推送的是一张图的图文式文章，那么读者在这篇文章中从头到尾就只能看见一张图和文字。如果运营者推送的是多张图的图文式内容，那么读者看见的就是一篇文章中配了多张图片和文字。

微信公众平台上的图文式的内容具有以下特点，如图 3-24 所示。

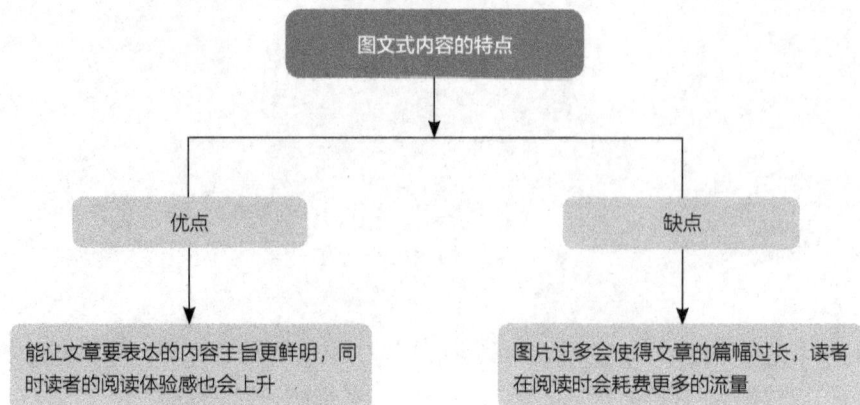

图 3-24 图文式内容的特点

4．语音式

语音式的内容是指运营者将自己要向读者传递的内容信息通过语音的方式发送到公众平台上。如微信公众平台"罗辑思维"，其特色就是每天推送一条 60 秒的语音式内容。

微信公众平台上的语音式内容具有以下特点，如图 3-25 所示。

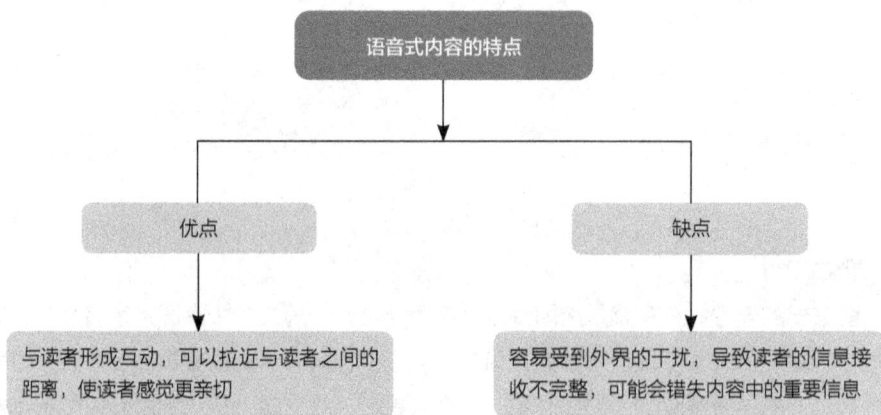

图 3-25　语音式内容的特点

5．视频式

视频式的内容，是指运营者把自己要向读者表达的信息拍摄成视频，发送给广大用户。例如，微信公众平台"美食台"就会在自己的平台上经常推送视频式内容的文章。

微信公众平台上的视频式的内容具有以下特点，如图 3-26 所示。

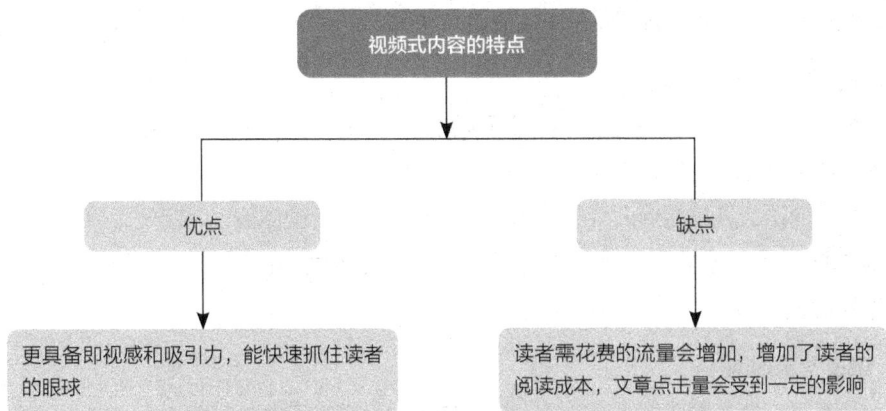

图 3-26　视频式内容的特点

6. 混搭式

混搭式内容，顾名思义就是运营者将上述的 5 种形式中的一部分综合起来，运用在一篇文章里。需要注意的是，以混搭式向读者传递内容并不是指在一篇文章中要出现所有的形式，而是只要包含三种或者三种以上的形式，那么就可以被称为是混搭式内容。

微信公众平台上的混搭式的内容具有以下特点，如图 3-27 所示。

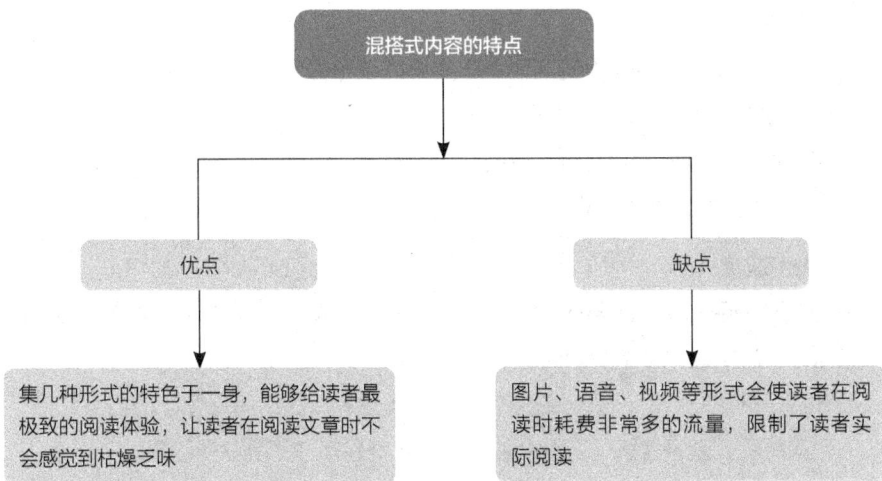

图 3-27　混搭式内容的特点

3.3.2　让平台正文决胜的技巧

运营者在撰写文章的时候，如果想让自己的文章能够收获较高的阅读量，就必须掌握一定的技巧。运营者需要掌握让自己文章决胜的技巧有以下几个方面。

1. 注重语言风格

运营者在编写文章的时候，要根据运营者所处的行业，以及平台定位的订阅群体选择适合该行业的文章语言风格。

合适的语言风格能给公众平台的粉丝带来优质的阅读体验。以定位为传播搞笑内容为主的公众号为例，那么它的文章的语言风格就必须要诙谐幽默，并配上一些具有搞笑效果的图片。

2. 创建优美封面

封面是文章非常重要的一部分，一个精美和充满吸引力的封面给平台带来的阅读量是巨大的。

对于封面图片的尺寸大小，平台给出的建议是：如果是小图片，建议 200 像素 ×200 像素。笔者给出的建议是：900 像素 ×500 像素，有时候，图片尺寸过大或者过小，很容易造成图片被压缩变形，那样出来的效果就会大打折扣了。

3. 摘要体现价值

在编辑消息图文的时候，在页面的最下面有一个撰写摘要的部分，这部分的内容对于一张图的消息来说非常重要，因为发布消息之后，这部分的摘要内容会直接出现在推送信息中。

运营者要将摘要尽量写得简洁明了，如果摘要写得好，不仅能激发用户对文章的兴趣，还能激发读者的第二次点击阅读兴趣。

如果微信运营者在编辑文章内容的时候没有填写摘要，那么系统就会默认抓取文章的前 54 个字作为文章的摘要。

4. 要点吸引读者

微信公众平台的文章想要吸引用户的眼球，就需要有一定的内容要点，如何让一篇文章从众多的推送内容中脱颖而出？

站在用户的立场，对方第一要关注的就是运营者传递的消息和自己切身利益是否相关。也就是说，运营者抓住了受众的需求，也就是抓住了受众的眼球。

5. 掌握广告植入

事实证明，微信如果强推广告，不仅达不到预期的效果，反而会引起用户不满。商家要想在微信中植入广告，必须要把握两个字："巧"和"妙"。那么具体如何做到这两点呢？运营者可以用以下几种类型的内容在文章中植入广告。

（1）故事型

故事因为具备完整的内容和跌宕起伏的情节，所以比较吸引大家的期待，关注度相对高。提及故事，不少人充满期待，因此运营者在植入广告时，可以充分借用这一方法，改变传统的广告硬性植入方式。

（2）图片型

相比纯文字的信息，图片加软文的方式更加受用户群欢迎。通过加入图片来进行表达或者描述品牌，会更容易收到效果。

（3）段子型

以幽默好玩、新鲜有趣的段子来植入广告，是一个非常不错的选择，因为有趣的段子总能给人留下深刻的印象，而且对于段子高手来说，能够将广告信息毫不突兀地植入进去，往往让人赞叹其精妙创意，妙不可言。

（4）视频型

可以在微信软文中加入一段运营者的视频或者语音，这种宣传效果要比文字的宣传效果更好。如果想要达到更好的效果，可以邀请名人来录制视频或者语音。

总之，不论是让谁来录制视频，都要让用户感受到一些的意外和震撼，所以选择在受众心中有一定地位的人来录制，这样达到的效果才是最好的。

（5）舆论热点型

每天，手机上都会收到各种各样的关于网络舆论热点人物或者事情的报道，它们的共同特点就是关注度高，因此运营者可以借助这些热点事件，撰写微信公众平台的内容，然后巧妙地将广告植入进去。

6. 开启原创声明

随着微信公众平台各项准则的完善，原创内容越来越受到重视，为此，微信公众平台还推出了"原创声明"这一功能。

"原创声明"功能有哪些作用呢？获得原创声明功能的平台，一旦发现有人转载其内容没有注明出处，微信公众平台会自动为转载的内容注明出处并给予通知。

当运营者发送的是自己的原创信息时，应设置这一功能，在保护自己权益的同时，也用原创文章为自己的公众平台带来更多的读者。

7. 用好原文链接

在微信公众平台中，有一个地方可以添加外链，那就是"原文链接"，把握好"原文链接"功能，能够很好地进行平台导流工作。

具体的操作方法是将文章的一部分内容放在公众平台上，如果用户想要查看全文，就必须单击"原文链接"按钮，才能查看到全文。

8. 学会主动求赞

如果读者对某一篇微信公众平台发送的文章内容很喜欢，就有可能会点赞，点赞功能在微信内容的最下方。

据笔者了解，很多读者在阅读完文章之后，不会有意识地去进行点赞，所以笔者给众位微信运营者一个小小的建议，就是主动提醒用户去点赞，也就是主动求赞，这样往往能够收到意想不到的效果。

3.3.3　平台正文推送前的注意事项

把微信推送的内容编辑好后，微信运营者就要将内容进行发布了，在群发微信信息的时候，需要注意哪些事项呢？接下来笔者将为大家介绍平台内容群发时的一些注意事项。

1. 正确时间推送信息

编辑微信内容之后，运营者面临的下一个难题就是把握微信信息发送的时间。在什么时候发送信息比较合适？哪个时间点的阅读率最高？

众所周知，用户在收取订阅号信息的时候，会有这样一个规则，后面发送信息的微信公众平台会在先发内容的公众平台的前面，也就是说在订阅号中的显示顺序和信息发送时间顺序相反，即谁最后更新，谁就排在最上面。因此，选择合适的发送时间对于微信运营者来说，是非常重要的一件事。

2. 先预览再推送信息

不管微信运营者是运用什么软件对文章内容进行编辑，都必须对文章进行预览，运营者在预览的时候，需要检查以下几个方面的内容：

- 检查是否有错别字；
- 检查排版是否美观清晰；
- 检查文章前的引导和文章后的引导是否完整；
- 检查阅读原文中的链接是否完整；
- 检查文章中的其他细节问题。

3.3.4　正文开头的写作方法

对微信公众平台上的文章来说，文章的开头对一篇文章是很重要的，决定了读者对这篇文章内容的第一印象，因此对它要极为重视。

微信公众平台上，一篇优秀的文章在撰写文章开头时一定要做到以下4点：

- 紧扣文章主题；

- 语言风格吸引人；
- 陈述部分事实；
- 内容有创意。

一个好的文章开头的重要性相信大家都很清楚了，接下来笔者将为大家逐一介绍文章开头的 5 种写作技巧，让运营者能够用一个好开头赢得读者对公众号的喜爱，从而吸引到大批的粉丝。

1. 想象型

公众平台的编辑在写想象型的文章开头时，可以稍稍运用一些夸张的写法，但不要太过夸张，基本上还是倾向于写实或拟人，能让读者在看到文字的第一眼时展开丰富的联想，猜测在接下来的文章中会发生什么，从而产生强烈的继续阅读文章的欲望。

在使用想象型的文章开头的时候，要注意的是开头必须有一些悬念，给读者以想象的空间，最好可以引导读者进行思考。

2. 叙述型

叙述型也被叫作平铺直叙型，表现为在撰写文章开头时，把一件事情或者故事有头有尾，一气呵成地说出来，平铺直叙，也有人把这样的方式叫作流水账式。

叙述型的方式，在文章中使用并不多，更多的还是存在于媒体发布的新闻稿中。但是，在微信公众平台文章的开头中也可以选择在合适的时候使用这种类型的写作方法，例如重大事件或者名人的介绍，通过写作对象本身表现出来的巨大吸引力来吸引读者继续阅读。

3. 直白型

直白型的文章开头，需要作者在文章的首段就将自己想要表达的东西都写出来，不隐藏，干脆爽快。微信公众平台的文章编辑在使用这种方式进行文章开头创作的时候，可以使用朴实、简洁的语言，直接将自己想要表达的东西写出来，不要故弄玄虚。

在使用这种直白型文章开头的时候，要注意的是，文章的主题或者事件必须要足够吸引人，如果主题或者要表达的事件没办法快速地吸引读者，那这样的方法最好还是不要使用。

4. 幽默型

幽默感是与他人沟通时最好的武器，能够快速搭建自己与对方的桥梁，拉近彼此之间的距离。

幽默的特点就是令人高兴、愉悦。微信公众平台文章的编辑如果能够将这一方法使用到文章开头写作中，将会取得不错的效果。

在微信平台上，有很多的运营者会选择在文章中通过一些幽默、有趣的故事做开头，吸引读者的注意力。相信没人会不喜欢看可以带来快乐的东西，这就是幽默型文章开头的存在意义。

5. 名人型

在写公众平台文章时，使用名言名句开头的文章，一般会更容易吸引读者的目光。因此，公众平台编辑在写公众号文章的时候，可以多搜索一些跟文章主题相关的名人名言，或者是经典语录。

在公众平台文章的开头，编辑如果能够用一些简单精练，同时又深扣文章主题意蕴丰厚的语句，或者使用名人说过的语录、民间谚语、诗词歌赋等，那么就能够使文章看起来更有内涵，而且这种写法更能吸引读者，可以提高公众平台文章的可读性，更好地凸显文章的主旨和情感。

除了用名言名句，还可以使用一些蕴涵道理的故事作为文章开头。小故事一般都简短但是有吸引力，能很好地引起读者的兴趣。

3.3.5 正文中间的写作方法

一篇微信公众平台的文章，常规的写作方法有以下几种，这些写作方法虽然常规，但是只要掌握好了，其作用不可忽视。接下来，笔者将为大家介绍几种常规型的文章中间部分的写作方法。

1. 情感型

情感的抒发和表达已经成为公众平台营销的重要媒介。一篇有情感价值的文章往往能够引起很多消费者的共鸣，从而提高消费者对品牌的归属感、认同感和依赖感。

情感消费和消费者的情绪挂钩，一篇好的公众平台文章，主要是通过对文字、图片的组合，打造出一篇动人的情感内容文章，再通过情感内容挑动读者的情绪。

2. 故事型

故事型的公众平台文章是一种容易被用户接受的文章题材，一篇好的故事文章，很容易让读者记忆深刻，拉近品牌与用户之间的距离。生动的故事容易让读者产生代入感，对故事中的情节和人物也会产生向往之情。运营者如果能写出一篇好的故事型文章，就会很容易找到潜在客户和提高运营者信誉度。

对于运营者来说，如何打造一篇完美的故事型文章呢？首先需要确定的是产品的特色，将产品关键词提炼出来，然后将产品关键词放到故事线索中，贯穿全文，让读者读完之后印象深刻。同时，故事型的文章写作最好满足合理性和艺术性两个要点。

3. 技巧型

所谓技巧型的文章，是指文章以向读者传授一些有用的小知识、小技巧为中心主题。对于很多行业的运营者来说，都非常适合用技巧型文章来进行宣传、推广，如某类软件使用方法、生活中某类需要掌握的小知识等。

一般来说，技巧型的文章好写又好用，在网络上随处可见，它内容简短，写作耗时少，实用性高，所以很受运营者的追捧。

4. 悬念型

所谓悬念，就是人们常说的"卖关子"。作者通过悬念的设置，激发读者丰富的想象和阅读兴趣，从而达到写作的目的。

文章的悬念型布局方式，是指在文章中的故事情节、人物命运进行到关键时设置疑团，不及时作答，而是在后面的情节发展中慢慢解开，或是在描述某一奇怪现象时不急于说出产生这种现象的原因。这种方式能使读者产生急切的期盼心理。

也就是说，悬念型文章就是将悬念设置好，然后嵌入到情节发展中，让读者自己去猜测，去关注，等到吸引了受众的注意后，再将答案公布出来。

虽然悬念具有很好的吸引效果，但是需要注意的是，运营者在进行悬念型的文章的写作时要懂得分寸，问题和答案也要符合常识，不能让人一看就觉得很假，不要让人觉得反感。

3.3.6 正文结尾的写作方法

一篇优秀的文章，不仅需要一个好的标题、开头以及中间内容，同样也需要一个符合读者需求、口味的结尾。那么，一篇优秀的文章结尾该如何写呢？接下来，笔者将为大家介绍几种实用文章结尾的写作方法。

1. 抒情型

使用抒情型手法进行文章的收尾，通常多用于写人、记事、描述的微信公众平台文章的结尾中。

运营者在用抒情型手法进行文章收尾的时候，一定要将自己心中的真实情感释放出来，这样才能激起读者情感的波澜，引起读者的共鸣。

2. 祝福型

祝福型手法是很多微信公众平台文章编辑在文章结尾时会使用的一种方法。因为，这种祝福型的文章写作手法，能够给读者传递一份温暖，让读者在阅读完文章后，感受到运营者对其的关心与爱护，这也是一种非常能够打动读者内心的文章结尾方法。

3. 号召型

运营者如果想让读者加入某项活动中就需要使用号召型手法对文章进行收尾，很多公益性的文章会使用这种方法进行文章的结尾。

使用号召型手法结尾的文章能够在读者阅读完文章内容后，使读者对文章的内容产生共鸣，从而产生更强烈的加入文章中发起的活动中去的冲动。

第 4 章

内容优化，提升网络内容质量

在"内容为王"的时代，如何对营销内容进行优化，从而提升网络内容的质量，一直是网络营销推广的重中之重。本章将从内容版式的优化、内容点击阅读量的提高，以及内容运营的技巧三个方面，为大家详细介绍怎样去优化内容。

>> 内容版式的设置与优化
>> 内容点击阅读量的提高
>> 内容运营技巧

4.1 内容版式的设置与优化

网络营销的运营者在推广内容的过程中，需要进行内容的编辑和排版，本节将以微信运营为例来进行介绍。运营者可以在微信后台对文章进行编辑与排版，也可以借助第三方软件对文章进行编辑和排版，本节笔者将为大家介绍如何进行版式设置。

4.1.1 栏目设置的意义和流程

如果企业或者个人要进行微信公众平台运营，那么了解一些公众号栏目设置相关的知识是非常有必要的。在本小节中，笔者从栏目设置的意义和流程 2 个方面，为大家介绍微信公众号栏目设置相关的知识。

1. 栏目设置的意义

在介绍栏目设置对平台的意义之前，先为大家介绍一下什么是微信公众平台的栏目设置。微信公众平台的栏目设置包括自定义菜单栏和文章分类栏两个方面，具体介绍如下。

（1）自定义菜单栏

微信公众平台的自定义菜单栏是指微信订阅者在点开或者关注某一个微信公众号之后，首先出现的页面的最下方的几个栏目。

微信公众号的自定义菜单栏是由运营者自己设置的，图 4-1 所示为"槽边往事"和"手机摄影构图大全"公众号的自定义菜单栏。

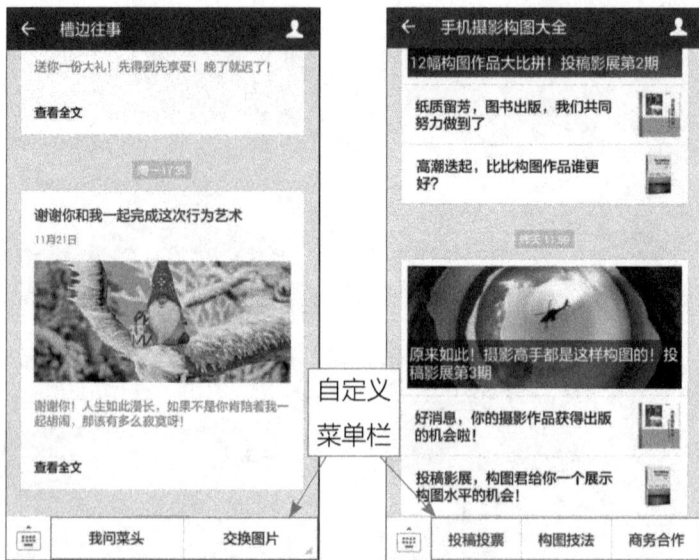

图 4-1　有自定义菜单栏的公众号示例

但是有的公众号就没有自定义菜单栏，图 4-2 所示为"古风诗词"和"愤怒的香蕉"公众号就属于这种。

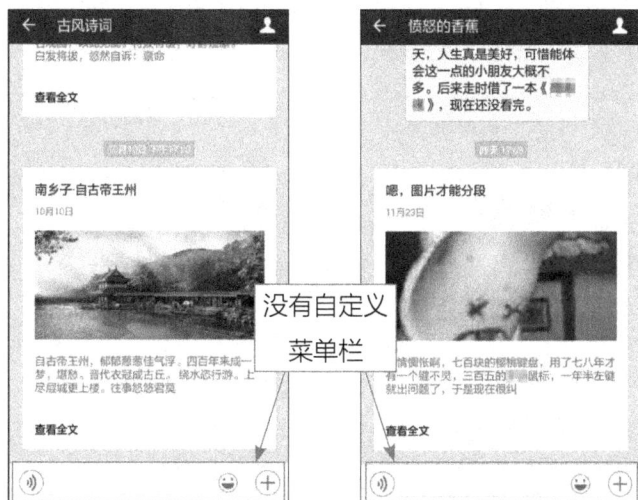

图 4-2　没有自定义菜单栏的公众号案例

在了解了什么是微信公众平台的自定义菜单栏之后，接下来笔者就为大家分析一下微信公众平台菜单栏的设置对平台的意义。

微信公众平台菜单栏设置的意义主要体现在以下 4 个方面。

- 可以为订阅者提供方便。微信公众平台运营者在平台上设置自定义菜单栏，能够为平台的订阅者提供更多的便利。对于新订阅公众号的读者来说，只要通过自定义菜单栏就可以大致了解到该公众号提供的服务内容，并且能够通过菜单栏的分类清楚自己要找的信息的分类，从而在较短的时间内准确找到自己想要的信息。

- 能够展示公众号的特色。微信公众平台运营者在自己经营的平台上设置自定义菜单栏，能够将自己平台上所具有的服务直接展示在订阅者面前，让订阅者一眼就能看出平台所具有的特色以及能为其提供的价值。只要平台的内容与服务对订阅者来说是确实非常有价值的，就能够提高订阅者对该订阅号的黏性，从而逐渐将其培养成公众号的忠实粉丝。

- 能为平台带来更多的点击量。微信运营者在微信公众平台上设置自定义菜单栏时，可以设置一些签到、送优惠和送礼物等小活动，由此引导订阅者每天都来平台签到，这样就可以增加订阅号的点击量。而且，如果订阅者来公众平台签到，那么他点击平台上的文章或者其他的功能的概率就会非常大，其实这也无形之中为公众平台增加了点击量。

- 能够增加平台的主动性。在微信公众平台的后台有一个自动回复功能。微信运营者可以将这个功能与自定义菜单栏结合起来，以此对平台的订阅者进行操作指导，引导读者单击自定义菜单栏中的各类子菜单，这样就提高了平台的主动性，能够让读者在公众平台的指导下进行各种信息浏览，如图 4-3 所示。

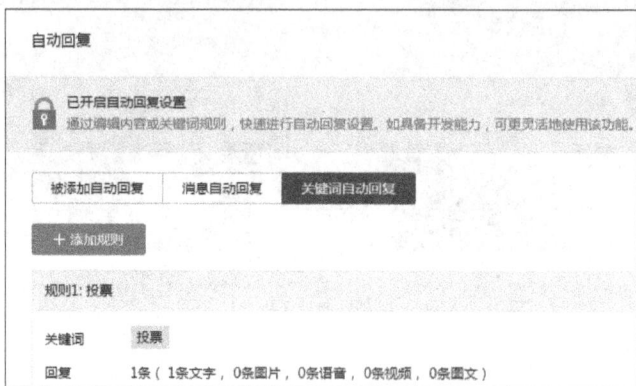

图 4-3　微信公众平台后台中的自定义回复功能

（2）文章的分类栏

文章的分类栏是指公众号对平台上推送的文章进行一个类别分类，在推送文章的时候就将符合该类型的文章放入该栏目中。

与自定义菜单栏一样，并不是每个公众号都有文章的分类栏，图 4-4 所示为有文章分类栏的"起点中文网"公众号（左）和没文章分类栏的"诗词天地"公众号（右）。

图 4-4　公众号文章有（左）和无（右）分类栏的案例

设置文章分类栏对微信平台来说也是具有一定重要意义的，其意义体现在以下 2 个方面，具体如图 4-5 所示。

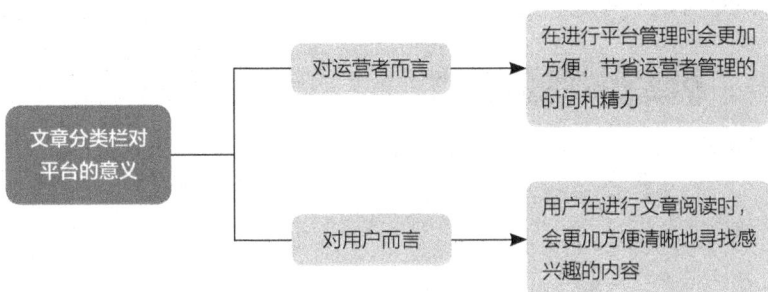

图 4-5　文章分类栏对平台的意义

2. 怎样进行栏目设置

在了解了栏目设置对微信公众平台的重要性之后，接下来笔者将给大家介绍怎样进行公众号栏目设置，介绍将从自定义菜单栏设置和文章分类栏设置 2 个部分进行。

（1）设置自定义菜单栏

根据现在的微信公众平台规定，一个公众号可以添加 3 个一级菜单，而一个一级菜单下最多可以添加 5 个子菜单。在清楚了公众平台的菜单栏的具体情况之后，接下来笔者就为大家介绍怎么给自己的微信公众号添加菜单栏。

首先，在电脑上登录微信公众平台的官网，登录之后在微信公众平台的首页中的"功能"栏中找到"自定义菜单"按钮，然后单击该按钮，就会出现"自定义菜单"页面，然后就能进行菜单栏编辑，如图 4-6 所示。

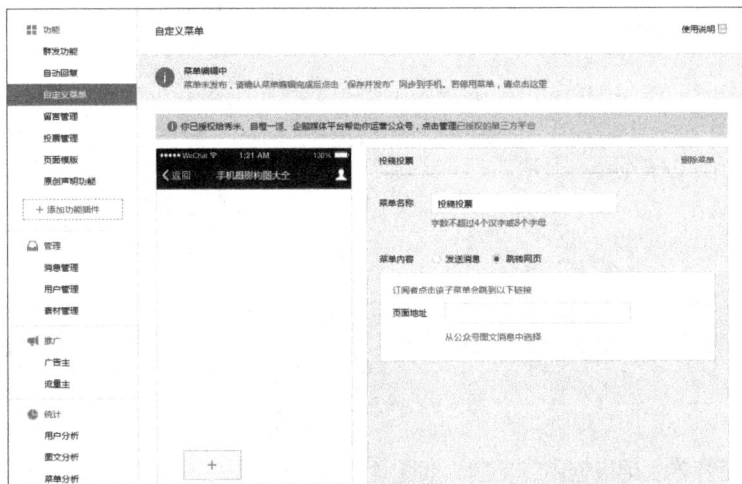

图 4-6　"自定义菜单"页面

在执行上述操作之后，就会进入"菜单编辑"页面，具体如图 4-7 所示。在这个页面中，运营者要在相应的位置输入一级菜单名称以及相应的内容，再单击"保存并发布"按钮即可。

图 4-7 "菜单编辑"页面

一级菜单内容设置好后，运营者要设置子菜单的内容，如图 4-8 所示，单击一级菜单上的"+"按钮，就能进入子菜单内容编辑页面。

图 4-8 单击"+"按钮

运营者在输入相应的内容之后，如图 4-9 所示，单击"预览"后即可查看菜单栏设置的效果。

图 4-9　菜单栏编辑预览页面

（2）设置文章分类栏

文章的分类栏可以以 2 种方式来表现：

- 标题最前面以文字的形式标出；
- 在文章列表中用侧图形式标出。

微信公众平台运营者如果要在文章标题的最前面用文字形式对文章进行分类，那么就需要先根据文章内容，总结出它属于哪种文章的范畴，然后加上相应的分类就可以了，同时还可以用符号将标题最前面的分类隔开，使其显得更加突出。

例如，在标题前设置一个攻略分类栏，那么就可以写成"【攻略】+标题""攻略:+标题"等形式，商家可以自由发挥想象，设置自己最满意的形式。

文字形式分类方法具有一定的好处，但也有一定的劣处。好处主要体现在：使用这种方法设置文章的分类栏，运营者在操作的时候会比较方便，能够根据推送内容的实际情况进行分类名称更换。劣处主要体现在：文章分类相对来说不是很醒目，不能很好地吸引读者，比较容易被读者忽略掉，而且相对来说特色性不够强。

微信公众平台运营者还可以使用在文章推送列表的文章侧图的地方来进行文章的栏目分类。运营者在使用这种方法的时候，只要根据文章内容的情况，给其配上相应的分类侧图就可以达到文章分类的效果。

需要注意的是，使用这种方法进行文章分类栏设置相对于在标题前用文字标出的方法更复杂一些，因为运营者要在图片中配上相应的文字。

但是这种方法的好处是，只要公众号每次推送的文章类型是固定的，那么就不用每次都制作图片分类标签。

4.1.2 提升版式视觉效果的技巧

如果说文章中的内容是让作者与读者之间产生思想上的碰撞或共鸣的武器，那么作者对文章的格式布局与排版就是给读者提供一种视觉上的享受。

文章的排版对一篇文章有很重要的作用，它决定了读者是否能够舒适地看完整篇文章，这种重要程度对微信公众平台上这种以电子文档形式传播的文章来说更甚。

因此，微信运营者在给读者提供好内容的同时也要注意文章的排版，让读者拥有一种精神与视觉的双重体验。

接下来，笔者将为大家介绍一些提升排版视觉效果的小技巧，让微信公众平台运营者用这些小技巧给读者带去更好的阅读体验。

1. 排版风格要选好

说到给微信公众平台上的文章内容排版，选择合适的排版风格是必不可少的，其意义表现在以下 2 个方面：

- 提高效率。微信公众平台运营者选择好排版风格后，在以后的文章排版过程中能够节省很多排版时间，从而能够极大地提高工作效率；
- 形成自己的风格。微信公众平台运营者选好符合内容的排版风格能够形成属于自己平台的独特风格，从而与其他平台形成差异化，吸引更多读者。

不同的公众号因其所要传递的内容不同，在内容的排版风格上也会有所差异。

以"手机摄影构图大全"为例，因为是教摄影构图技巧的平台，所以它的排版风格就是以图文结合的形式为主，文章排版者会在放图片的时候，放一张技巧讲解图来形成对比，如图 4-10 所示。

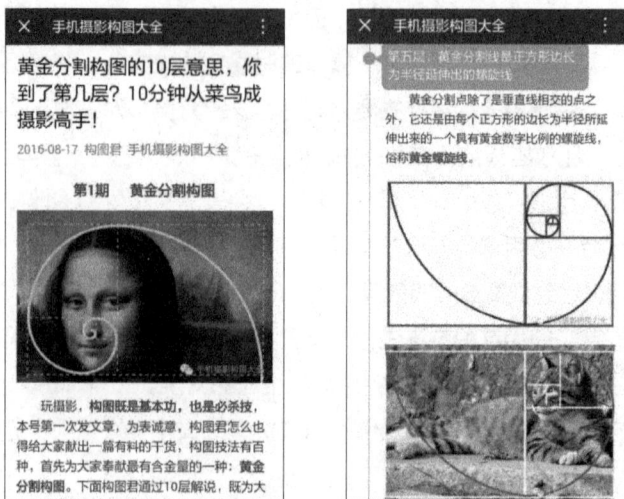

图 4-10　"手机摄影构图大全"公众平台排版风格

2. 色彩搭配要适宜

微信运营者在进行文章内容排版的时候，要特别注意色彩的搭配。人们的眼睛对色彩非常敏感，不同的颜色能够向人们传递不同的感觉，例如人们经常说的"红色给人以热情、奔放的感觉，蓝色给人以深沉、忧郁的感觉"。

微信运营者在进行文章内容排版的时候，会涉及色彩搭配的地方主要包括2个方面——文字的色彩搭配和图片的色彩搭配。

（1）文字的色彩搭配

对于大部分的公众号文章而言，文字是一篇文章中的重要组成部分，是读者接受文章信息的重要渠道。

文章的文字颜色是可以随意设置的，并不只是单调的一种颜色。从读者的阅读效果出发，将文章中的文字颜色设置为最佳的颜色是非常有必要的。文字的颜色搭配适宜是让文章获得吸引力的一个重要因素，其意义具体如图4-11所示。

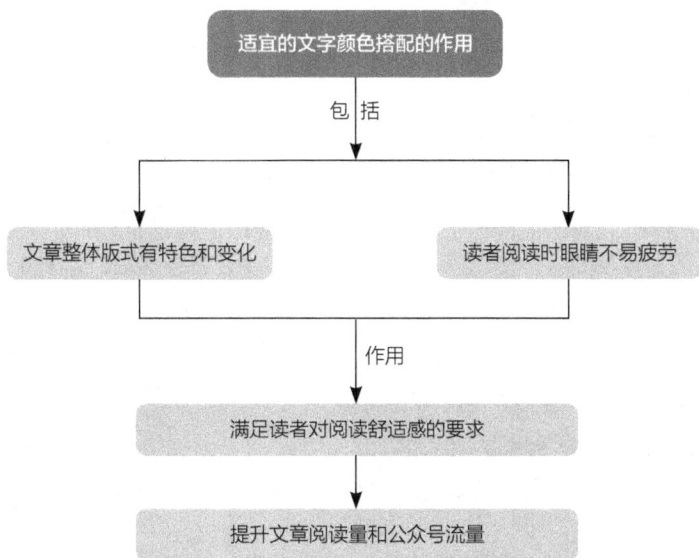

图 4-11　适宜的文字颜色搭配的作用

微信运营者在进行字体颜色设置的时候，要以简单、清新为主，尽量不要在一篇文章中使用多种颜色的字体，不要使整篇文章给读者一种调色盘的感觉。

文字的颜色要以清晰可见为主，不能使用亮黄色、荧光绿这类让读者看久了眼睛容易产生不舒适的颜色，尽量以黑色或者灰黑色为主。当然，为了使读者能注意到某些内容，也可以使用一些其他颜色来标注，从而使其更显眼。

（2）图片的色彩搭配

图片同样也是微信公众号文章中的重要组成部分，有的微信公众号在推送的一篇文章中就只有一张图片或者全篇都是图片。

图 4-12 所示为图片的色彩搭配需要注意的地方。

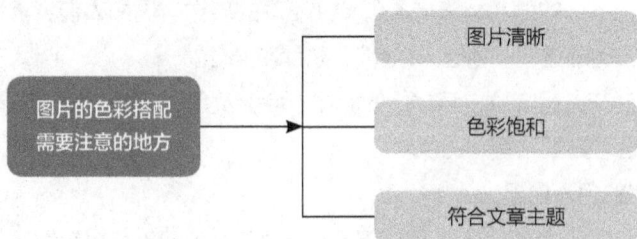

图 4-12 图片的色彩搭配需要注意的地方

3. 文字间距要适宜

文字排版中，文字之间的间距把握很重要，尤其是面对用手机浏览文章的微信用户。文字间距适宜主要包括三个方面：字符间距、行间距、段间距。

（1）字符间距

字符间距是指横向的字与字的间距，字符间距宽与窄会影响到读者的阅读体验，也会影响到整篇文章篇幅的长短。

在微信公众号的后台，并没有可以调节字符间距的功能按钮，可以先在其它的编辑软件上编辑好，然后再复制粘贴到微信公众平台的文章编辑栏中。

在这里笔者以 Word 为例，来为大家讲一下文字的字符间距。如图 4-13 所示，在 Word 中字符间距的标准有三种，分别是"标准""加宽""紧缩"。

图 4-13 Word 中的字符间距的标准

文字的字符间距对微信公众平台上文章的排版是有一定影响的，并且会影响到读者的阅读体验，所以微信公众平台的运营者一定要重视对文字间字符间距的排版。

（2）行间距

行间距指的是文字行与行之间的距离，行间距决定了每行文字的纵向间距，行间距的宽窄也会影响到文章的篇幅长短。

在微信公众号后台图文编辑的页面中，共有 7 种行间距类型。通常，将行间距设置在 1.5 ~ 2 倍之间，其排版效果会较好。

（3）段间距

文字的段间距是指段与段之间的距离，段间距也同样决定了每段文字的纵向间距。

在微信公众号后台群发功能中的"新建图文消息"的图文编辑栏中有段间距排版功能，且分为段前距与段后距 2 种。

如图 4-14 所示，这两种段间距功能都提供了 5 种间距选择。

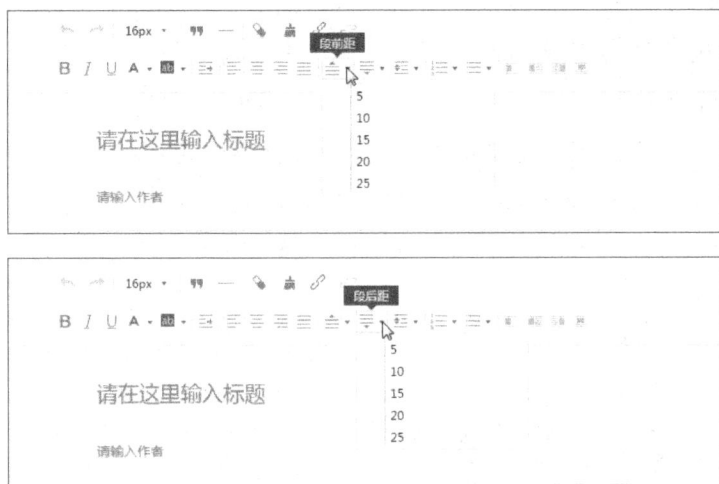

图 4-14　微信公众平台的段前距（上）与段后距（下）功能

微信公众平台运营者可以根据自己平台的读者的喜好去选择合适的段间距。微信公众平台运营者要弄清楚读者喜好的段间距风格，可以采用给读者提供几种间距版式的文章让读者进行投票选择的方法来得到。

4. 合适的字号

为文章的内容选择合适的字号，也是微信公众平台运营者排版工作中需要考虑到的一个事项。

合适的字体大小能让读者在阅读文章的时候不用将手机离自己的眼睛太近或太远，而且合适的字体大小能让版面看起来更和谐。

在微信公众号后台群发功能中的"新建图文消息"的图文编辑栏中，设有字号小的选择功能，如图 4-15 所示。

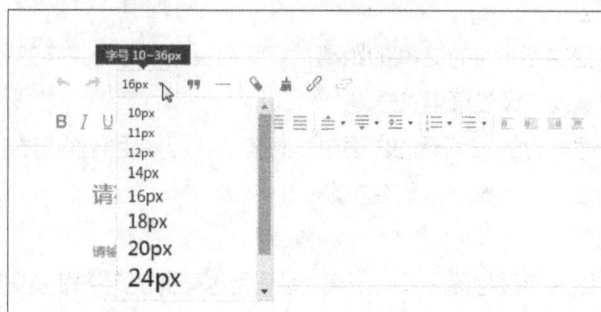

图 4-15　微信公众平台的字号设置功能

从图 4-15 中，我们可以看见，微信公众平台为微信公众平台运营者提供了 8 种字号设置选项。其中，16px、18px、20px 这 3 种字号看起来会比较舒服，因此微信公众平台运营者在设置字号的时候，可以在这 3 种字号中选择。

5. 首行缩进的秘密

在微信公众号后台的群发功能中的"新建图文消息"的图文编辑栏中，设有首行缩进的功能，如图 4-16 所示。

图 4-16　微信公众号后台的首行缩进功能

关于段落首行缩进的秘密是指有时候微信运营者在编辑内容的时候，可能对一段文字在排版的时候已经设置了首行缩进，但是显示在手机上的时候却是向左对齐，这不免让人觉得很奇怪。

其实对于这个问题是很容易解决的，微信公众平台运营者只要将编辑好的文字先"清除格式"，之后再进行"首行缩进"的操作，这样就不会出现已经进行过首行缩进设置，显示在手机上的时候却依然是向左对齐的情况了。

6. 分割线的妙用

分割线是在文章中用于将两部分内容分隔开的一条线。虽说它叫分割线，但是它的形式不仅仅局限于线条这一种形式，它还可以是图片或者其他的分割符号。

在微信公众号后台群发功能中的"新建图文消息"的图文编辑栏中，设有分割线功能，但是该分割线功能中提供的样式只有一种，如图 4-17 所示。

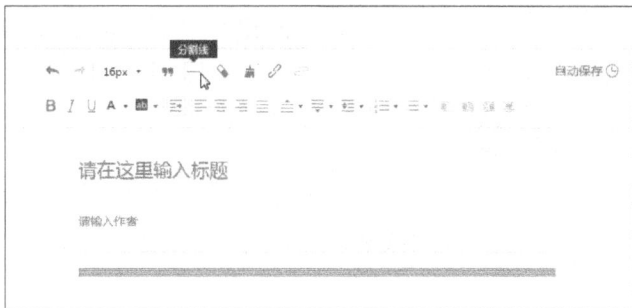

图 4-17 微信公众平台上的分割线的样式

微信公众平台运营者可以用分割线将文章的内容分开，这样可以提醒读者，同时也能增加文章排版的舒适感，给读者带去更好的阅读体验。

7. 注意格式的清除

有时候微信公众平台运营者会在网上找素材，看见合适的内容后就会复制到微信公众平台的编辑栏中。

但是需要注意的是，从网上复制的内容有的会设有灰色底纹、蓝色底纹等，而复制的时候微信运营者会将其原有的格式也复制过来，造成文章的整体底纹颜色不一样，这样会影响排版视觉效果。

因此，当微信运营者从网上复制内容到公众平台的时候，就要进行"清除格式"的操作。在微信公众号后台群发功能的"新建图文消息"的图文编辑栏中有清除格式的功能，如图 4-18 所示，公众平台运营者单击"清除格式"按钮，就能清除字体格式。

图 4-18 微信公众平台上的清除格式功能

8. 图文结合要谨慎

虽然现在文章的内容有语音、视频等多种样式，但是大多数公众号的文章还是以图文结合为主，所以就不得不介绍一下文章的图文排版。

如图 4-19 所示，微信运营者在进行文章图文排版的时候，如果想让版式看起来舒适就需要注意以下 2 个方面。

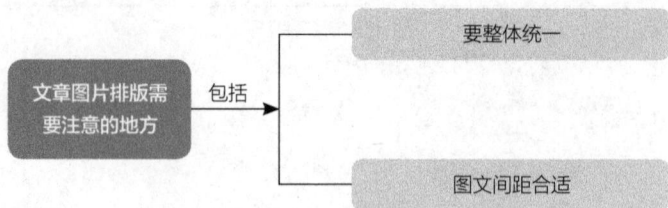

图 4-19　文章图片排版需要注意的地方

（1）要整体统一

在同一篇文章中，用到的图片与版式要一致，这样给读者的感觉就会比较统一，有整体性。图片的版式一致是指，如果微信运营者在文章最开始用的是圆形图，那么后面的图片也要用圆形图，同样的如果第一张图是矩形图，后面的也都用矩形图。

以公众号"手机摄影构图大全"为例，如图 4-20 所示，它在《一种建筑，20 种构图拍法～第 3 站：金色大厅》这篇文章中，使用的图片版式就是一致的，这样能给读者整体感。

图 4-20　图片版式一致的公众号案例

（2）图文间距合适

图文间距可以分为 2 种，一种是图片跟文字间要隔开一段距离，不能太紧凑。如果图片跟文字隔得太近，会让版面显得很拥挤，给读者的阅读体验不佳。另一种是图片跟图片之间不要隔得太近，要有一定的距离。如果两张图片之间距离近，就会给读者造成这是一张图的错觉。尤其是连续在一个地方放多张图片的时候，特别要注意图片之间的距离。

9. 版式简洁更舒适

随着第三方编辑器的出现，很多微信公众平台运营者抛弃了微信公众平台自带的编辑功能，纷纷投入第三方编辑器的怀抱，于是微信公众平台上出现了各种各样版式的文章。版式多样能够吸引到读者，但是如果在同一篇文章中使用过多的排版方式就会使版面显得很杂乱，反而会在读者阅读文章的时候造成读者的不适感。

因此，微信运营者在追求版式特色的同时也要注意版式的简洁，在一篇文章中不要使用太多的排版方式。有时候简洁的版式反而会在众多杂乱的版式中自成一股清流，拥有自己的特色，吸引更多的读者。

以微信公众号"会声会影1号"为例，其文章的排版就非常简单，但是又有自己的特色。接来下我们就来欣赏一下该公众号的一篇文章的排版，如图4-21所示。

图4-21　公众号"会声会影1号"文章的排版

10. 优秀案例中总结经验

微信运营者可以从其他排版优秀的公众号中总结经验，汲取它们的优点，再根据自己的情况建立起属于自己的排版体系。

同时，在看见新颖、好看的排版版式的素材时，也可以将其收藏起来，建一个属于自己的素材库，这样不仅丰富了版式资源还可以节省很多寻找版式素材的时间，提高工作效率。

4.1.3　开头、结尾版式的作用

在进行公众平台内容排版的时候，不仅要做好正文内容的排版，还要将文章开头、结尾的排版也做好。因为，有时候这些小细节也能给微信运营者的运营工作带来很不错的运营效果。接下来笔者就为大家分析一下开头、结尾版式的作用。

1．文章开头增加关注

相信大部分人每天都会阅读微信公众平台推送的信息，那么大家有注意到文章的开头部分的排版有什么秘密吗？

每个微信公众平台上的文章，运营者都会在文章的开头处放上图 4-22 所示的一段邀请读者关注公众号的话语或者图片。

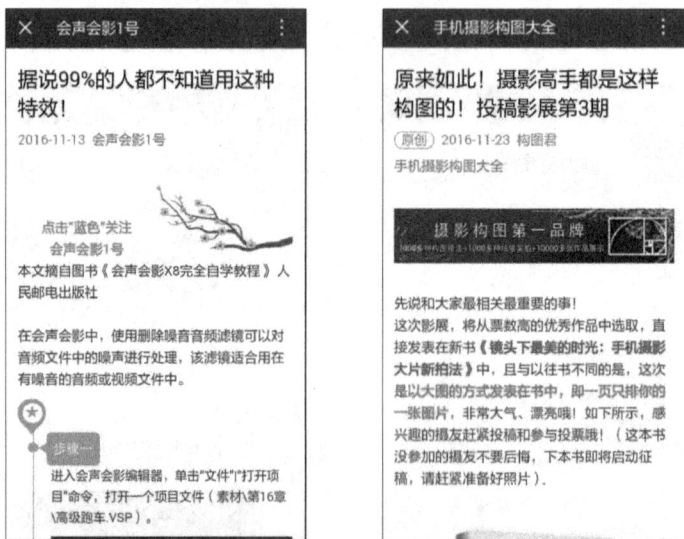

图 4-22　文章开头排版的公众号案例

这段话、这张图片为什么要排在文章的开头呢？其实，把它们排在开头是为了让读者在点开文章的时候就能够点击关注公众平台，以达到增加平台关注量的目的。

2．文章结尾增加点击量

很多微信公众号会在文章结尾处的排版中留一个版面，对平台上之前已经推送过的文章进行推荐。以"手机摄影构图大全"公众号为例，它就在文章结尾处排版时设置了"推荐阅读"，如图 4-23 所示。

还有的公众号因为拥有自己的网站，所以他们会在文章的最下面设置一个"阅读原文"的按钮，如图 4-24 所示的"滴滴湖南"公众号。

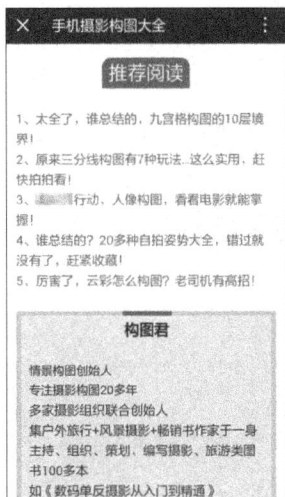

图 4-23　结尾排版设置"推荐阅读"案例　　图 4-24　结尾排版设置"原文阅读"案例

4.1.4　3 种常用的编辑器

由于微信公众平台后台提供的编辑功能有限，只有最简单的文章排版功能，对使用微信公众平台的商家来说难免显得太单调了，不能使文章吸引读者的眼球。

因此，商家可以借助功能更齐全的编辑器来帮助自己设计出更多有特色的文章版式，吸引读者的眼球。图 4-25 所示为网上常见的微信第三方编辑器。

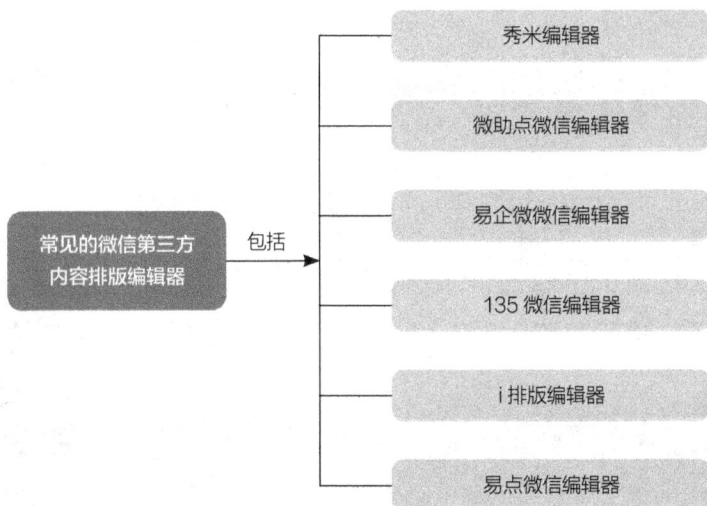

图 4-25　常见的微信第三方内容排版编辑器

接下来笔者就给大家详细介绍一下这些编辑器中最常用的 3 款，让大家轻松搞定微信公众平台文章的内容编辑与排版。

1. 秀米编辑器

秀米编辑器是一款优秀的内容编辑器，用户进入秀米网站，就能看到秀米排版编辑器的首页，如图4-26所示。

图 4-26　秀米编辑器首页

2. 135 微信编辑器

135 微信编辑器主要用于简单的长图文编辑，运营者进入网站后，就能看到其主页面，如图4-27所示。

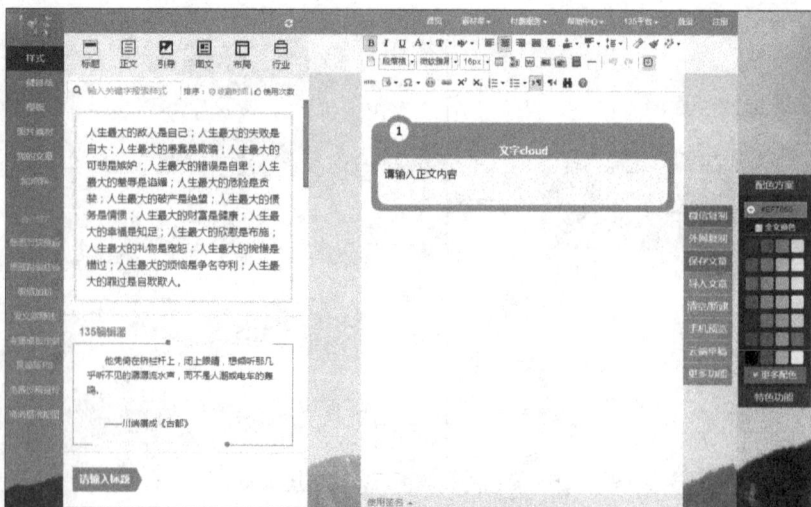

图 4-27　135 微信编辑器页面

3. i 排版编辑器

i 排版编辑器也是一款很不错的内容编辑器，用户通过微信扫一扫功能进行注册，就能下载电脑端进行操作了，图 4-28 所示为 i 排版编辑器的首页。

图 4-28　i 排版编辑器的首页

i 排版编辑器可以一键排版，而且其最大的特色是可以设计签名，微信运营者可以将设计好的签名和二维码一起放在图文的最后。

4.2　内容点击阅读量的提高

对于网络营销运营者而言，如何提高推广内容的点击阅读量，是需要经常考虑的问题，点击量提高能反映出人气的提升，没有点击和阅读的内容对营销推广而言是没有意义的。

那么，该怎么去提高内容的点击阅读量呢？具体可以从用户需求角度出发，用户想看什么内容就提供什么内容；从标题入手，用标题来激发用户点击的欲望；以内容为核心，促进营销推广的健康发展。

4.2.1　用户想看什么内容就提供什么内容

网络营销运营者在进行内容推广时，首先需要考虑用户需要的是什么样的内容，只有营销的内容满足用户需求后，才能成功地吸引和留住用户。

本小节将从几种用户的内在心理需求出发，从侧面分析用户对内容的实际需求，希望能抛砖引玉给网络营销运营者一定的启发。

图 4-29 所示为用户对文章内容方面的几种心理需求。

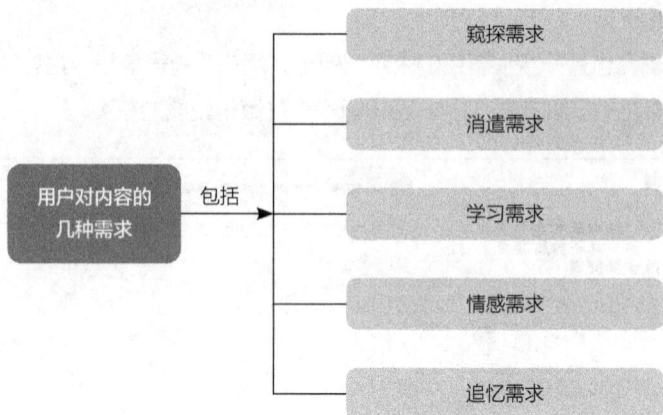

图 4-29　用户对内容的几种需求

1. 用户的窥探需求

人作为高等动物，有的时候会显得很矛盾，一方面不想要让自己的秘密、隐私被人知晓，但是另一方面又会有窥探他人秘密的好奇心。

因此，公众号文章编辑在编写内容的时候，就可以适当地考虑这种需求，写一些能够满足读者窥探需求的内容，从而吸引读者点开文章进行阅读。

2. 用户的消遣需求

现如今，大部分人经常会掏出自己的手机看看，逛逛淘宝、浏览微信朋友圈、关注公众号信息来寻求乐趣，以满足自己的娱乐消遣需求。相信不少人点开公众号里各种文章都是为了消磨闲暇时光，给自己找点快乐。

3. 用户的学习需求

一部分人在浏览网页、手机上的各种新闻和文章的时候，抱有学习有价值的东西，扩充自己的知识面，增加自己的技能等的目的。因此，编辑编写公众号内容的时候，可以将这个因素考虑进去，让自己编写的内容能够满足用户的学习需求。

4. 用户的情感需求

大部分人都是感性的，容易被情感所左右，也很容易感动，这种感性不仅仅体现在真实的生活中，还体现在网络上，这是很多人看见有趣的文章会捧腹大笑、看见感人的文章会心生怜悯甚至不由自主落下泪水的部分原因。

5. 用户的追忆需求

很多人都有怀旧情结，对于以往的岁月都会去追忆。童年的一个玩具娃娃、吃过的食品，看见了都会忍不住感叹一下，发出"仿佛看到了自己的过去！"的感言。

人们对于那些追忆过往的内容也会禁不住想要点开去看一眼，所以微信公众号文章的编辑就可以写一些能引起人们追忆往昔情怀的内容，满足读者的怀旧需求。

4.2.2 好标题可以激发用户点击的欲望

标题是内容的门户，适合的标题才具有好的引流效果，激发用户点击的欲望。与推广的内容要满足用户需求类似，好的标题不只需要概况内容的主题，也要能在一定程度上满足用户心理。

下面笔者将从用户心理出发，举例介绍几种能吸引用户点击的标题。

1. 窥探类标题

能够满足读者窥探需求的公众号内容，通常都会让人产生一定的联想。如图4-30所示，这篇微标题叫作《怪事！她竟因一个喷嚏差点丢了饭碗！！》的文章，内容可能会让人觉得是个故事，但它却是一篇广告。

图4-30 满足读者窥探需求的标题

2. 消遣类标题

那些传播搞笑、幽默内容的文章会比较容易满足读者的消遣需求，如冷笑话、幽默与笑话集锦等公众号。这类公众号的文章标题让读者感到开心、愉快，如图4-31所示。

图 4-31　满足读者消遣需求的标题

3. 学习类标题

能满足读者学习需求的内容，在标题上就可以看出文章中所蕴藏的价值，如图 4-32 所示，"手机摄影构图大全"公众号的文章标题主要传达的都是学习摄影干货知识的信息，该公众号能为读者提供很多学习资源。

图 4-32　满足读者学习需求的标题

这种能满足读者学习需求的公众号文章，只要读者阅读之后觉得真的有用就会自发地将文章传播开来，让身边更多的朋友知道。

4. 感性类标题

一个成功的微信公众号，需要做到在内容上能满足读者的情感需求，打动读者，引起读者的共鸣。图4-33所示的标题就能满足读者的情感需求。

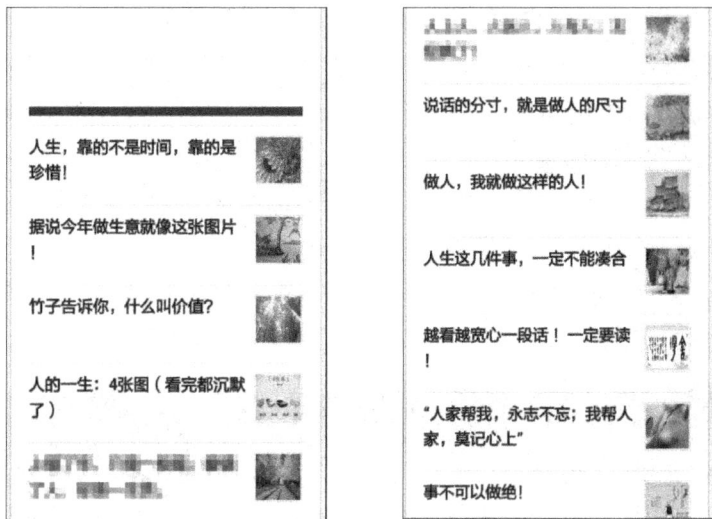

图4-33 满足读者情感需求的标题

5. 追忆类标题

能满足读者怀旧需求的内容标题，在标题里大多都会有一些代表年代记忆的字眼，如图4-34所示。

图4-34 满足读者追忆需求的标题

4.2.3　内容决定自媒体能否更好地发展

现在，网络营销中自媒体的内容创作出现多样化和个性化的趋势，要创作出与众不同的内容，才能更好地吸引到粉丝支持；而一味地跟风模仿，是很难获得大众认可的。网络营销运营者和创业者要在内容上持续下功夫，创作出具有独特个性的优质内容。

一个好故事、一条有号召力的帖子、一篇充满感情的博文，这些都是创业者或企业在网络营销大战中制胜的"内容法宝"，通过这些"内容"甚至可以让创业者或企业在零成本的情况下获得更多利益。

例如，"多喜爱"的内容营销与其他品牌不同的是，十分注重温情内容，通过故事的方式来穿插产品，让用户在不知不觉中接受产品。

2016年感恩节这一天，"多喜爱"推出了"感恩有你，精品特惠"活动，活动详情如图4-35所示。

图 4-35　"多喜爱"的感恩节特惠活动

文章的引导语是："洗衣服靠毅力，起床靠爆发力，上班靠洪荒之力，因为，明天可能要下雪了！"通过这段有趣的引导语，让很多在都市生活和工作的年轻人产生共鸣。

"多喜爱"通过层层递进的内容，推出"感恩超值特惠"，最终将焦点放在自己的产品上，而且还附上了购买链接。

趣味内容再加上适当的内容传播，能获得更多渠道的销售利润。对于这些符合用户需求的优质内容，就能获得很好的发展；相反，如果没有内容，而是一味地宣传促销，即便可以获得一时的销售成绩，但终究还是因为脱离用户而被抛弃。

4.3 内容运营技巧

对于新媒体网络营销的内容运营者而言，需要学会一些内容上的运营技巧，许多技巧虽然看起来并不出奇，但对内容运营而言具有非常重要的意义。

如图 4-36 所示，内容运营技巧可以从以下 4 个方面入手。

图 4-36　内容运营的 4 种技巧

4.3.1 创造黏性，平台内容编辑要点

很多企业在微信运营过程中都会碰到一个棘手的问题，那就是微信内容的编辑。从网上运营的微信公众账号来看，很多商家就是建个账号、发点新闻或者搞笑段子，而通常这种纯广告式的微信是没有什么价值的，用户的关注度也不高。

那么什么样的内容比较容易吸引用户呢？当然是那些建立在满足用户需求上的内容更加吸引人，因此，企业必须使自己推送的微信内容与用户需求信息保持一致，才能达到预想的效果。

本小节为大家介绍平台内容的编辑要点，具体包括以下几点：

- 内容抓住受众眼球；
- 好内容要预告；
- 摘要也能吸引粉丝。

1. 内容抓住受众眼球

微信公众平台的正文想要吸引用户的眼球，就需要有一定的内容要点，如何让一篇文章从众多的推送内容中脱颖而出？

站在用户的立场，来看第一要关注的就是商家传递的消息和自己切身利益是否存在密切关系。也就是说，商家抓住了受众的需求，也就抓住了受众的眼球，接下来笔者将从以下 3 个方面阐述微信公众平台正文内容如何抓住受众的要求。

（1）提供实用价值

从实用性的角度提供价值，就是指商家为用户提供对他们日常生活有帮助的内容。例如携程旅行网为用户推出的机票、火车票、汽车票、酒店预订等功能服务，就是一些非常实用的服务功能，图 4-37 所示为携程旅行网的微信公众平台界面。

图 4-37　携程旅行网微信公众号界面

（2）内容趣味化

受众都是喜欢有趣的信息的，公众号内容如果能做到这点，对宣传效果必定大有裨益。对于商家，将内容娱乐化是抓住用户屡试不爽的方法。

具体的做法就是将内容转化为用户喜欢的带有趣味性的形式，让用户在感受趣味性内容的同时，接受企业的宣传信息。

（3）内容要有震撼力

商家在编写内容时做到意外性和稀缺性，能够提升内容的震撼力，什么是意外性和稀缺性？就是内容让人感到意外，同时其题材也十分稀缺。

越是少见的内容，用户越是感兴趣，它的传播价值也就越大，所谓的独家新闻就是这个道理，商家可以借鉴一二。

2.　好内容要预告

对于好的内容，微信运营者一定要提前对内容进行预告，这就像每部电影前的宣传方法一样，通过预告的方式让用户对内容有一定的期待性，从而留住观众和读者进一步观看。

而且微信运营内容的预告不需要成本，是一种非常有效的推广运营方式。下面笔者为大家介绍预告的几个注意事项。

如图 4-38 所示，预告注意事项主要包括以下几个方面。

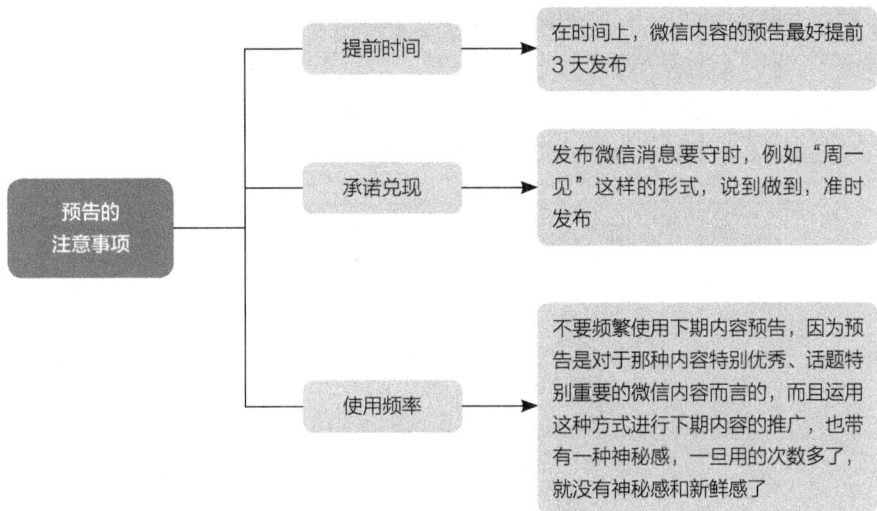

图 4-38　预告的注意事项

3. 摘要也能吸引粉丝

编辑消息图文的时候，在页面的最下方有一个撰写摘要的部分，这部分的内容对于单图文消息来说非常重要，因为发布消息之后，这部分的摘要内容会直接出现在推送信息中，如图 4-39 所示。

图 4-39　微信文章摘要内容

摘要尽量简洁明了，如果摘要写得好，不仅能够激发用户对文章的兴趣，还能激发读者的二次点击阅读兴趣。

若微信运营者在编辑文章内容的时候，没有选择填写摘要，那么系统就会默认抓取正文的前 54 个字作为文章的摘要，如图 4-40 所示。

图 4-40   文章摘要抓取

4.3.2   打造创意，内容运营要有思路

在日常运营中，运营者要懂得创意内容的运营思路，例如利用连载的形式勾起读者的观看欲望、把热门事件插入到故事中等，本小节笔者将为大家介绍内容运营的几个思路。

1.   善于利用连载

这里的连载并不是像小说那样，写很长的连载故事，而是指运营者可以围绕同一类话题进行写作，形成一系列的专题故事。

例如，广东人的生活可以从衣食住行、天气、风俗、交通、工作等方面进行介绍，每一期介绍其中一个方面，然后由此形成一系列的专门讲述广东人生活的专题故事，这是一种吸引读者点击阅读的创新方法。

2.   直白说出福利

做过微信运营的人都知道，很多时候将微信的福利直白地说出来会比较好，在前面笔者就介绍过，如果微信平台想要做活动，运营者可以在标题上将福利展现出来，也可以在图片上将福利展现出来，让读者一眼就能知道福利是什么，例如"免费送××""买一送一""转发就送××"等，等到激发出读者的好奇心了，文章的阅读量就会上升。

3.   借势热门头条事件

一个有价值、有传播度的热门事件，在今日头条中的阅读量可能高达百万，有时候，运营者在标题中嵌入热门词汇，就是为了提高用户的点击率。一条有热门词和一条没有热门词、普通的标题，对文章的推荐量的影响可能是几万、十几万甚至几十万的点击量的差距，由此可见，热门事件对于微信内容运营者来说多么重要。

4. 借势节日烘托气氛

节日时，运营者发布与节日相关的话题是很有必要的，一方面是烘托节日的气氛，另一方面是让读者感受到过节的氛围。在节日中发布与节日相关的内容往往要比其它的普通内容效果更好。图 4-41 所示为"光大银行信用卡"公众号，在"双十一"购物节期间发布的微信内容。

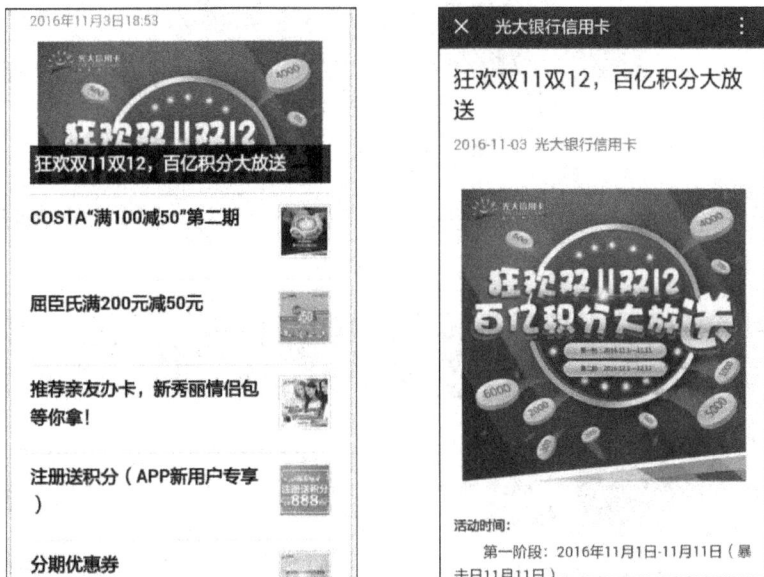

图 4-41　节日发布的内容

4.3.3　借势造势，有效提升流量的方法

借势造势营销，是一种快速并且有效的提升流量的方法，这在网络营销推广方面显得尤为重要，并且成功借势还能提升营销的质量。

例如，2016 年猴年来临之际，百事可乐推出的"看我七十二变，把乐带回家"，借助家喻户晓的六小龄童版美猴王形象，成功推出了自己的营销内容——把百事可乐带回家就是把快乐带回家。

图 4-42 所示为百事可乐推出的猴年纪念罐。

图 4-42　百事可乐猴年纪念罐

　　如图 4-43 所示，"# 六小龄童乐猴王 #"的微博话题已有 1.2 亿人次阅读、2.6 万人次的讨论，百事可乐的借势营销成功吸引了关注。

图 4-43　"# 六小龄童乐猴王 #"微博话题

　　如图 4-44 所示，百事可乐上线了微信轻交互"乐猴王新年签"，促进与年轻人的交流互动，从而迅速吸引关注，积累人气。

图 4-44　微信轻交互"乐猴王新年签"

4.3.4　打动顾客，要从多个方面严把关

　　网络营销推广的最终目标是打动顾客，从某种意义上说，只有打动了顾客的营销才是成功的营销。

　　如图 4-45 所示，打动顾客可以从以下 5 个方面入手。

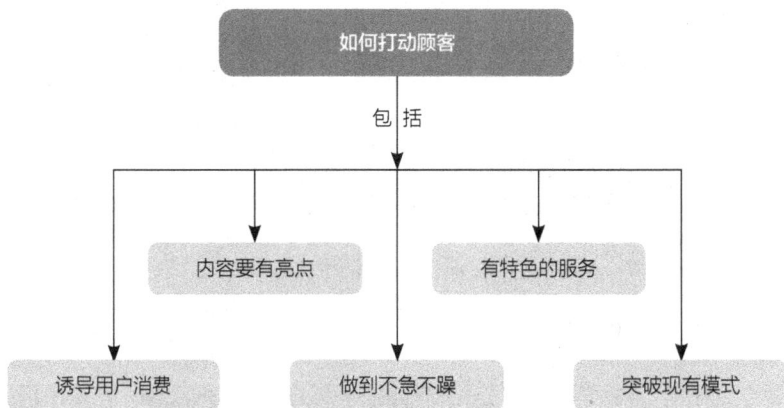

图 4-45　如何打动顾客

1. 内容要有亮点

　　如果企业推送的信息没有趣味或者没有亮点，那么，用户就很容易对内容产生审美疲劳，时间久了，用户就会觉得公众号可有可无，然后放弃对企业微信公众号的关注。而为了抓住微信用户，微信运营者在编辑微信内容时，要做到出其不意，通过亮

点来打造微信公众平台的优异化特点，挖掘出受众的兴趣点。

2. 有特色的服务

企业需要站在消费者的角度，从服务人性化和产品特色化两个方面推送信息，吸引用户的眼球，然后激发消费者的兴趣和购买欲。

商家应站在消费者的角度考虑，需要考虑的问题如图4-46所示。

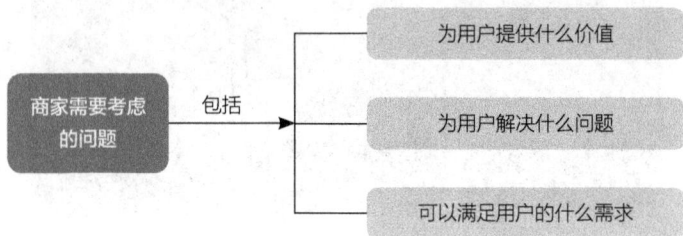

图 4-46　商家需要考虑的问题

3. 诱导用户消费

商家可以抛砖引玉，不定时地推送优惠、打折、活动奖励等信息，然后利用微信LBS（Location Based Services，基于位置的服务）功能定位，将线上线下结合起来，引导用户消费，相关流程如图4-47所示。

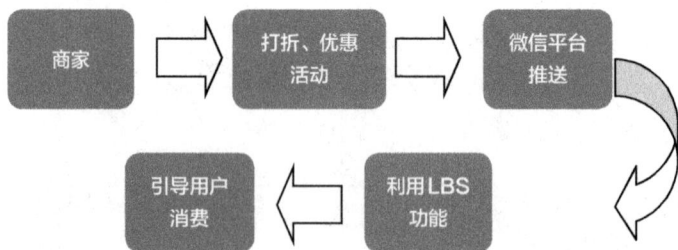

图 4-47　商家引导用户消费的相关流程

4. 做到不急不躁

很多企业在进行微信营销时过分追求回报率和立竿见影的效果，在营销不理想的时候容易选择放弃。

微信营销作为现在主流营销手段之一，不是随便运营就能得到很大效果的，需要投入大量的时间和精力，所产生的效果也是潜移默化的，持之以恒地投入精力是商家微信营销成功的关键，商家决定走入微信营销的道路前就应该做好充分的准备。

微信营销不是三两天就能有效果的，它是个循序渐进的过程，投入的精力越多，越接近成功。

5. 突破现有模式

　　企业不能故步自封，而是要进行推陈出新，突破现有的营销模式，将企业产品推出去。好产品并不意味着一定有高销售率，企业的产品可能的确质量好、价格低，但不一定就会出现火爆的趋势，用户的选择有千百万种，所以要让自己与众不同，亮出自己的特色。

　　用户购买同类型产品的时候，买的不一定是最优惠的，虽然某些商家价格定得高一点，但其营销方式新颖，很容易勾起用户购买欲，从而增加销售量。

　　图 4-48 所示为创新渠道提高销售率的方法。

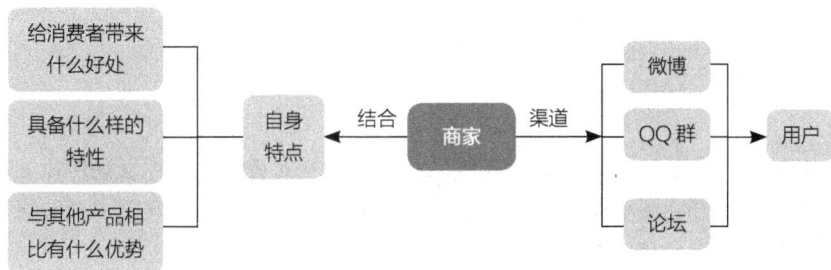

图 4-48　创新渠道提高销售率

第 5 章

吸粉引流，揭开粉丝暴涨的秘密

学前提示

网络营销最为关键的是用户，如何去吸引用户以及留住用户，是营销运营者必须要考虑的问题。本章将以微信运营为例，为大家介绍微信引流的一些技巧，以及微信平台的自动回复、朋友圈功能的作用，最后还将教授如何留住粉丝的一些要点。

要点展示

>> 利用微信吸粉引流
>> 利用新媒体平台引流
>> 利用朋友圈引流
>> 留住粉丝的几大要点

5.1 利用微信吸粉引流

企业进行微信公众平台运营时，肯定希望平台能够拥有更多的活跃度高的粉丝，因为粉丝数量的多少是衡量平台运营成功与否的一个重要依据。本节笔者为大家介绍个人与企业公众号常用的吸粉技巧。

5.1.1 个人微信引流的 20 个技巧

引流的办法有很多种，对于个人微信营销者来说，最开始想到的引流办法是通过 QQ 群、"附近的人"来吸引粉丝，但是往往会遭到被踢出群或者被无视的后果，因此，引流要讲究方法。下面笔者为大家介绍个人微信引流的 20 个技巧。

1. 导入通讯录

导入手机好友是一种非常简单的引流方法，运营者在微信界面单击"+/ 添加朋友 / 手机联系人"按钮，然后进入"通讯录朋友"界面，单击右边的"添加"按钮即可添加通讯录的朋友。

> 💡 **专家提醒**
>
> 想要添加手机联系人，只要按照以上的提示操作，就能把手机里的好友全部添加到微信联系人里。目前，微信的最新版本中已经取消了 QQ 好友直接导入功能。

2. 三号合一

微信账号最好与手机号、QQ 号三合一，别人通过手机号就能够添加到微信和 QQ，并且账号看上去就很简单，不像一串英文加数字加符号的账号那样烦琐，别人一看见就没有想要添加的欲望。

将 QQ 号设置为手机号的方法如下。

步骤 ① 进入 QQ 中心：单击 QQ 界面左下角的"主菜单"按钮，弹出相应的选项菜单，再选择"帮助"选项，选择"我的 QQ 中心"选项，进入"我的 QQ 中心"页面，选择选项栏中的"账号"选项，如图 5-1 所示。

步骤 ② 绑定账号：进入"账号管理"页面后，单击"手机辅助账号"选项栏右边的"立即绑定"按钮，弹出"绑定手机账号"对话框，具体如图 5-2 所示，在文本框输入自己手机号码，然后单击"点击获取验证码"按钮，在输入收到的验证码后，单击"提交验证码"按钮，便可绑定成功。

步骤 ③ 完成设置：绑定完成后，回到"账号管理"页面，单击页面右上角的"设置"按钮，会弹出"修改主显账号"对话框，选中"手机账号"单选按钮，单击"确定"按钮，即可完成把 QQ 号设置成手机号的操作，如图 5-3 所示。

图 5-1　选择"账号"选项

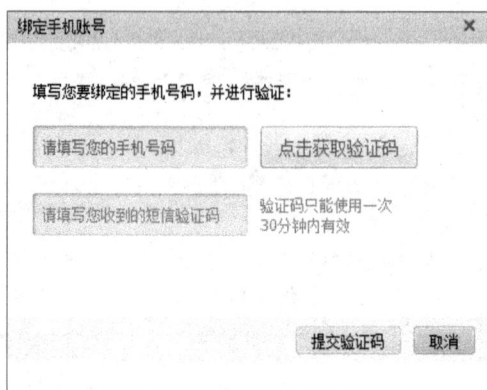

图 5-2　"绑定手机账号"对话框

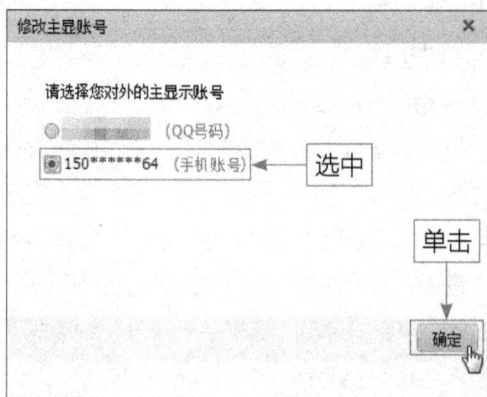

图 5-3　"修改主显账号"对话框

将 QQ 号设置为手机号之后，用手机号再注册微信账号便能实现三号合一，只要通讯录里面有这个手机号的用户都可以从微信"新的朋友"界面中看到账号信息，从而增加被添加的可能。

3. @ 微博大 V

微博是一种将信息以裂变的方式传播出去的平台，那么在这样一个平台上，利用 @ 工具进行主动引流也是个不错的方式。在微博上利用 @ 工具进行主动引流，主要是主动 @ 微博的大 V 或者精准的账号。

在微信里面，如果你想找到一个同行的达人，可能会存在难度，但是在微博里就很容易实现。比如，你是做化妆品的微商，那么你可以在微博上搜索一些化妆达人博主的微博，可以是时尚达人，也可以是化妆师等。

然后你可以主动发微博并 @ 这些化妆行业的大 V，还可以与他们的粉丝进行互动，他们的粉丝对于做化妆品的微商而言，也算是精准受众群体了。

如果有机会的话，还能与这些微博大 V 达成合作，他们在微博资料里也放有合作 QQ，完全可以直接加 QQ 进行合作沟通。而且这些大 V 大多都有自己的个人微信或者微信公众平台，通过微博也能更快找到合适的资源，实现精准受众的引流。

4. 合作互推

微信并没有禁止所有公众号进行互推，只是禁止以利益交换为前提，并且带有恶意营销性质的公众号进行互推。

了解了微信的新规之后，我们可以把微信好友互推分类，也就是具体应该和什么样的好友进行互推，具体如图 5-4 所示。

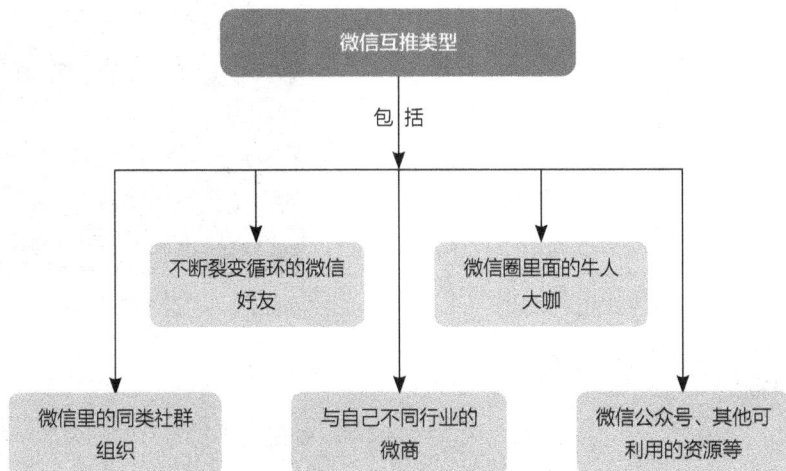

图 5-4　微信互推类型

笔者在这里建议大家进行微信互推的时候，多推微信达人而不要直接推产品，不要直接做广告。

5. 雷达加人

微信上有一个便捷的功能——"雷达加朋友"，使用这个功能能够同时添加多人，因此在聚会类型的活动上添加好友是非常方便的，下面介绍一下具体的操作步骤。

点击微信界面右上角的"＋"按钮，弹出选项菜单，选择"添加朋友"选项，然后进入"添加朋友"界面，选择"雷达加朋友"选项，如图 5-5 所示。执行操作后，即可进入"雷达加朋友"界面，如图 5-6 所示。

使用"雷达加朋友"需要大家一起开启雷达，互相搜索，然后就可以依次添加搜索到的人，雷达可以反复开启，直到好友添加完毕。

"雷达加朋友"的缺点是目标性不强，只要是开启了雷达的人都能互相搜索到，这样难免会搜索到部分陌生人，比较容易引起混淆。

用户需要注意的是，因为一次性添加人数比较多，因此在添加好友时，要立刻给对方备注信息，同时告知对方自己的身份。

图 5-5　选择"雷达加朋友"选项

图 5-6　"雷达加朋友"界面

6. 主动加人

在 58 同城里，也可以主动加人，因为很多人都是用手机号开通的微信，所以有了他们的手机号就相当于有了他们的微信号。然后在添加他们的微信的时候，有一个验证申请，微信营销人可以将自己的微信公众号输入到该验证信息中，然后单击"发送"按钮即可。

7. 加个人标签

微信营销者肯定经常要在朋友圈里发照片，发的照片包括很多类型，例如生活照、产品照、用户的体验照等，在这些照片上，微信营销者可以将自己的微信公众平台的标签贴上去，这样，当朋友点开你的照片的时候，就能看到你的微信公众号，然后添加。可以用美图秀秀等软件在照片上添加微信公众号。

8. 撰写文案

在微信公众平台的引流中，文案宣传法也是一个不错的选择，通常是选择某个流量大的网站，例如贴吧、淘宝等，将自己的文章发布出去，并且可以在文案中加入自己的微信公众号，如果文案写得好，对网友们有用处，就很有可能吸引一部分粉丝关注微信公众平台。

9. 实体店加人

对于具有实体店的个人微信公众号商家来说，微信最大的好处是能把陌生客户作为资源，利用实体店为自己的微信公众平台引流，这是一个非常实用的方法。

实体店是一种很好的增粉渠道，想做微信营销的人一定要好好利用这个资源，当运营者与顾客面对面交流的时候，能卸除顾客的防备心，有实体店的微信公众平台运营者更易于增加顾客的亲切度和信任度，同时实体店还能方便顾客随时添加。

实体店拓展微信公众号粉丝的具体方法是：和顾客沟通交流，让顾客添加微信公众号；用送礼物或者办会员卡的方式，让客户关注微信公众号。

10. 快递盒子引流

快递盒子引流法是一种很有优势的引流法，它的优势主要表现在 2 个方面：一是接触的人流范围广；二是接触的人群大部分是热爱购物者。

抓住这两点，快递引流法就是一个非常实际有效的引流方法，其主要的引流流程如图 5-7 所示。

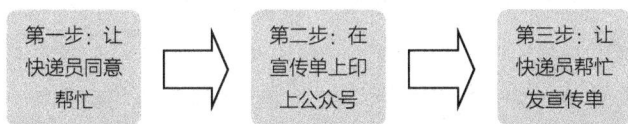

第一步：让快递员同意帮忙 ⟹ 第二步：在宣传单上印上公众号 ⟹ 第三步：让快递员帮忙发宣传单

图 5-7　快递盒子引流法流程

11. 百度知道引流

"百度知道"采用互动的方式，让用户可以在此搜索和分享各种知识问答。

因为在百度知道上发广告是不被允许的，因此百度知道引流就需要微信公众平台的运营者通过回答问题的方式，把自己的广告有效地嵌入回复中。

很多人不想采取百度知道法引流，有 2 个方面的原因：一是觉得烦琐，不会回答问题；二是没有合理的植入广告技巧。

在百度知道上引流，要用心做好以下几点：

- 全天关注相关行业问题；
- 争取做第一个回复者；
- 用心地去回复他人的问题；
- 将广告隐藏在回复中，不要太明显，进行巧妙的推荐引流；

12. 网络软文引流

用户经常会在贴吧、QQ 空间、朋友圈看到一些被转载的文章，这些文章大多数都是软文，而且传播率特别高。

软文是由文案人员写出来的"文字广告"，文案人员将广告和文章内容情节融合在一起，不像硬性广告那么明显，消除了用户对广告的排斥性，吸引粉丝订阅关注。

用户可以平时多搜集一些优质的软文，慢慢将广告渗入进去，很快便可以为自己引流到一批活跃的粉丝。

软文引流具备两大特点：

- 优质的软文能够被用户主动地传播；
- 通常在软文中，商家的广告隐藏得比较深。运营者除了可以在网上搜集之外也可以进行原创，文采够好的话能够为自己吸收大量粉丝。

13. 二维码加人

只有懂得运用各种方法推广自己的微信公众号，才有机会做好微信公众营销，微信公众营销引流的办法多种多样，关键在于执行，每个微信公众号都有自己的二维码，微信平台运营者可以将自己微信公众平台的二维码打印出来，贴到一些抢眼的地方，如果有实体店或者有自己的产品，运营者可以将微信公众平台的二维码贴到自己产品上或实体店里，以挖掘潜在客户。

14. 推优质资源

如果是做专业技术类的微信公众平台，微信营销者可以将自己的一些优质的资源发布到微博上，吸引粉丝进入微信公众平台，例如想做摄影类微信公众平台的微信营销者，可以时常在微博平台上发布一些与摄影技巧相关的资源，同时将微信公众平台推广出去，这样就可以吸引一批精准的用户。

15. 人际关系引流

"朋友的朋友是朋友，客户的客户是客户"。想要做好微信公众营销必先理解这句话的含义，做营销人际关系很重要。

用户可以和亲戚朋友沟通好，将他们的微信 QQ 好友发展成自己的好友，QQ 上有个"关联 QQ 号"的功能，使用"关联 QQ 号"可以关联其他 QQ 账号，这样就可以把对方的好友加到自己的微信上，图 5-8 所示是关联 QQ 号的示例。

图 5-8　关联 QQ 号

添加了这些新朋友之后，就可以慢慢推广自己的公众平台，如果这些新朋友对自己的公众平台感兴趣的话，一般都会关注的。

16. QQ 群推广

QQ 群有很多热门分类，微信公众营销者可以通过查找同类群的方式加进去，进入群之后，不要急着推广自己的微信公众号，先在群里熟悉起来，之后可以在适当时期发布广告引流。比如，在减肥瘦身群里，可以发布一段这样的内容："姐妹们，我今天关注了一个微信公众号，里面有篇文章写得很好，是关于如何瘦身体各个部位的，有兴趣的一定不要错过。"

> 💡 **专家提醒**
>
> 在 QQ 群里投放广告一定要有技巧，不要生硬地打广告，让别人加微信公众号，那种做法不仅扰民，而且还会被群主踢出去。

17. 淘宝平台留言

在淘宝上购买产品后有一个评价以及追加评价的功能，这个评价的功能是可以用来引流的。

用淘宝评价功能进行引流一定要选择与自己产品同类的商品，或者与自己产品的受众群体一致的商品，有精准的受众，才会达到引流的效果，那么淘宝评价也就相当于一个展现信息的地方了。

18. 聊天室中挂机

利用 QQ 秀聊天室也可以进行引流。进入"腾讯 QQ 游戏"首页，在腾讯 QQ 游戏左上角搜索"QQ 秀聊天室"，下载游戏，下载完之后，单击"开始游戏"按钮，选择某个人多的分组房间进入，然后每隔一段时间在公屏上发布信息，发布的内容可以自行创新，然后等着众多人来主动加入。

19. 百度热词推广

当今时代，"标题党"已经屡见不鲜，很多做营销的商家都会利用当下的一些流行的热词来吸引用户的视线，微信公众营销人员也要懂得利用人们的这种猎奇心理，来吸引微信粉丝的关注。

那么，如何利用百度热词来进行引流呢？首先在电脑上打开"百度风云榜"，寻找热门关键词。从实时热点、排行榜上，微信公众平台的运营者可以根据关键词的搜索次数来确定"热词"，然后再结合"热词"发软文。

20. 群发红包引流

"红包"在近年来是相当火爆的，微信的红包功能也是瞬间就引爆了微信群，这便给微信公众营销者提供了一招绝妙的引流方法，红包引流步骤如图 5-9 所示。

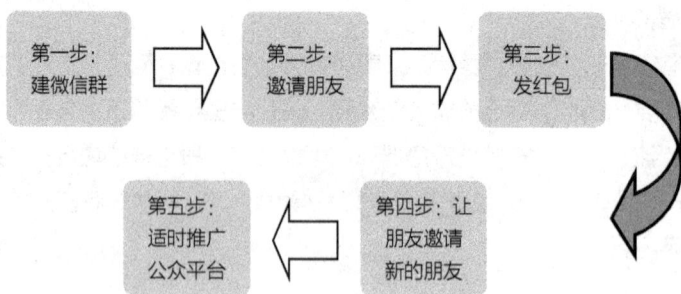

图 5-9　微信红包引流步骤

5.1.2　企业微信引流的 20 个技巧

介绍完个人微信公众号引流方法之后，下面介绍企业微信公众号的引流方法，微信与微博不同，微博是广布式，而微信是投递式的营销方式，因此，粉丝对微信公众号来说是尤为重要的。企业微信公众号有三种类型：订阅号、企业号和服务号，不同类型的公众号推广方式也不同。

1. "摇一摇"

众所周知，微信的"摇一摇"功能非常强大，它利用了人们的好奇心，让人们通过"摇一摇"功能就能交到朋友。

微信公众平台也有类似的功能，被称为"摇一摇周边"，微信公众运营者登录微信后台后，单击"添加功能插件"按钮，进入"添加功能插件"页面，如图5-10所示。

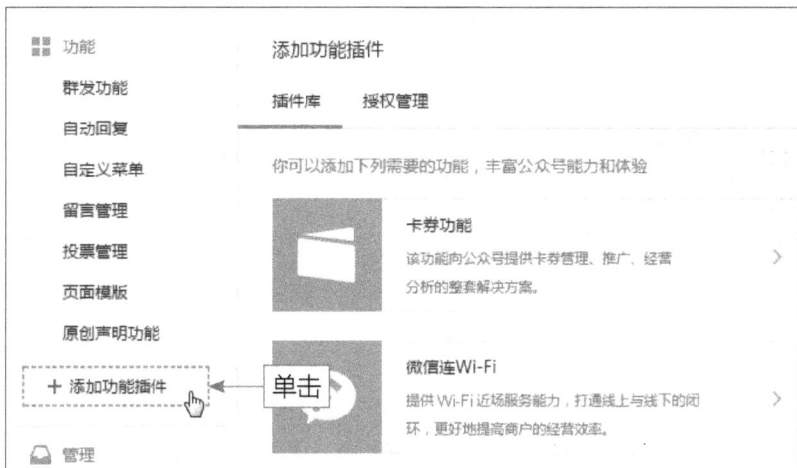

图 5-10　"添加功能插件"页面

在"添加功能插件"页面找到"摇一摇周边"功能，单击进入相应页面，然后利用已绑定的微信扫描页面中的二维码，就能授权登录。

"摇一摇周边"有很多典型的应用场景，包括：

- 商超零售：精准定位引流；
- 餐饮：在线点单支付、近处优惠等；
- 广告：多屏互动，信息精准送达；
- 赛事＆演出：分享实时信息；
- 展览＆会议：有效资讯和服务；
- 博物馆＆景区：在线购票、定点讲解。

2. "漂流瓶"

除了"摇一摇"之外，还有一个可以利用的功能，就是"漂流瓶"。"漂流瓶"的最大优点是能够将信息传达到受众，缺点是无法精准定位用户，企业可以注册多个微信公众号，然后在"漂流瓶"里写上企业的微信公众号，利用"漂流瓶"将企业的微信公众号推广出去。

"漂流瓶"的数量有限，因此建议企业每天都用掉，然后坚持不懈地执行下去。

3. BBS 平台

目前，BBS 在国内已经变得十分广泛和普遍，通常来说，BBS 可以大致分为 5 类，包括校园 BBS、个人 BBS、专业 BBS、情感 BBS 和商业 BBS。

这些 BBS 的主要特点概括起来如图 5-11 所示。

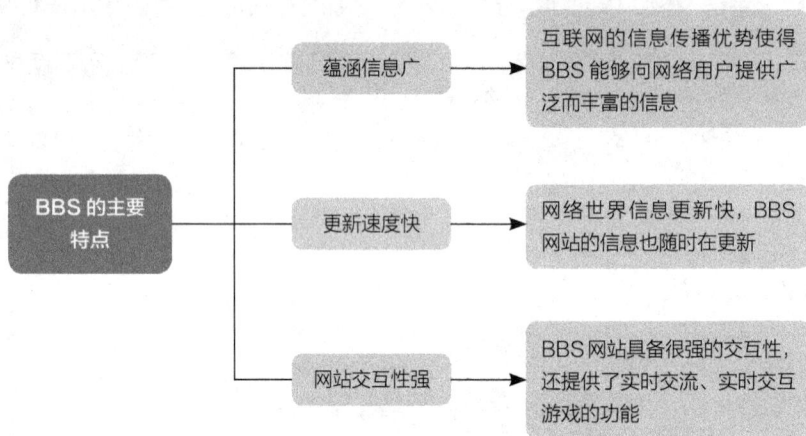

图 5-11　BBS 的主要特点

商家可以根据自己公众号的主题，在网上寻找相关免费资源，发布内容进行推广引流，例如针对女性人群的公众号，可以发布美容、时尚、购物、健康、婚嫁类的信息，如果能够把普通帖发展成为热帖、加分帖、精华帖、推荐帖、置顶帖的话，就能够吸引更多的人流。

4. 更换头像

大多商家的微信头像都是企业的 LOGO，千篇一律，受众容易产生视觉疲劳。在添加关注时，受众看到企业头像会直接略过。商家在无形中错失了很多潜在客户。

针对这种现象，商家可以考虑把头像换一换，很多知名企业的头像非常有特色，这些头像都是经过艺术处理的，或文艺，或可爱，或有趣等，这样的头像往往很容易抓住用户的眼球。

图 5-12 中展示的就是比较有代表性的企业微信头像。

图 5-12　有代表性的企业微信头像

5. "扫一扫"

这种方法主要是在商家的各种宣传广告中植入微信账号，让用户在看到广告的时候就能看到商家的二维码，通过"扫一扫"，就能关注最新动态。

商家可以参考如下的办法进行操作，如图 5-13 所示。

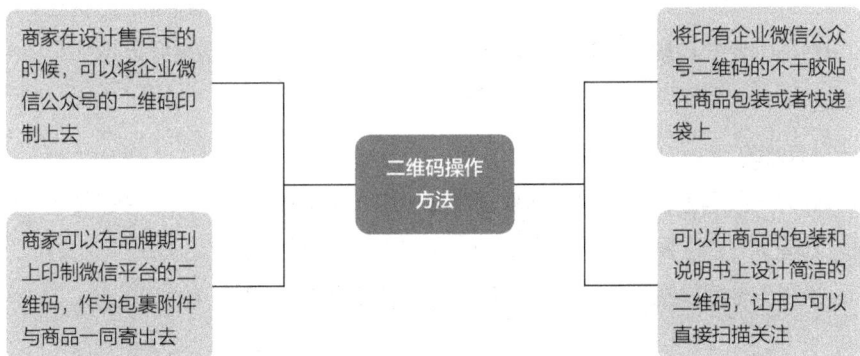

图 5-13　二维码操作方法

6. 线下推广

广告圈有一句很流行的经典名言："我知道我投放的广告有一大半都是浪费的，但是我却不知道浪费在哪里。"

这句话充分体现了线下推广的高投资和低回报的特点，虽然并不能确保每一个投放出去的广告都能收到效益，但是广告的投放是必须的。

同理，虽然并不是每一张二维码都能带来客户，但是商家还是不能放过任何一个潜在的可能，具体流程可以参考下面的建议，如图 5-14 所示。

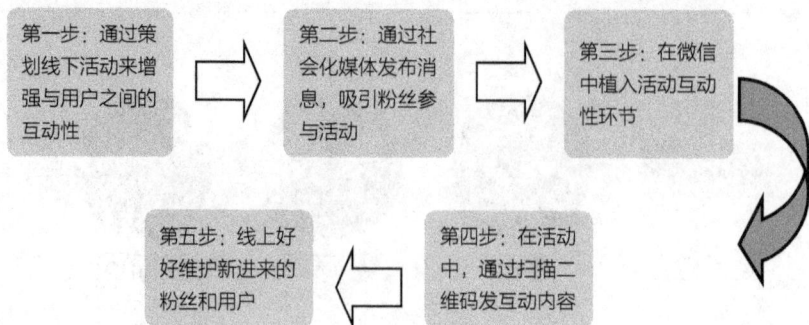

图 5-14　线下推广引流的流程

7. 线上推广

企业除了通过线下活动推广企业微信公众号之外，还可以通过线上的活动进行推广宣传，但是进行线上活动推广时要注意不能只是单纯的广告植入，因为这样的广告，获得的关注率是很低的，用户也不喜欢看这样的推广信息。

线上推广活动方式多种多样，企业要根据自己的实际情况，选择最适合自己平台的方式进行推广，比如在微信上发起活动，只要用户添加关注就赠送礼品；或者是以折扣和奖品的方式鼓励用户推广微信公众账号，让用户身边的亲朋好友也都跟着关注等方式。

8. "以号养号"

所谓的"以号养号"指的是商家采用微信个人小号来吸引用户，等积累了一定的数量，就转化为公共账号，或者转发有诱惑力的软文诱导粉丝主动关注公众账号。

这种用小号加粉丝方式的策略有很多种，如图 5-15 所示。

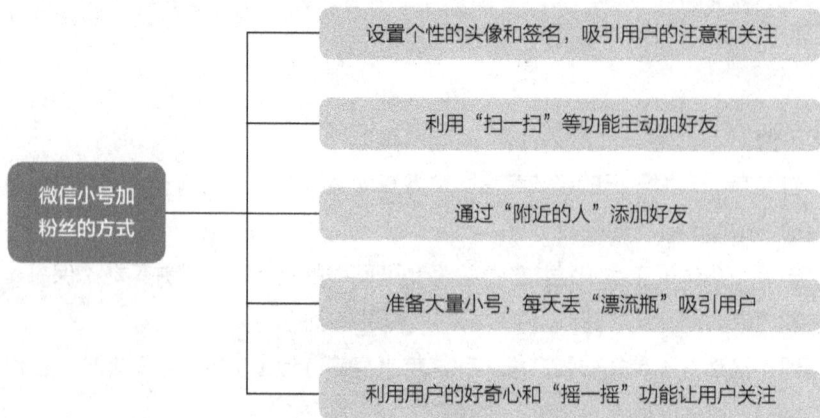

图 5-15　微信小号加粉丝的方式

9. 邮箱推广

QQ 群有一个群发邮件的功能，微信运营者可以先建立一个群，然后通过群发邮件的功能，将微信公众平台上一些精彩的内容推送给大家，如果群成员觉得推送的内容很有趣，就会主动添加关注微信公众号。

10. 名片推广

名片是一种很好的宣传方法，微信平台的运营者可以将自己的微信号的二维码印在名片上，然后在社交场所与他人交换名片，在结交朋友的同时，获得一定的宣传推广机会。名片要设计得个性化一些，特别是公众号二维码的大小、位置以及颜色，要么简洁，要么新颖、引人注意。

> 💡 专家提醒
>
> 设计好名片后，可以在一些行业大会将自己的名片递给那些潜在客户，在递名片的时候顺带介绍自己的微信公众号，这样就能增加对方关注公众号的概率。

11. 图片加水印

选一些精美的图片，包括以下几种类型：

- 好看的桌面壁纸图；
- 精致的海报图；
- 精美的平面设计图；
- 优质的 GIF 动态图；
- 有趣的表情图片等。

选好图片后，在这些图片上添加企业的微信公众号或者二维码，然后放到各个网站渠道里进行分享，这种方法有利于公众号被百度搜索引擎收录。

12. 个性签名

可以利用个性签名来推荐微信公众号，图 5-16 所示是在私人微信的个性签名中对微信公众号进行推广的示例。

13. 投票功能

在微信公众平台的后台，微信公众运营者可以通过发起投票的方式来吸引粉丝，发起投票的步骤是进入微信公众平台的后台，单击"功能"下方的"投票管理"按钮，如图 5-17 所示，然后进入"投票管理"页面。

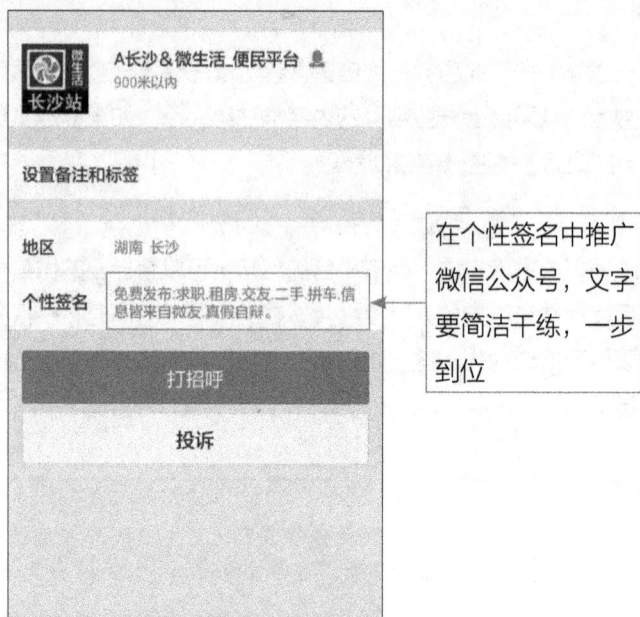

图 5-16　在个性签名中推广微信公众号

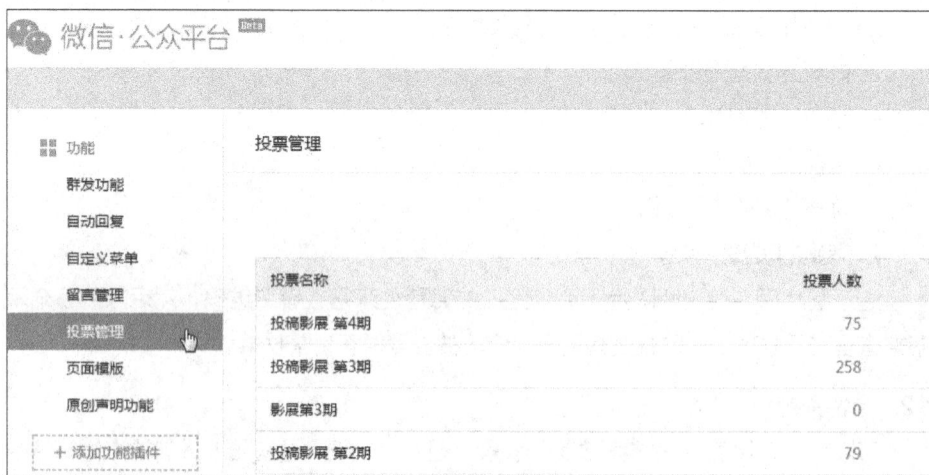

图 5-17　单击"投票管理"按钮

在"投票管理"页面单击"新建投票"按钮，如图 5-18 所示；进入"投票管理 /新建投票"页面，如图 5-19 所示；运营者在该页面按照要求填写内容，随后单击"完成"按钮即可完成新建投票，如图 5-20 所示。

在编辑投票内容的时候，具体注意事项如图 5-21 所示。

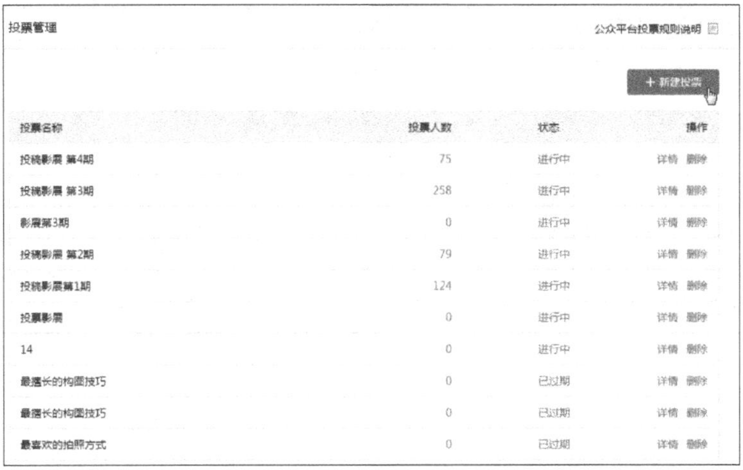

图 5-18 单击“新建投票”按钮

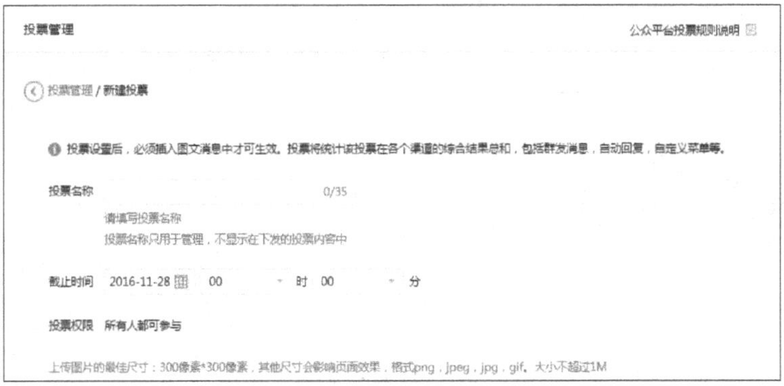

图 5-19 “投票管理 / 新建投票”页面

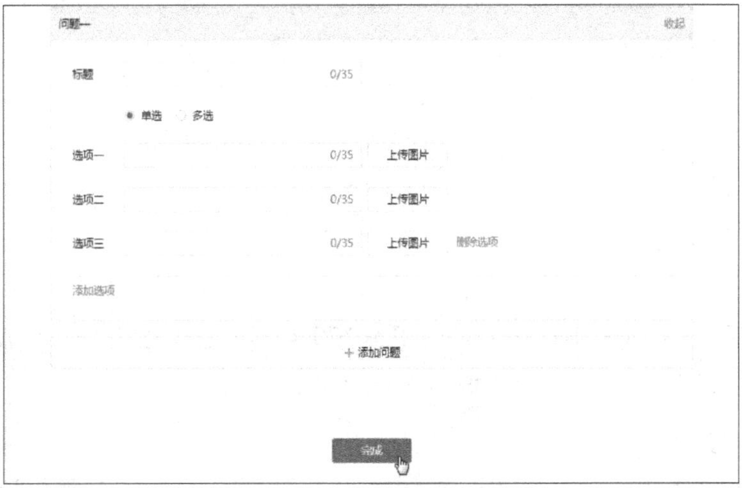

图 5-20 “完成”新建投票

编辑投票内容时报注意事项

1. 选项不能为空且长度不能超过 35 个字；

2. 投票最多可设置 10 个问题，每个问题最多设置 30 个选项；

3. 投票截至时间只能在当前时间之后的半年之内；

4. 投票名称、问题项不能为空且长度不能超过 35 个字；

5. 投票内容一旦删除，投票数据无法恢复，且图文消息中不可查看；

6. 投票图片为 300 像素 ×300 像素，格式为 png、jpg、gif、大小不超过 1MB；

7. 投票将统计该投票在各个渠道的综合结果总和，包括群发消息，自动回复。

图 5-21　编辑投票内容的注意事项

14．朋友圈推广

微信朋友圈的力量有多大，相信不用笔者说大家也都有体会，朋友圈的强大主要
体现在 2 个方面，如图 5-22 所示。

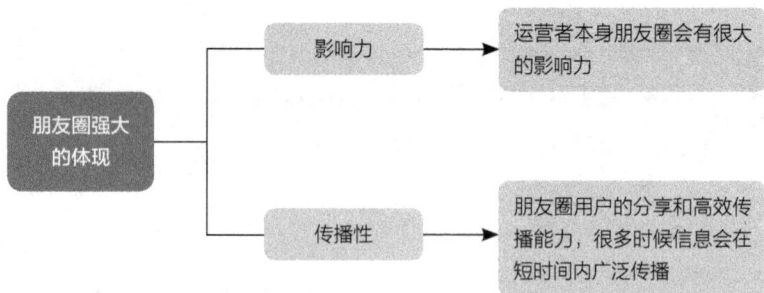

图 5-22　朋友圈强大的体现

微信运营者可以利用朋友圈的强大社交性，为自己的微信公众平台吸粉引流。而
想要激起用户转发分享，就必须有能够激发他们分享传播的动力。

这些动力来源于很多方面，可以是活动优惠、集赞送礼，也可以是非常优秀的能
够打动用户的内容，不管怎么样，只有能够给用户提供有价值的内容才会引起用户的
注意和关注。

15．社交媒体推广

微信、QQ、微博、社区、贴吧等，各种各样的社交媒体软件充斥在人们的生活中，
尤其是青年群体，对这些社交软件几乎是爱不释手，如果企业要搞大型活动，可以通
过这些社交平台来展示自己的产品和平台。

16．官网推广

如果企业有官网，就可以通过自己的官网进行引流。通常，在官网中的宣传，大

多是通过软文或者活动来吸引用户，但是企业在宣传推广的过程中还是要注意几个问题，具体如图 5-23 所示。

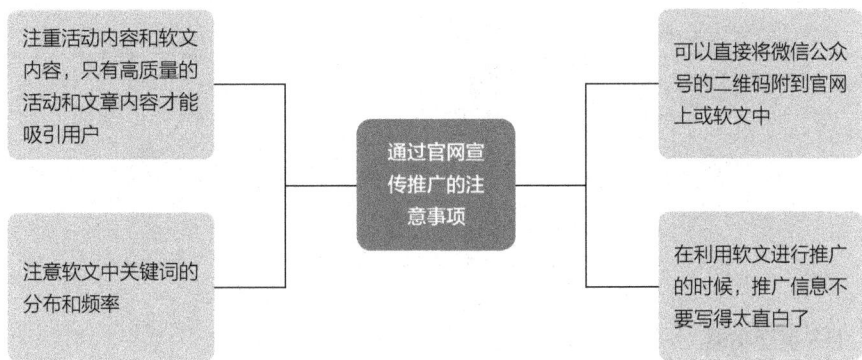

图 5-23　通过官网宣传推广的注意事项

17. 联合推广

多个风格相似的微信公众平台可以联合起来互相推广。对于用户来说，经常会看到一些媒体账号在平台里面推送其它的微信公众账号，通常用诸如"你不可错过的十大微信公众账号""清新雅致的读书号在这里"等标题来命名，如果你的微信公众平台有了一定的粉丝量，那么你就可以找到和你差不多粉丝量的微信账号，例如找到 10 个左右，然后和他们协商，在各自的平台互相推广对方的微信公众账号，这样就可以将粉丝共享，实现共赢。

18. 群推广

利用微信群进行推广是一种非常不错的方式，微信群与朋友圈、公众平台等微信社交功能相比，具有更强的穿透力。但是很多企业的微信运营者每天在关注微信群，却不知道微信群应该怎么运营才能快速加人，下面来介绍一下怎么利用微信群引流。

很多人都是在线上微信群里认识，然后发展到线下，因此通过加微信群能扩大自己的社交圈。但是微信群作为一种交流的渠道，群用户最痛恨的就是广告，所以软文推广成为主流，如果软文质量好、推送时间合适、群用户选择得当，那么引流的效果一定很好。

对于企业的微信运营者来说，微信群的最大价值有以下几点：

- 可以寻找自己的合作伙伴；
- 价值观输出建立个人品牌；
- 互动学习获得知识。

那么如何玩转微信群呢？笔者总结了如图 5-24 所示的几点技巧。

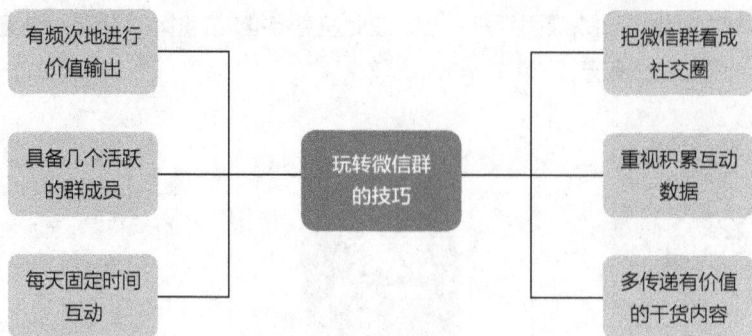

图 5-24　玩转微信群的技巧

19．H5 页面引流

H5 页面已经成为微信公众平台的引流新利器，很多企业会通过 H5 制作出一些小游戏，来吸引用户关注，比如 H5 策略游戏《口袋妖怪联盟》，如图 5-25 所示，这款游戏在朋友圈里很受欢迎。

图 5-25　《口袋妖怪联盟》游戏

20．博客推广

对于一些专业、成熟的微信公众平台来说，可以通过在博客上发布文章的方式进行推广，推广的时候要注意图 5-26 所示的几点内容。

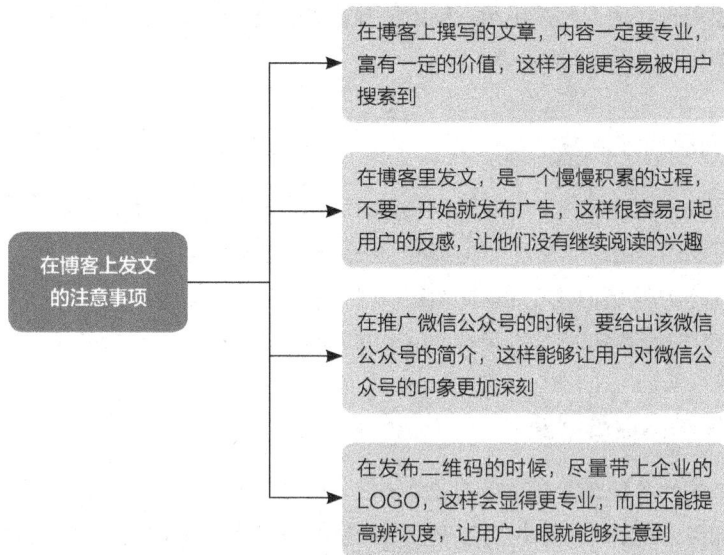

图 5-26　在博客上发文的注意事项

5.2　利用新媒体平台引流

自定义与分组对于微信平台粉丝的稳定和发展来说至关重要，因此，有关自定义回复的功能和用户分组功能，微信公众运营者也要知悉了解。

在微信公众平台中，有一个非常强大的功能企业一定要利用起来，那就是"自动回复"功能，自动回复功能主要包括：

- 被添加自动回复；
- 消息自动回复；
- 关键词自动回复。

此外，除了自动回复功能，还有一些额外的功能，这些功能使用后也会为运营者的平台带来流量，具体功能如下所示：

- 在回复中加入链接；
- 签到的设定；
- 用户的分组。

5.2.1　被添加自动回复

微信运营者进入微信公众平台后，单击"自动回复"按钮，就能进入"自动回复"页面，在该页面，我们首先会看到"被添加自动回复"一栏。

在这个页面，微信运营者大多会选择"欢迎关注 ×××"等形式来欢迎新关注的粉丝。被添加自动回复信息插入的形式非常多样，包括文字、图片、语音、视频等，微信运营者单击"保存"按钮后，就能将设置的信息保存，一旦有用户关注该微信公众号，就会自动弹出保存的信息。

5.2.2 消息自动回复

消息自动回复主要用于回复用户发送的信息，消息自动回复功能可以插入的内容形式也包括文字、图片、语音、视频等，但是需要注意的是：

- 消息自动回复和被添加自动回复一样，最多只能添加 600 字；
- 消息自动回复有一定的限制，每小时只能自动回复 1~2 条内容。

5.2.3 关键词自动回复

对于任何一个想要做好运营的企业来说，设置好关键词自动回复是必不可少的环节，关键词自动回复的作用是当用户输入关键词时，会触发关键词自动回复功能，让用户能够及时获得自己想要了解的信息，图 5-27 所示为关键词自动回复添加规则页面。

图 5-27　关键词自动回复添加规则页面

在添加规则的时候，需要输入"规则名""关键字""回复"等内容，回复的形式可以是文字、图片、语音、视频和图文，有关"规则名""关键字""回复"的规定如图 5-28 所示。

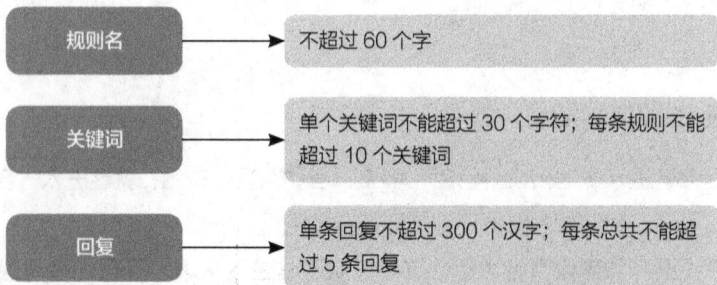

图 5-28　有关"规则名""关键字""回复"的规定

除了上述规定之外，微信关键词自动回复还有一些要点，如图 5-29 所示。

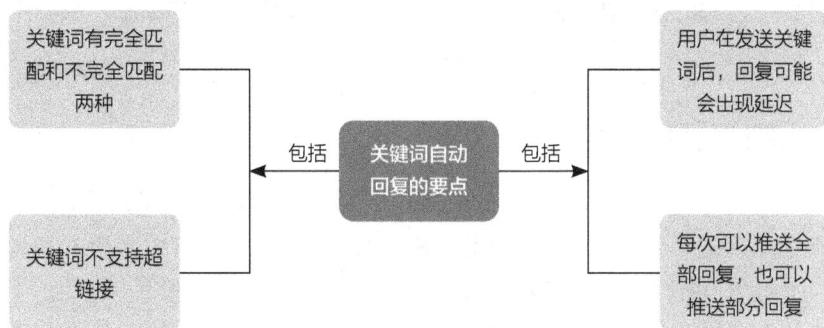

图 5-29　关键词自动回复的要点

5.2.4　在回复中加入链接

链接是一个很好的提高阅读量的入口，对于微信公众运营者来说，最好每条回复中都加上一些文章的链接，来引导用户阅读。

例如，在"中国建设银行"微信公众号里发送"信用卡"，按照指示输入相应序列号，会收到带信用卡相关信息链接的回复，具体如图 5-30 所示。

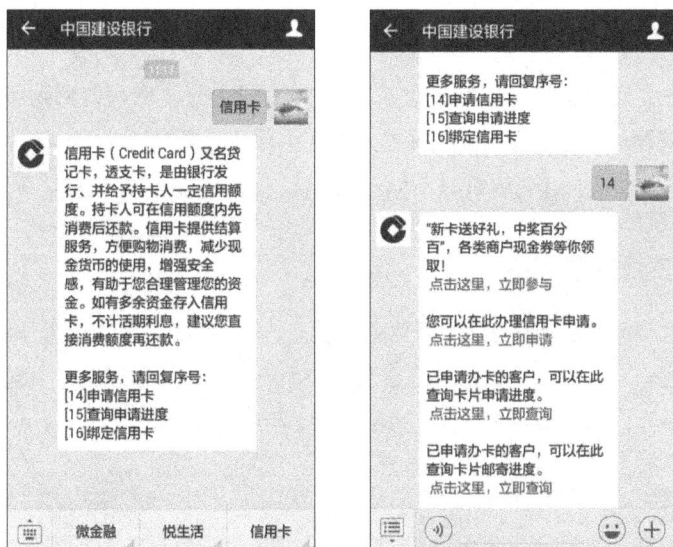

图 5-30　在回复中嵌入链接

5.2.5　签到的设定

有什么功能能够让用户每天都来关注公众号呢？那就是"签到"功能了，签到功能兴起后，很多网站开始对这一功能进行开发和利用，微信也不例外，微信运营者在设计签到功能的时候，要从用户的心理需求出发，设置一定的奖励，引导用户来签到。

5.2.6 用户的分组

运营者可以在后台对用户进行分组，因为微信平台有参与活动的用户，也有平时互动能力比较强的用户，假设运营者想在平台上举办一个投票活动，那么就可以通过分组功能，将信息传播给那些活跃的用户，形成裂变效应。

每个参加活动的粉丝都会有自己的朋友圈，当他们为自己拉票时，就会将活动信息传递给他们的朋友，假如参赛者将活动信息转发出去后，他的朋友圈中有 5% 的人通过该转发加入到活动中，成为平台的粉丝并将活动信息进行二次转发，朋友再将活动信息传递给自己的朋友，那么活动信息传播的范围将一层一层地不断扩大，最终形成粉丝裂变效应。

这只是其中的一个例子，将用户分组是为了更方便进行运营互动，运营者可以根据平台的需要对用户进行分组，可以按照地域分组，也可以按照性别进行分组等。

5.3 利用朋友圈引流

朋友圈也是运营者吸粉引流的地方之一，微信平台运营者可以利用朋友圈转发的功能，将微信账号传播出去，让更多的人关注平台，但是这种方式，不是随随便便转发一下就可以的，需要运营者好好策划一些运营方案，以达到更好的效果。

5.3.1 求赞提高参与感

相信大家都在朋友圈参与过"点赞免费送""转发点 28 个赞就能获得 ×× 门票"的活动，这是一个非常行之有效的在朋友圈里引流的玩法。运营者可以通过这种形式为平台吸引粉丝，不过集赞法需要注意图 5-31 所示的几点内容。

图 5-31 集赞活动注意事项

5.3.2 用小游戏增加乐趣

设置一些有趣的小游戏，既可以吸引用户参与，又能增加平台的乐趣，设置游戏最好能够掌握如图 5-32 所示的几点规则。

图 5-32 设置游戏需要掌握的规则

5.3.3 鸡汤也能起到作用

鸡汤文学一直受到人们的抵制，尤其是年轻一辈，特别不喜欢这种文字，但是偶尔用一些当代名人的鸡汤文，却也能够起到意想不到的效果。

5.4 留住粉丝的几大要点

微信运营者利用各种手段吸引了粉丝之后，就要想办法留住粉丝。用户如果对微信平台的服务不满意或者认为微信平台的内容不够精彩，那么用户可以随时选择取消关注，因此平台留住粉丝也需要一定的技巧。

5.4.1 提升内容含金量

"提供价值，而非吸引眼球"，这是运营微信的态度，也是留住粉丝的关键，应该引起商家的重视。

在用户关注了企业或个人的微信公众号之后，能够通过"查看历史消息"选项进入公众号的历史消息中。

图 5-33 所示为"会声会影 1 号"的查看历史消息入口和界面，如果公众号的历史消息没有什么亮点，或者达不到用户预想的结果，那么很有可能无法继续吸引关注，从而就会造成粉丝的流失。

> 💡 专家提醒
>
> 微信公众运营者要不断地提升微信公众平台内容的含金量，只有高质量的文章才能留住粉丝。

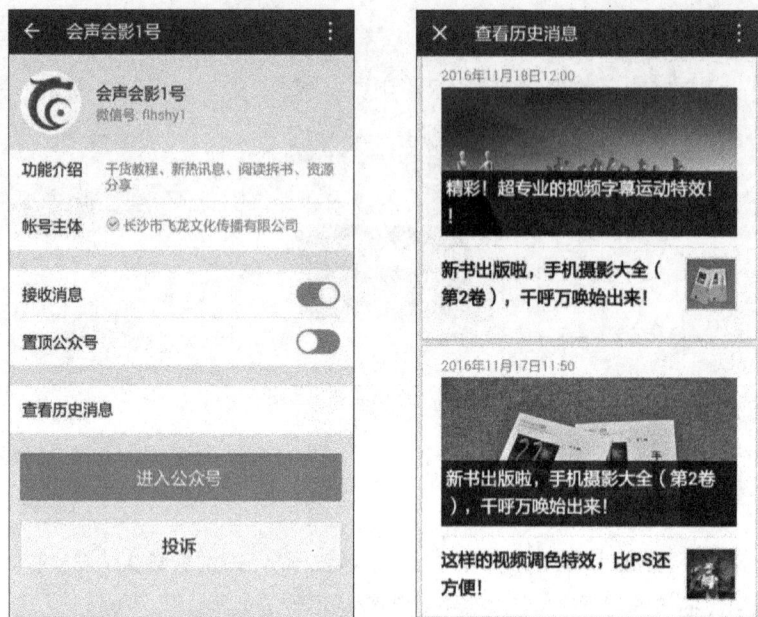

图 5-33　"会声会影 1 号"的历史消息

5.4.2　及时展开互动

　　互动性是微信公众平台的最大特点，运营者必须重视，不能在加了一大堆粉丝之后，只顾着推送广告，这样只会让用户群渐渐放弃关注，最后得不偿失。因此，留住微信粉丝的关键方法就是制造有效互动，具体的操作办法如图 5-34 所示。

图 5-34　制造互动的操作办法

1. 语音提升亲切感

　　有时候，商家设置的文字回复可能太单调，也不够有情感，这时候就可以选用语音，它能有效地拉近双方的距离，例如"罗辑思维"每天给用户推送一段 60 秒的语音，增加了互动性的同时又提升了亲切感。

2. 互动游戏或调查

商家可以设计一些让用户参与进来的小游戏，在玩乐中宣传自己的产品，同时又很好地加深了感情。另外，调查问卷也是不错的选择，还能集中收集用户的反馈，进一步完善产品。

3. 虚心采纳意见

商家应该定时收集用户反馈信息，对阶段内的工作进行调整。如果用户的意见被采用，对方会觉得得到尊重，从而更加密切地留意商家微信。此外，商家还可以让用户参与微信的内容编写，实行面向用户征稿的形式，让用户尽可能地多参与。

4. 积极回复留言

用户的留言大多是针对企业的不足与优势，或者是提出疑问，很多商家可能忽视了这一块，结果往往是以失去用户群为代价。

就和售后服务一样，商家只有向每一个顾客确保承担责任，顾客才会放心地购买。同理，商家只有一一解答了用户的留言，用户才会持续关注商家。

5.4.3　提供人性化服务

自定义回复接口有很大的可开发空间，对于很多服务号来说，当用户关注企业的微信公众号之后，用户就能立马收到人性化的自动推送服务菜单，这种自主服务能够帮助用户对企业提供的服务有全面的了解，而且还能提供给他们自主的选择机会。

通过自定义回复接口，企业可以宣传企业的文化，感谢用户的关注，还能推荐企业的活动等，用户输入关键字就能查看相应的信息，非常方便。

5.4.4　策划活动提高积极性

通过微信公众平台，企业可以多策划一些有趣的活动，以此来调动用户参与活动的积极性，从而拉近企业与用户的距离，并以此留住用户。

除了发布活动之外，企业还可以通过其他的活动策划来拉近与用户之间的距离，例如通过问卷调查了解用户的内在需求、通过设置各类专栏与用户展开积极的互动等，只有用户参与其中了，才会对企业微信公众平台有归属感和依赖感。

无论是大品牌企业还是小品牌企业，为粉丝定期策划一些有心意的活动，是一种很好的增强粉丝黏性的行为，而在有心意的活动策划中，最重要的一个环节就是对目标群体和活动目标进行以下分析，如图 5-35 所示。

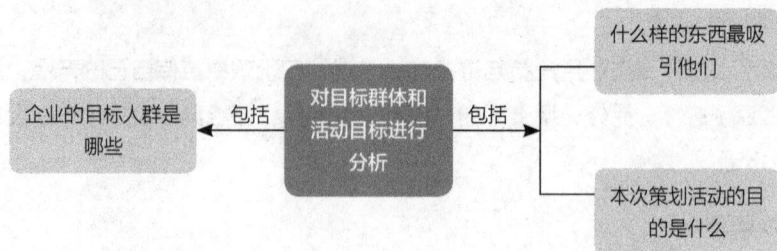

图 5-35 对目标群体和活动目标进行分析

微信运营者如果要策划一场活动，那么其活动文案的准备就需要包括以下 4 个方面，具体如图 5-36 所示。

图 5-36 文案准备应包括的 4 个方面

1. 活动简介

微信公众平台运营者在进行活动文案准备的时候，需要写出该活动的简介。在活动简介中，需要告诉参与者这是一场什么样的活动、活动背景是什么、活动举办方是谁、活动的意义与目的是什么等方面内容。

2. 活动内容

微信运营者在进行活动文案准备的时候，还需要将活动的内容详细地写出来。如活动征稿的具体要求、投票的方式等。

3. 参与流程

微信运营者策划一个活动，就是想要让更多的微信用户参与到活动中来，因此微信运营者就需要设置详细的参与流程，让用户能更好地参与到活动中。

4. 活动时间

设置活动时间也是文案准备工作中必不可少的一项。活动时间包括活动开始的时间以及活动结束的时间。

在介绍完活动文案的准备工作之后，接下来我们就来欣赏一下微信公众平台"手机摄影构图大全"的一项图书征稿活动的文案，具体如图 5-37 所示。

图 5-37　"手机摄影构图大全"公众号活动文案

第6章

构建社群，打造高黏性的粉丝

学前提示

　　移动互联技术的发展，促进了人与人之间交流方式的改变，社群营销在新媒体时代成为营销的要点。本章笔者将带大家认识社群的概念，以及社群营销的本质、要点及步骤，通过具有代表性的微信社群案例，讲解实际运营中社群营销的技巧。

要点展示

　　>> 快速了解，新媒体时代的社群
　　>> 抓住趋势，新时代的社群营销
　　>> 营销关键，思路对才能出路对
　　>> 要素步骤，执行好才能效果好
　　>> 具体实战，微信群的营销

6.1　快速了解，新媒体时代的社群

新媒体时代谈网络营销，有必要去了解社群的概念。顾名思义，社群是指社会中的一种群体，从原始社会、封建社会到现代社会，社群的概念在不断演变。

如今我们对社群的定义是：基于一个点、需求和爱好，将大家聚合在一起的群体，就称之为社群。

下面笔者将为大家进一步介绍社群的演变及内涵。

6.1.1　认识社群

随着社会的不断发展与进步，社群的概念慢慢被人们重视，从而形成了一种比较受欢迎的营销手段。社群的概念是基于 6 个时代特征演变而来，如图 6-1 所示。

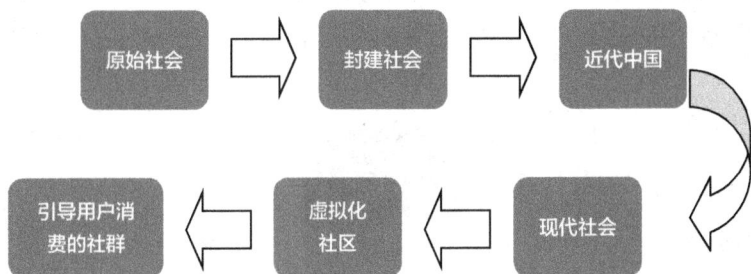

图 6-1　社群的演变

社区是若干社会群体或社会组织聚集在某一个领域里所形成的一个生活上相互关联的大集体，是社会有机体最基本的内容，是宏观社会的缩影。

随着互联网的兴起，虚拟化社区的概念随之产生。虚拟化社区又称为网络社区，它兴起于 1993 年，由一位社会学家提出"虚拟社区"的概念。"虚拟社区"就是将社区向网络化、信息化、智能化发展。

虚拟化社区与所在地的信息平台在电子商务领域进行合作，就成为了如今社群的雏形，社区进一步发展便形成了社群。

社群是基于"虚拟社区"的发展而来，志同道合的人聚集在一起，一起围绕一件事情进行交流、评论、发表意见，也可以做一个"生产者"，社群成员的创意、想法都非常有可能成为企业生产产品、改善自身服务等的一大因素。

如今对社群的定义，可以用 4 个方面来进行诠释，具体如图 6-2 所示。

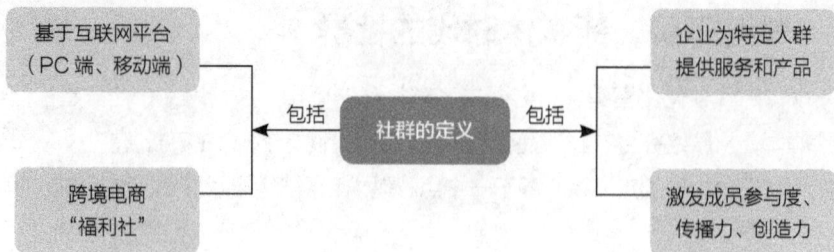

图 6-2 社群的定义

6.1.2 社群的特征

社群的出现是随着社会的不断发展而衍变成的，是人们在生活中所需要的产物，因此，企业纷纷将营销手段指向了社群。企业在选择营销手段之前，必须要了解营销手段的一些主要特征，从而根据其特征来制定营销计划，减少一些不必要的运营错误。下面就来了解社群的主要特征，具体如图 6-3 所示。

图 6-3 社群的主要特征

1. 虚拟性

社群存在于虚拟互联网中，这就代表着社群人员的身份以及位置都是虚拟的。没有实际意义上的地理位置，因此不受空间约束，并且社群成员在刚开始融入社群时，都会以匿名的方式存在于社群中，有些社群成员可能并不知道与自己交流、互动的人的真实身份。

一般来说，社群的虚拟性能给社群成员带来安全感，能让社群成员愿意放下心中的戒备进行真诚交友、发表自己的意见，更能让企业在社群中获得有价值的内容以及好的营销效果。

2. 平等性

在社群中，人人皆可为领导，只要能获得社群成员的认可，就可做主，社群就是一个平等的互相交流的群体。

3. 基于兴趣

社群通常是来自各地的不同成员自发组织形成的，不同的人来构建一个互相交流的社群，需要有"催化剂"的催化作用，在构建社群的"催化剂"中，兴趣是最好和最有效的催化剂，大多数社群的建立都是基于兴趣而产生的。

4. 社群"中心点"

在社群还没有出现的时候，企业也会应用 QQ 群、微信群，将人们聚集在一起，不断地在群里面发布企业产品广告，其效果非常不好。

直到社群的出现，企业懂得以社群成员为"中心"，让社群成员成为社群的主导者，而不是企业。从 3 个方面可以看出社群的"中心"，如图 6-4 所示。

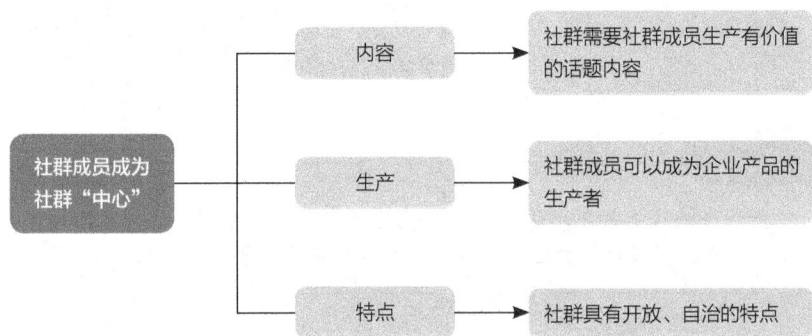

图 6-4　社群成员成为社群"中心"

专家提醒

在社群中无需考虑金钱、地位等因素的影响，社群成员可以自由地参与讨论，对于不感兴趣的社群可以直接退出。这样使得成员可以随意地表达观点，这种畅所欲言的方式既能提高社群黏性，同时也能为企业提供一些建设性的参考意见。

6.1.3　社群的分类

社群是人们基于不同的动机、需求，自主创建或自发形成的共同体，不同的社群有不同的规则与定位。

如果企业想利用社群进行营销活动，就必须要了解社群的分类，然后根据各类社群的特点进行选择，一定要选择一种和自己产品性质相符合的企业所精通的类别。

在社群还没有完全兴起的一段时间内，人们可能只能在传统社会学家的诉说中了解社群的分类，在一部分传统社会学家的眼里，他们会将社群分为 3 个部分，如图 6-5

所示。

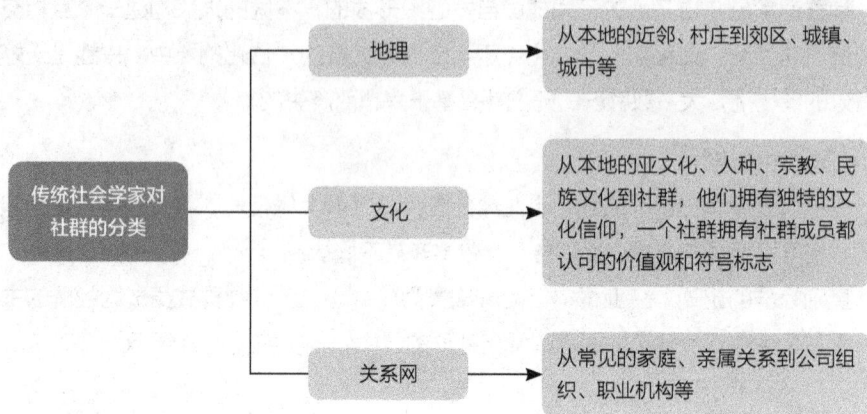

图 6-5　传统社会学家对社群的分类

💡 专家提醒

　　传统社会学家是按照不同类型的居民进行归类，通过掌握这群人的习性，来进行社群的分类，从而便于企业应用在实际的营销及运营中。

　　如今，社群已经掀起营销风暴，社群的类型也包罗万象，下面就来了解社群的主要类型，如图 6-6 所示。

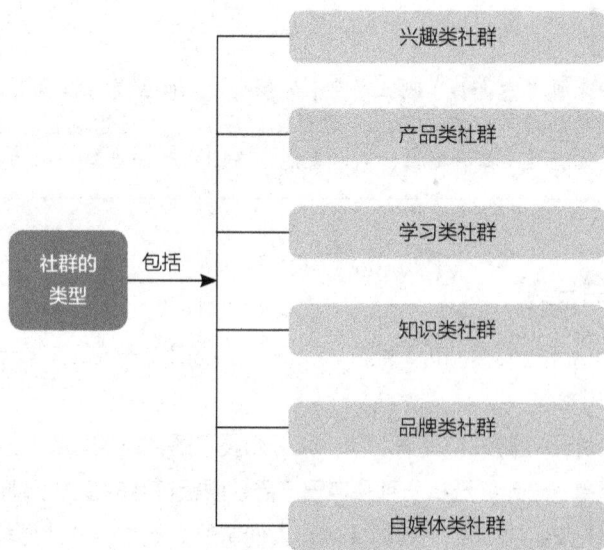

图 6-6　社群的类型

1. 兴趣类社群

兴趣类社群，是基于人们共同兴趣聚合在一起而形成的社群，社群成员几乎都是志趣相合的"小伙伴"，这类社群会比较热闹，社群成员可以在社群里谈笑风生，能在这里认识不少的朋友。

例如，最近的 QQ 兴趣部落就是一个非常典型的兴趣类社群，QQ 兴趣部落是腾讯全新打造的社群产品，它瞄准了 90 后和 00 后"寻找同类"的诉求。

于是，在 90 后、00 后等部落中，动辄有数以百万乃至千万的用户关注量和话题数，如图 6-7 所示。

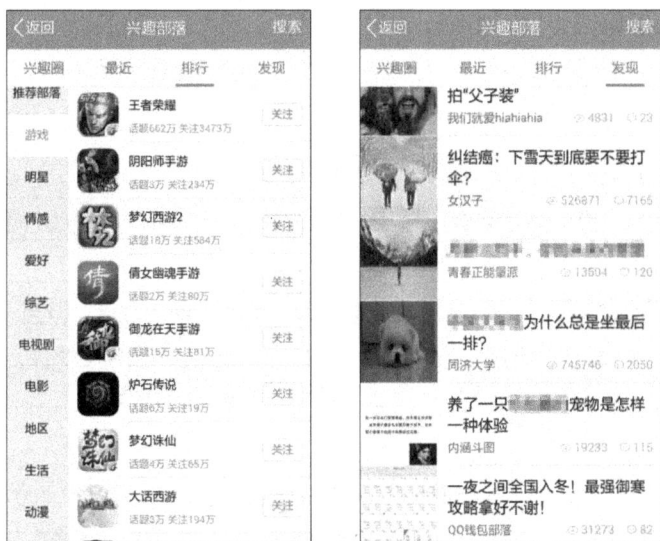

图 6-7　QQ 兴趣部落

2. 产品类社群

所谓的产品类社群，是指用一个产品来维系社群成员，是一种让产品不再单一的承载工具，它还是承载趣味与情感的桥梁，可以将产品与营销、粉丝、管理结合。

简单来说，产品类社群是一种因产品而聚合在一起形成的社群，而企业可以利用社群的影响力和传播力，来激发社群成员的参与度和活跃度，最终形成销售，为企业带来利润。

例如，小米科技以产品"MIUI（手机系统名称）"，来聚集初创时精心挑选的 100 位超级用户，参与"MIUI"的设计、研发、反馈等。接着小米科技借助这 100 人的口碑传播，将"MIUI"迅速推广出去。

这 100 人就是产品类社群的第一批用户，也正因为这些用户具有强大的参与度，所以与企业保持着一种平行的关系，形成朋友之间的连接。小米科技也在有最新版本产品时，会第一时间告诉这群人，同时，当发现手机出现了问题，这个社群成员也会尽力去帮助小米科技，不会离开。

由此可见，产品类社群只要运营得好，就能获得一批忠实的拥护者。

3. 学习类社群

所谓学习类社群，是由一群热爱学习的人聚集在一起形成的，是一种自发式的学习组织，所有组织工作由群主完成，社群内的活动内容一般以学习为主题。

例如，由 150 位中欧创业营的同学和一名中国知名企业家共同发起的一个学习社团"颠覆式创新研习社"就是典型的学习类社群。

颠覆式创新研习社是针对互联网思维的学习组织，该群聚集了一群有着相同学习目标、相同学习爱好，或是想改变自己的人群，以学习为纽带聚集一群人，从而形成一个学习社群。

4. 知识类社群

知识类社群，是一种社群成员相互分享知识和经验的社群，虽然它也是以学习为主，但还是与学习类社群有所差别。

- 知识类社群里的成员可自行决定是否参与社群活动，并且可以自己分享经验和知识，群员之间互相教导和学习，并从中得到相互的肯定和尊重。
- 学习类社群是通过群主来组织活动的，即通过"知识领导者"来学习知识、交流经验。

例如，果壳网是一个开放、多元的科技兴趣社区，吸引了百万名有意思、爱知识、乐于分享的年轻人聚集在这里，用知识创造价值，为生活添加"智趣"，随着互联网的发展，果壳网已经成为了一种比较大型的知识社群。

5. 品牌类社群

品牌类社群是建立在使用某一品牌的消费者间的一整套社会关系基础上的、专门化的、非地理意义上的社群，是由消费者或拥有者自发发起，形成对品牌的一种拥护以及习惯，是产品社群的一种延伸。

在品牌社群内，消费者基于对某一品牌的特殊感情，从而使得这种品牌所宣扬的价值理念与消费者自身所拥有的价值观相契合，从而产生心理上的共鸣。

6. 自媒体类社群

所谓自媒体类社群，就是人们基于自媒体平台对私人化、平民化、普泛化、自主化传播者的信赖、喜爱而聚集在一起的社群。一般来说，常见的自媒体平台有 4 种，分别是论坛、贴吧、微博、微信。

6.2 抓住趋势，新时代的社群营销

企业只要有足够的闪光点、吸引力、人格魅力甚至是噱头，就可能迅速聚集一群追随者，如果企业能够去经营这些社群，那么将可能在一个竞争激烈的新的商业世界找到新品牌存在的机会。

那么，社群经济时代的趋势是什么呢？

6.2.1 粉丝加社群等于用户

对于社群来说，粉丝是一种情感纽带，粉丝的消费行为是基于对品牌的感情基础，最为典型的就是"苹果手机粉"，只要苹果公司一推出新产品，他们就会疯抢，甚至在售卖点外驻扎，只为抢到自己喜欢的品牌的产品，这就是粉丝效应，社群基于粉丝才能运营起来。

因此，品牌要么将粉丝变成消费者，要么就要把消费者变成粉丝。就如罗永浩的锤子手机一样，即使锤子手机的定价超过了 3000 元，但是，有着同样情怀和审美的粉丝群体也会认同这个价值，不会觉得 3000 元的锤子手机不值这个价格，这就是罗粉情怀，这就是粉丝的价值。

当然，罗永浩在这方面做得还远远不够，在未来他还需要多加努力，将小众罗粉变成可裂变的大众罗粉，要想办法把锤子手机的社群扩大，从用户身上了解他们的需求，并将其体现在手机产品上。

又如，罗辑思维运营初期，就是依靠粉丝对罗振宇的信任和喜爱而累积知名度，最终吸引粉丝支付会员费，而后面的卖书、卖大米等产品都是基于与粉丝们互动，才能一一被卖出去。

试想一下，若苹果公司没有那么多的粉丝，那么乔布斯也不会成为富翁了；若罗永浩没有他的罗粉，那么留给锤子手机的估计只有看客了；若罗振宇没有粉丝，那么就不会有 10 万会员了。

所以从"苹果产品→罗永浩产品→罗振宇的罗辑思维"来看，不难发现一种抛去产品而去定义用户的新商业规则，这也是社群时代必须要掌握的规则之一。

> 💡 专家提醒
>
> 在社群营销里，粉丝是社群基础，有的粉丝慢慢转变，成为产品的"生产者"，即企业利用他们的意见、创意、需求来改造、制造产品，然后才出现了"粉丝＋社群＝用户"的趋势。

6.2.2 用户的创造等于企业的制造

在工业时代，企业强调的是"制造"，是以企业为中心的商业模式。而在互联网时代，消费者希望更多地参与"制造"。因此，如今进入一个"用户的创造 = 企业的制造"的产品时代，如图 6-8 所示。

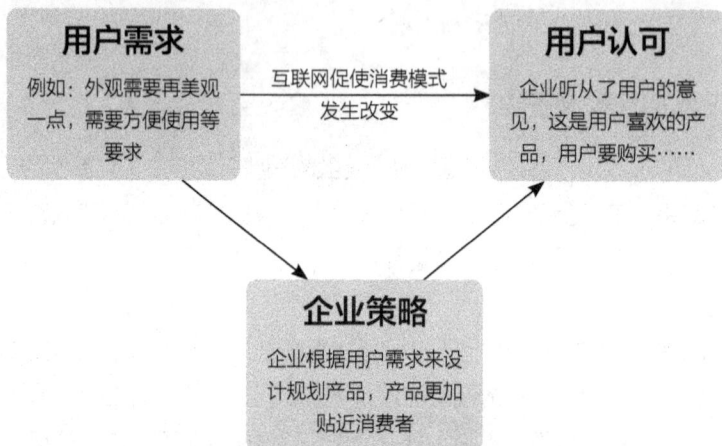

图 6-8　社群时代产品制造的特点

社群时代的特征是企业让用户来参与、提供对产品的需求，或者是邀请用户参与到解决消费需求的工作中。这就需要企业为消费者设立"意见社群"和"创新社群"，并懂得将这些社群的消费者内容运用到创新中。

"意见社群"和"创新社群"，可以说是消费者痛点的发掘之地。通过这两个社群的言论，企业可以从中吸收精华，放到产品的制造中。

例如，大众建立了"大众自造"平台，它是由大众汽车品牌面向中国公众而打造的一个 Web 2.0 大型网络互动社群。公众可以在网络上实现汽车设计的灵感激发、知识分享、虚拟现实造车、互动交流、创意主题竞赛、投票评选等多种沟通需求。

这是大众汽车以社群的方式，提供人与人之间、用户与企业之间、消费者与产品之间的交流平台，以汽车为出发点，聚集人群进行沟通，给予企业一个更为生动、直接的创新渠道。

在 2011 年 5 月 ~ 2013 年 5 月，大众汽车通过"大众知道平台"，成功吸引了1400 万用户访问，用户为企业贡献了 25 万个造车创想，通过这个平台大众公司得到了很多用户对车的需求。

6.2.3 众筹等于角色转换

"众筹"是指向群众募资，以支持发起的个人或组织的行为。群众募资被用来支持各种活动，包括灾害重建、竞选活动、创业募资、艺术创作、设计发明等。

在信息传播迅捷的互联网时代，相信大家对众筹的概念并不陌生。如图6-9所示，众筹一般由3个因素构成。

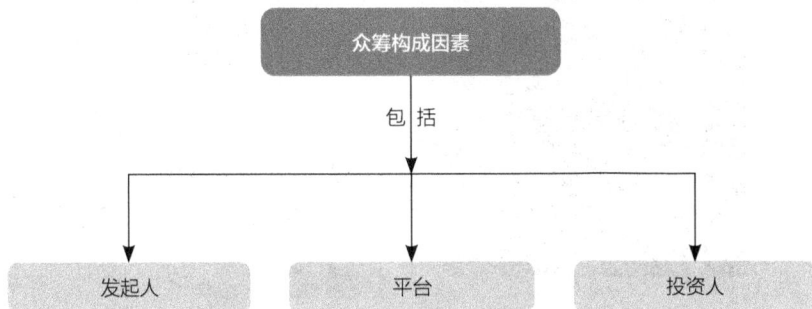

图 6-9 众筹构成因素

社群众筹具有低门槛、多样性、依靠大众力量、注重创意等特征，但它并不是一种单纯的投资行为，而是一种有资金、认知能力强、时间盈余的精英社群成员彼此分工协作，互相提升价值的项目实操的过程。

社群众筹的核心在于社群成员对一个项目的贡献度、智慧、精力等志愿者精神，这能让项目维系下去，而最终的盈利点也是多元化的，除实实在在的金钱收益之外，社群成员之间彼此的价值互换和人际关系、资源、经验等隐性提升也是关键。

社群众筹还有一个核心思想：通过互联网，可以把原本分散的消费者、投资人挖掘、聚拢起来，为那些创意、创新、个性化的产品找到了一个全新的生态圈，从而充分发挥出社群的价值。

💡 专家提醒

简而言之，社群众筹就是将社群成员、投资人、社群领导者的角色转换，因某一个具有创意、有发展潜力的项目而聚集，将自己身份转换成为投资者、参与者。

例如，在2014年3月，阿里巴巴联手国华人寿推出了"娱乐宝"，打着"全民娱乐，你也是出品人"的旗号，让影视和游戏爱好者们可以用很少的资金来投资，将众筹这个当时还很新鲜的模式引入大众的视线。

"娱乐宝"在本质上是一个理财产品，可在模式上，"娱乐宝"是一个众筹的娱乐类基金产品。这种模式体现出了众筹的个性化、定制化、分散化，改变了消费者的角色，让粉丝、社群都有可能成为创新商业的推动者和投资者，这就是一个新的社群商业趋势。

图 6-10 所示为"娱乐宝"活动页面。

图 6-10 "娱乐宝"活动页面

6.2.4 社群加情景等同触发

如今，互联网已经深入人们的生活，不少企业看中了互联网这块大"肥肉"，纷纷都向互联网进军，因此互联网上有很多类似的产品，使消费者需要精挑细选，才能决定购买产品。

对于消费者来说，选择的机会多了，往往都会选择那些口碑好、能触发他们情感的产品，所以企业就要抓住消费者的消费习惯，可以往情景发展，触发消费者的情感需要，使他们购买产品。

简单来说，情景营销就是抓住消费者在日常生活中的某个"相似的瞬间"来做推广，这样更容易使消费者接受相似的宣传，而不会受到其年龄、性别、收入等因素的影响，从而达到促进消费的营销。

例如，唯品会宣布从 2014 年起的每个周末，都会与《我是歌手 2》同步推出一档网络购物活动"我是买手"，带给用户边听《我是歌手》7 大明星歌手最强音过招，边抢"我是买手"每期 7 大明星品牌以 0.7 折起售的连贯娱乐体验，并邀请人气明星担任活动大使，触发粉丝情感，从而使粉丝去参与"我是买手"的抢购。唯品会的案例，就是情景营销的典型代表。

当社群营销与情景相融时，已经没有了"广告"的存在，而是让社群成员觉得产品的存在是为了解决自己的需求，社群里推送的消息是为了解决自己的问题，是便利生活的需要。

所以，在社群营销＋情景的融合下，一定是精选的产品、有创意的产品、能触发消费者情感的产品，其商业本质是为解决用户的各种情景需求、触发社群成员情感的目的而产生的。

对于社群营销来说，触发社群成员的情感需求，能实现物品与人之间的快速连接，从而促使整个购买行为的形成。

也可以这么认为："一个情景就是一个产品，一个产品就是一个社群"，在情景时代，运营产品就是运营社群。

而在社群时代，情景就是触发社群成员情感的阀门，不管重点运用哪种营销方式，社群与情景都是不可分割的一体，将社群＋情景糅合在一起，定能触发社群用户的情感，并保证精准性。

社群＋情景模式的运营，必须要抓住以下3点，如图6-11所示。

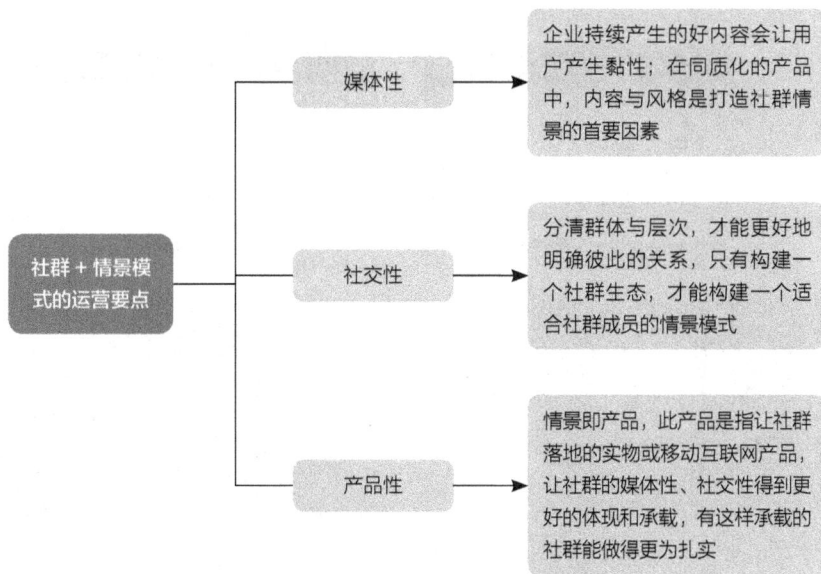

图6-11　社群＋情景模式的运营要点

总之，现实生活已经被细分为各种情景，情景的兴起是社群营销的趋势之一。各种垂直生活类APP的大量出现也是这一趋势的体现。

情景即产品、产品即社群，这无疑证实了社群＋情景＝触发的营销趋势。

6.2.5 实时响应加上服务就是营销

社群，是一种以"人"为中心的营销方式，人与人之间点点相通，成为随处可在的信息节点。作为企业，已经失去了信息不对称时代的优势地位，失去话语权，要融合在"人"的里面，以朋友、社群中的一员的身份与社群成员一起交流、学习。

很多企业打破了企业与"人"的边界，及时响应客户服务，从而实时回应、响应社群成员所表达出来的需求，与社群成员产生互动。

很多企业选择在微信上建立社区，运用微信公众号上的客户服务，及时回应社群人员所需要解决的问题。目前，很多行业都推出了微信客户服务功能，从而使消费者可以直接查询进度与数据方面的信息。

下面笔者就来讲解 3 个关于社群实时响应的例子。

1. 招商银行信用卡案例

如图 6-12 所示，招商银行在微信公众号上推出微信客户服务，人们只要将信用卡、一卡通与招商银行的微信客户端捆绑，就能通过信用卡"微客服"完成余额查询、账单查询、办卡等业务。

提供开卡办卡等响应服务

提供查询余额、查询额度等咨询服务

图 6-12　招商银行信用卡微信社群实时响应服务

招商银行信用卡的这种即时的微服务，打破了传统服务在地区和时间上的限制，使得用卡客户能方便快捷地查询自己的账户信息。

在招商银行微服务平台上，用卡客户可以根据需要随时查询想要了解的信息，这不仅提高了用户的满意程度，还进一步完善银行本身的服务系统。

2．中国移动案例

中国移动在微信上创建了"中国移动 10086"公众号，在这个公众号上，提供了查询服务、业务办理服务，移动用户再也不用麻烦地拨打 10086 去查询自己手机号的相关消费情况了，减去了咨询的麻烦，如图 6-13 所示。

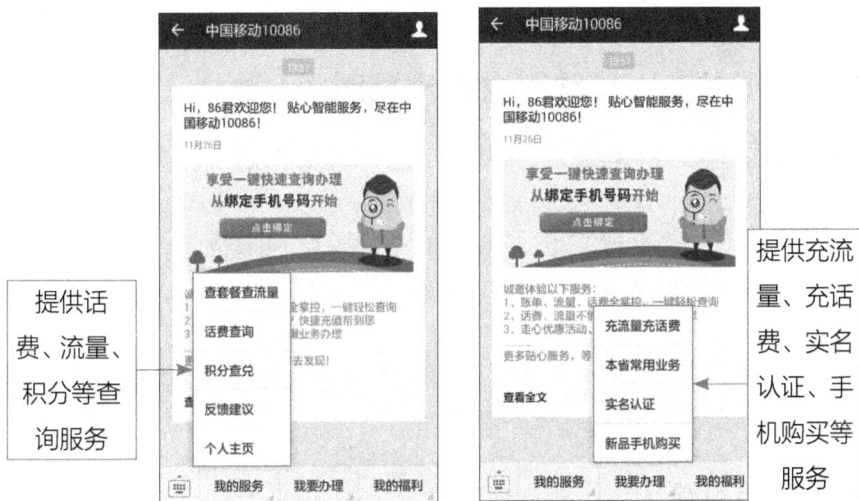

图 6-13　中国移动微信社群实时响应服务

3．携程旅行案例

携程旅行网微信账号可以提供预订机票、酒店、门票等服务，这些相应的实时服务，将带给社群用户全新的体验，如图 6-14 所示。

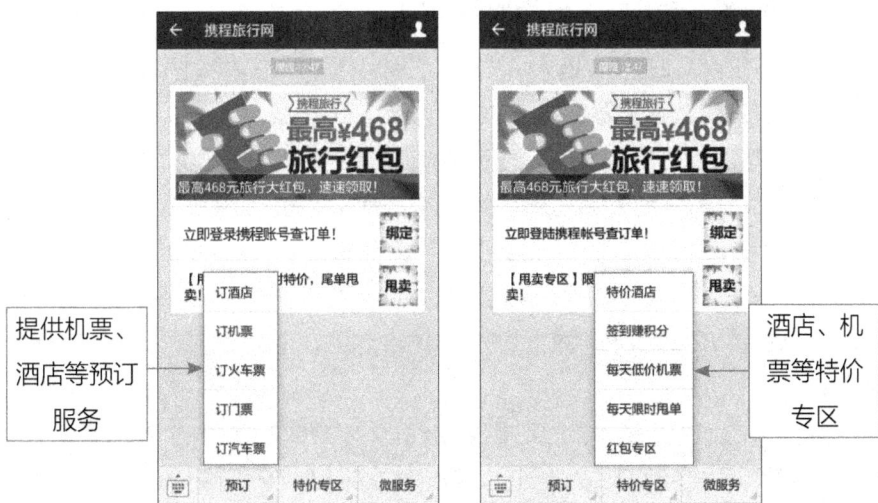

图 6-14　携程旅行微信社群实时响应服务

实时响应的服务，是给社群成员一种情景上的体验，若响应速度快、内容质量高，则能在人们心中留下一个好的印象，好的服务态度能决定人们是否继续使用其产品，所以社群营销绝对不能忽视实时响应服务。

6.3 营销关键，思路对才能出路对

这个世界不确定因素太多了，验证了一句流行的话"计划永远赶不上变化"，有太多的因素随机组合，这使得没有准备面对各种挑战的企业不知如何是好。

那么对于企业建立社群来说，到底该怎样才能掌握不确定因素，进行成功的社群营销呢？具体要抓住如图 6-15 所示的要点。

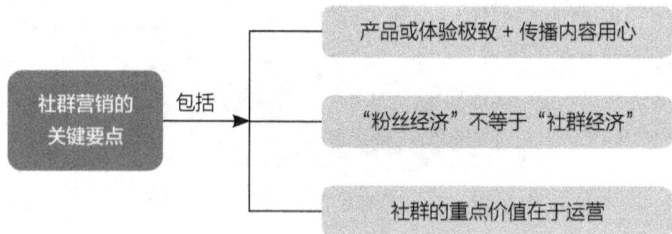

图 6-15　社群营销的关键要点

只有掌握了 3 大关键要点，企业才能很好地突破"粉丝经济"，走向"社群经济"。

6.3.1　产品或体验极致 + 传播内容用心

如今对于不少企业来说，是一个"社交红利时代"。在这个时代里，只要有谁懂得社交、懂得传播，就能够掌握商业的先机。

然而商业营销光是抢占先机还是不够的，那些在社群营销中尝过甜头的企业，如果没有将产品或体验做到极致，那么他们所有的商业营销，只是在互联网中进行一次容易被淡忘的炒作而已。

例如，"星巴克"如若不是把它的咖啡做到极致，也不会产生那么庞大的粉丝经济效应；MyBMWClub 如若不是把它的服务做到极致，也不可能有 20 万级别社群的影响力。

由此可知，企业产品或体验做到极致在社群营销中是非常重要的。鉴于前车之鉴，企业应该以社群思维为核心，为自己的社群成员提供极致的产品或体验。

当然，单单只是将产品或体验做到极致是不够的，企业还得学会传播和推广。很多企业误认为社群营销不需要传播，若传播会容易使社群成员产生反感心理，这种看法是对社群营销的误解。

仔细思考，如若企业不去传播，那么怎么能将企业新产品展现在社群成员面前呢？社群成员又怎么能知道产品的好处、全面了解企业的产品呢？

所以，传播一定要有，只是方法的问题，企业可以将传播嵌入到活动中，让社群成员在活动中了解到企业产品的信息。

由此可以说明，在社群营销中："产品或体验极致 + 传播内容用心"是一对重要的组合，虽然做到了社群营销不一定成功，但如果企业的社群营销没有这个组合，那么社群营销一定不会成功。

6.3.2 "粉丝经济" ≠ "社群经济"

很多企业容易混淆"粉丝经济"与"社群经济"，认为"粉丝经济"与"社群经济"相同，其实这样是不准确的。任何企业品牌都会有属于自己的粉丝，但如果仅仅停留在粉丝这个层面，那么无非就是把以前的忠实用户的称呼换一种说法而已。

对于企业来说，只有经营"粉丝经济"，没有依靠"粉丝经济"的说法，而"社群经济"就是将不同类别的人群聚集在一起，可谓是包罗万象，这些人群有一个共同点，就是对企业产品或服务的忠诚度比较高。

对企业而言，只有完成"从用户到朋友"的转变，才能聚集成一个有价值、参与性强的社群，如图 6-16 所示。

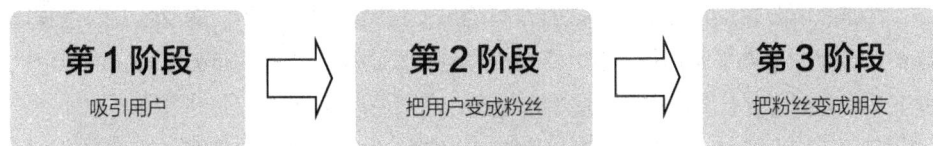

图 6-16 用户到朋友的转变

在互联网的冲击下，有许多没有组织的人群在互联网中游荡，企业需要将这些人群中适合企业产品的人聚集起来，并且经过一段时间的选择，寻找最忠诚的社群成员和朋友。

6.3.3 社群运营的方法

前文已经详细解读了"产品或体验极致 + 传播内容用心"和"'粉丝经济' ≠ '社

群经济'"的内容，下面就来了解社群运营的方法，其包含 3 个方面，具体如图 6-17 所示。

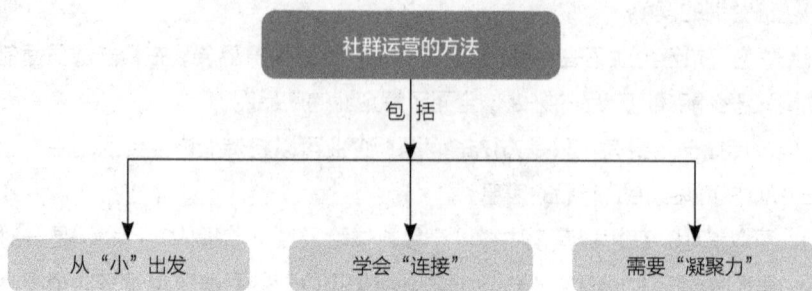

图 6-17　社群运营的方法

1. 从"小"出发

　　很多企业的社群营销之所以成功，是因为他们从"小"出发，企业将自己的社群范围缩小、将企业态度和主张体现出来，从而产生小众的人格魅力，使得粉丝、用户因为认同企业的魅力而聚集在一起。

2. 学会"连接"

　　随时随地连接社群人群，是社群运营必须要做的，只有这样企业才能与社群成员建立起深厚的感情，如若企业不看中"连接"，那么企业的社群必定不会成功，只会是一个曾经聚集过人群的载体而已。因此，企业要学会及时"连接"社群成员，与他们多沟通多交流，彼此成为好朋友、好伙伴。

3. 需要"凝聚力"

　　社群在刚开始运营时，社群成员有可能是一群普通成员，他们需要企业的带领才能长久地因为某件事聚集在一起，不然很容易出现流失，并且没有凝聚力，若一个社群连凝聚力都没有，那么这个社群并不是群，而是一盘散沙。

　　因此，企业在建立社群的初期，需要提出某个点，使得人们因为这个点而聚集起来，并且企业还会与聚集起来的人群进行一对一、一对多的交流，走进社群成员的生活中，与他们一起交流、探讨、谈天说地，这样才能将社群运营起来。

　　企业还需要注意的是学会挑选，企业不能只将注意力放在聚集人数上，而且需要将注意力放在人群质量上，这样才能使社群氛围越来越好。

6.4　要素步骤，执行好才能效果好

　　企业想要执行好社群营销，其首要任务就是将社群营销的 6 个要点和 3 个要素全

都熟知，这样才不会在社群营销上走太多的弯路。

下面详细讲解社群营销的 6 个要点和 3 个要素。

6.4.1　社群营销的 6 大要点

很多企业在进行社群营销时，都会抱怨社群营销根本就没有效果，或者是与之前自己预想的效果差别太大，于是就开始质疑其社群营销的存在价值，是否能让企业在这个互联网时代得到不错的收益。

事实上，有些企业根本没有深入了解社群营销的特性，没有制定合理的营销规划，没有掌握社群营销的要点，才会导致社群营销惨淡收场。

下面就来详细讲解社群营销的 6 大要点，让企业能更加深入地了解社群营销的操作方法，具体要点如图 6-18 所示。

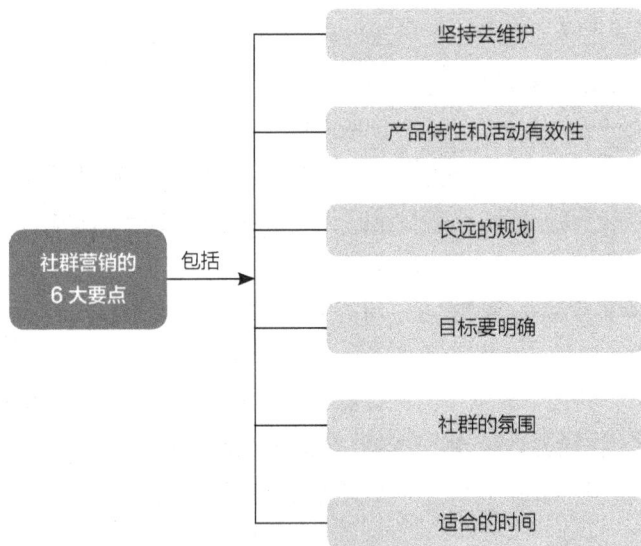

图 6-18　社群营销的 6 大要点

1. 坚持去维护

很多企业在做社群营销时都容易步入一个误区，那就是"急功近利"，想要"一口吃成一个胖子"，不想花费时间建立一个循序渐进的过程。

尽管社群营销在快速引流的方面有一定的优势，但不意味着社群营销会因为一次活动、一次聚集就能得到显著的成效。

试想一下，"罗辑思维"如果没有创意的每日 60 秒语音、没有与社群成员相互交流，那么定不会有如此大的成就，"罗辑思维"的成就很大程度上凭借着"坚持"

下来的活动、与用户的先发货后交流模式，才维护住社群的运营。

一些企业和商家总是抱着过于乐观的心态，不切实际地认为只要在社群里将成员聚集起来，办一次户外活动，就能将企业产品大量卖出，那是不可能的，这样做只能让自己陷入不好的境况，会使得社群成员远离企业，使他们主动撤离社群。

所以，企业需要坚持社群的运营，多推出一些活动、多与社群成员交流，这样才能建立起忠实的用户。企业在决定进行社群营销之前，就应该做好长期战略的准备，而不是哗众取宠、一瞬而逝的炒作手段，这样才能使社群营销发挥真正的作用。

> 💡 **专家提醒**
>
> 企业在进行社群营销时，需要坚持不懈，持之以恒，不要只将社群看作一个营销渠道，而是要将社群看成自己的"朋友圈"，将自己的"品牌""企业"光环收敛起来，与社群成员随时随地进行交流。

2. 产品特性和活动有效性

有些企业的产品在做社群营销时能取得立竿见影的成效，而有些企业的产品在做社群营销时久久不见收获，抑或是了解产品的人多，可真正购买产品的人实在是少之又少。造成这种差别的原因，可能是企业产品特性和活动的有效性决定的。

例如，人们日常生活的必需品（牙膏、牙刷、毛巾等），由于价格不高，消费者没有太强的品牌忠实度，随即购买的可能性相当高，甚至因受到热烈的社群场景气氛而决定购买。

而一些家电类产品（电视、空调、冰箱等），价钱比较高，用户品牌意识比较强，消费者在选择时会比较谨慎、货比三家，社群的交易性比较低、比较长久。而价格更高的汽车、黄金、珠宝等产品，几乎不可能在社群直接销售，更多的是进行宣传，引起社群成员的购买兴趣。

所以，企业在进行社群营销时，需要将产品的特性和活动进行相互搭配、组合，不能只看一个方面，销量高，活动策划不一定完美无缺，销量低，活动不一定毫无效果。

只有企业在社群里将活动与产品的特性相结合，这样才能让社群成员在活动中自然、不突兀地了解产品的特点、信息，如此一来，不管销量是否好，社群营销都是有效果的。

有些品牌企业在做社群营销时能很快地取得效果的原因之一就是消费者对他们的产品、品牌很熟悉，省去了介绍产品、得到大批消费者认可的时间。所以，一旦消费者对企业和产品有了一定的了解，就不会去质疑产品和活动的真实性，社群营销的效果就会比较显著。

而一些知名度比较低的企业，在社群营销初期可能没有品牌企业那样一帆风顺，因为消费者对该品牌没有足够的了解和信赖。所以，这部分的企业在社群营销时会比较吃力。

当然，这并不是意味着这部分企业就不适合社群营销，相反，这些企业在建立社群营销的过程中，更能接近消费者，能更快速地拉近同消费者之间的距离，积累名气、树立品牌，成为消费者可以信赖的企业品牌。

总之，企业一定要将自己的产品特性了解清楚，这样才能在社群的活动中体现出产品的特性，这样才能使社群成员在活动中更好地了解企业产品的信息。

> 💡 **专家提醒**
>
> 企业想要将社群营销做好，需要做到以下几点：
> - 需要了解产品特性；
> - 将产品特性融入社群活动中；
> - 给消费者一个认识企业的过程；
> - 需要一点一滴地积累知名度；
> - 需要多与用户交流，带动用户积极性；
> - 需要定期举办活动，保持社群黏性；
> - 需要让社群成员产生信赖感，企业绝不能夸大宣传，要做实事求是的传播；

3. 长远的规划

社群营销是一个完整的系统，这个系统至少要经历 3 个阶段，才能逐渐成熟，如图 6-19 所示。

第 1 阶段 市场调查 产品选择 ⇒ **第 2 阶段** 方案策划 活动开展 ⇒ **第 3 阶段** 跟踪反馈 修正改善

图 6-19 社群营销的 3 阶段

企业进行社群营销时，千万不要随波逐流，也不能没有规划性地进行社群营销，企业事先需要一定的推广，让用户知道社群的存在，也可以在某个社交平台上，与适合企业社群的人群建立情感联系，这样才能将社群营销带入一个好的趋势。

企业在做社群营销时，不要将它看成一种普通的营销工具，而是要看成一种社交专业化的营销渠道。只要企业的产品适合社群营销，那么企业在做战略规划时，就可以认真做好营销的整体性规划，从策划到安排的过程中，尽量提高社群成员的参与性。

企业一定要做到在关注销售的同时关注与社群成员的交流，从与社群成员的交流中，获取产品需要改善的地方、消费者对企业的看法和建议，培养社群成员对品牌的认知度和认可度，这样的社群营销才有可能获得一定的盈利，甚至能成为譬如"小米""罗辑思维"一样的经典社群营销案例、榜样。

4. 目标要明确

企业在社群营销开展之前，还需要想清楚建立社群的目的，一般来说企业进行社群营销具有 3 个常见目的，如图 6-20 所示。

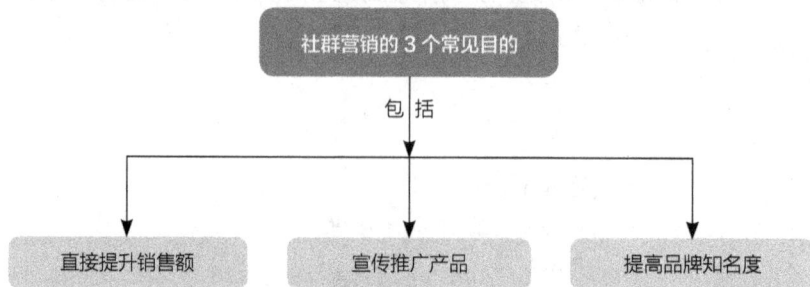

图 6-20　社群营销的 3 个常见目的

当然这些目的都可以兼顾，可是企业需要将兼顾的目的分出主次，只有明确了目的，才能制定有针对性的活动方案，让活动不偏离之前企业所定的规划，让活动执行变得有效，使社群营销的效果最大化。

社群营销的目的并不是空想的，而是根据企业产品特性和企业的战略规划来进行选定的。企业只有明确目的后，才能集中资源进行相应的活动，避免花费无谓的时间，造成资源上的浪费。

5. 社群的氛围

企业刚刚开展社群营销时，一定要维护好社群里的气氛，千万不能让社群变成一个"死群"，最好能让社群成员主动聊天，如果群员能主动调动社群气氛，这样企业会省事不少。那么如何让成员主动调动社群气氛呢？其实很简单，企业通过开展一些活动，让社群成员有一个共同的话题即可。

例如，小米就是利用"同城会"活动，使社群成员在社群中聊一起出游的事情，这能增进社群成员彼此之间的感情，让他们彼此了解与熟悉，一旦社群成员对企业产品有很高的诉求之后，也会经常在社群里交流小米手机的相关信息。

总之，企业需要通过制造社群气氛，对社群成员适当地进行引导，使得社群气氛持续活跃，避免出现忽冷忽热的情况，这样才能使社群成员的质量得到有效提高，也会使社群成员的忠实度越来越高。

6. 适合的时间

任何营销模式都有时间限定，虽然社群是一种去中心化、自由交涉的载体，但是企业还是要找一些好时机嵌入到社群成员的交流中去，这样才不会显得随意和突兀，而会让社群成员觉得是顺其自然的、理应如此的。

社群营销还需要考虑社群成员的作息时间和生活习惯，选择最恰当的时间开展活动或发起聊天，如图6-21所示。

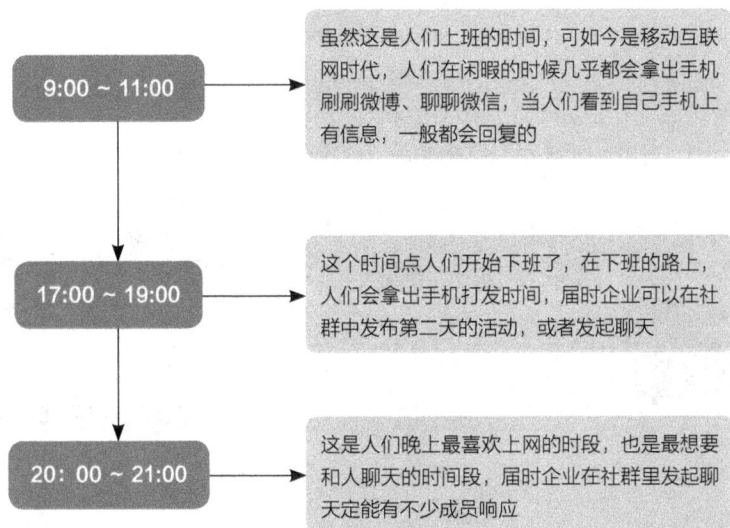

9:00 ~ 11:00	虽然这是人们上班的时间，可如今是移动互联网时代，人们在闲暇的时候几乎都会拿出手机刷刷微博、聊聊微信，当人们看到自己手机上有信息，一般都会回复的
17:00 ~ 19:00	这个时间点人们开始下班了，在下班的路上，人们会拿出手机打发时间，届时企业可以在社群中发布第二天的活动，或者发起聊天
20:00 ~ 21:00	这是人们晚上最喜欢上网的时段，也是最想要和人聊天的时间段，届时企业在社群里发起聊天定能有不少成员响应

图6-21 合适的社群营销时间

总之，企业在社群中最好是选择一个合适的时间段进行产品信息的发布，当然上面所提到的时间只是一个大概的状况，不同产品需要根据不同的特点选择时间，这样才能取得不错的成效，毕竟产品与产品之间还是具有一定差别的。但是无论做何选择，企业都要遵守不打扰人们日常生活的原则。

6.4.2 做好社群营销的3大要素

社交媒体时代，社群营销已经强势崛起，面对着汹涌而来的流量诱惑，企业利用社群将用户黏度大大增加。不管是在PC端还是移动端，用户日活跃表现是判定社群营销的关键。

用户的日活跃度的高低，喻示着用户与社群的关系好坏，也从侧面反映了企业的产品质量，以及企业的运营质量。

下面就来了解做好社群营销的 3 大要素，如图 6-22 所示。

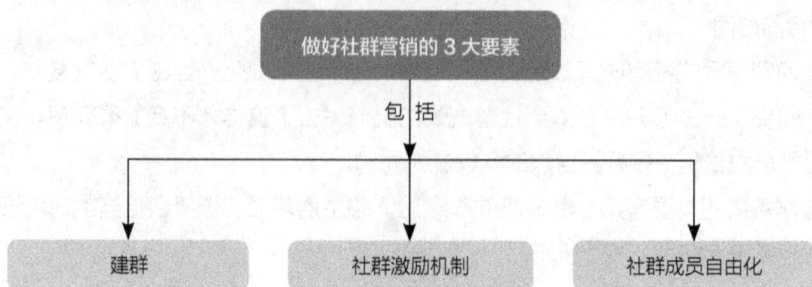

图 6-22　做好社群营销的 3 大要素

1. 建群

一般来说，社群运营的目的分为两点，具体如图 6-23 所示。

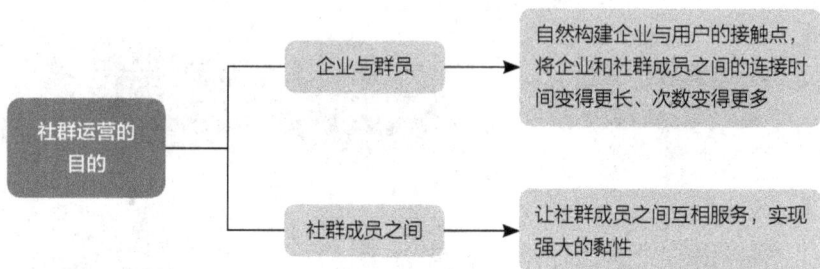

图 6-23　社群运营的目的

在很多企业看来，社群营销是低成本运营，其实不然，低成本运营需要依靠企业构建社群营销的方法，才能得以实现。

在社交网络中，每个人的关系链和好友圈子就是一个个小众的社群，他们会随时随地根据大家的需求来展开讨论，寻求解决方案。

对一部分企业来说，在高频的需求下，现有用户、合作伙伴的好友关系链就是社群，企业会利用分享产品信息导入社群中与成员交流。

随着时代的变迁，跟随用户进入现有社群，或者鼓励用户建群的社群思路已经逐渐清晰，这为传统企业进入社群营销提供了一个新的自然切口。社群一旦形成，成员之间会互相介绍、推荐好友加入。

企业在寻找社群之外，强关系好友相互介绍也是加入社群的最常见方法之一，由此带来社群的自然生长和裂变，一个大社群很有可能会变成多个小社群，这些小社群也会再度扩展成更大的社群。

在这样的循环过程中，企业应重视社群营销，增强互动，既能在社群里调动气氛，又能加强社群的扩散，这无疑是社群的魅力所在。

2. 社群激励机制

对于许多社群来说，用户的长期维系与活跃度会是企业面对的挑战。届时就需要激励起用户的自助激励。

💡 专家提醒

> 自助激励，是用户主动寻找自己感兴趣的爱好或社交激励，自助激励随着时间和用户的不同而不同。自助激励的实现，依赖于用户能否在产品中树立属于自己的自助目标。

通常情况下，社群中产生的互动越多，社群成员就越活跃。除此之外，用户在社交网络中还会设定一个目标，并努力去完成它。企业把这个目标称为自助目标，获得的结果也是用户释放给自己的自助激励。

互动激励和自助激励的实时释放，可以解决大部分用户的激励问题。企业面对这些实时而个性化的激励问题，几乎都是提供给用户统一且大型的奖励，而这些奖励远远比不上用户主动寻找并获得的激励。

如果企业只将常见的奖励给用户，多半会出现一种局面，那就是铁杆用户不断离去，最终留下的是刷奖用户。

企业统一确立的群体激励变成引导和管理大批社群运营的主要方式之一。自助激励正被充分借鉴到日常社群运营中，用户一旦确立了个性化目标就会被吸引住，并且还会想办法让自己志同道合的朋友一起在社群中进行交流。

例如，用户在某个社群中刚开通了账号，在社群中聊得非常畅快，届时就会想和自己的好友一起在这个社群中谈天说地，多认识一些好朋友。

总之，企业需要激发出用户的"自助激励"，这样才能使企业的社群具有成长趋势。

3. 社群成员自由化

之前对于社群营销的讨论方法中，有一个观点："社群领袖对于社群的长期活跃会起到很大作用"。在社群营销刚刚起步的时候确实是有用的。

但如今，社群营销已经逐渐走向成熟了，就需要企业运用社群的方式来运营、发展，届时社群领袖的角色会迅速淡化。社群成员占据了主导地位。

在社群中需要每一位成员都保持活跃、都做出贡献，共同推动社群前进，这才是当代社群营销的意义。

在社群中可能某一时刻某一成员起到的作用会略大，但到了下一个时刻，又有其他活跃分子扮演起了关键角色。

在社群中，高质量的转化效果是许多产品"冷启动"的入口，大部分社交产品"冷启动"过程中，社群都会发挥重要作用。例如，微信红包的爆火离不开微信社群。

在社群运营中，有时企业施加的影响越大，用户参与度反而越低。在社群中企业需要做的是去企业化、去中心化，放弃控制的意愿，让社群成员在小范围的朋友圈中自由组合，分别扮演不同角色。

6.4.3 社群营销步骤之建群

社群营销的开端从建群说起，只有企业正确建立起一个具有共同语言、参与性强、黏度大的社群，才能为以后成功的社群营销奠定基础。

图 6-24 所示为建立社群的注意事项。

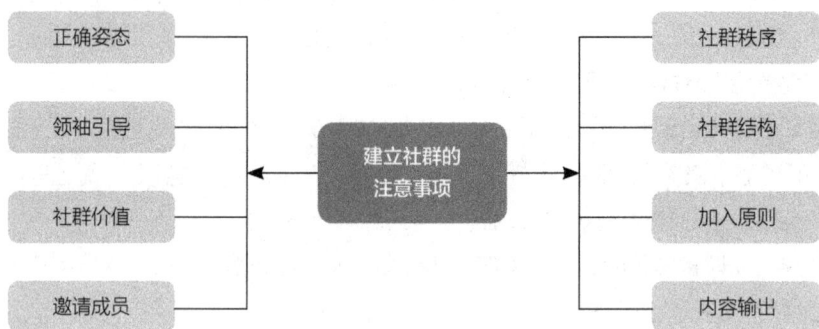

图 6-24　建立社群的注意事项

1. 正确姿态

社群虽然是去中心化的营销模式，可还是需要一个领袖在适当的时候，来带动社群成员。对于三五成群的闺蜜社群来说，去中心化能体现得淋漓尽致。

但对于企业来说，需要一个大社群或者是经过不断裂变的社群，届时这些社群必定需要一个领袖出来维持秩序，或是等待时机提醒社群成员企业产品的存在性。

例如，"罗辑思维"若不出来"管事"、不发布"每日 60 秒"的信息，那么还会有社群营销鼻祖"罗辑思维"社群的存在吗？

显然不会，对于企业来说，去中心化是给予社群成员自主互动、自主领导的权利，却不代表企业当一个"甩手掌柜"。对社群不问不顾，那样的社群绝对不是企业的社群，那单单是一个人们聚集在一起的社交平台而已，不会有任何的营销成分在里面，也不是企业建立社群的初衷。

需要注意的是，社群中的领袖并不是指"企业"，而是指"人"，这是什么意思呢？这就是让"企业"抛开自己高人一等的"企业形象"，做真实的自己，以"人"的角度与社群成员一起交流，在交流的过程中，以朋友相称，以获取用户对企业产品、服务、品牌的建议和意见，解决社群成员在使用企业产品中和企业在服务中存在的问题。

总之，企业需要将自己的姿态摆正，将话语权交予社群成员，自己以"亲民"的形象与社群成员一起讨论、交流。

2. 领袖引导

企业还可以结合自己的产品找到产品发烧级别的玩家，让这样的玩家成为自己运营社群里的灵魂领袖，这样就做到了"既倾臣，又倾民"。

通常来说，在某一领域拥有影响力的个人和组织，更容易建立社群。很多企业想通过建设自己内部的社群，用社群的力量产生4个方面的力度，具体包括：创造力、影响力、传播力、品牌力。

企业的想法是好的，可是在实际的操作时并没有所期望的那么容易实现，有些企业甚至孤身投入大量的人力、物力、财力，却收效甚微，使得原本是香饽饽的社群营销变成了残酷的社群营销。

这都是企业一意孤行的结果，所以，企业需要让一个灵魂领袖将社群带上营销的道路，让这个灵魂领袖作为中间人，将企业和社群成员连接在一起，共同学习、共同进步，从而增加用户对企业和社群的忠诚度，增加用户的黏度，这才是企业进行社群营销的核心。

因此，社群是离不开灵魂领袖的，而灵魂领袖并不是谁都可以当的，他需要具备以下3个特点，如图6-25所示。

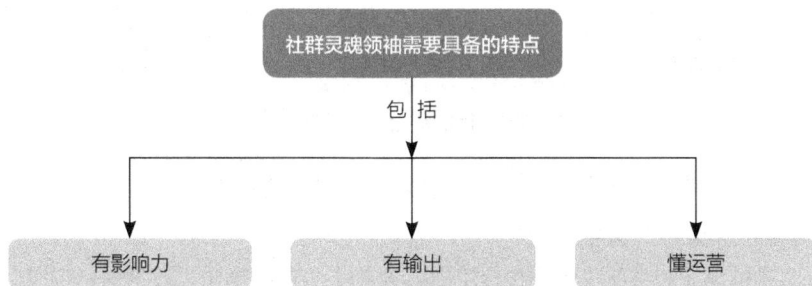

图6-25　社群灵魂领袖需要具备的特点

灵魂领袖在运营社群的过程中，需要学会在社群中培养更多的小伙伴。社群需要具有原创匠心、愿意分享的社群成员，这样才能吸引社群成员聚拢起来，也能吸引社群成员主动介绍其他人群进入社群，并且还可以将这一类人培养成管理员。

専家提醒

一般来说，社群管理员的工作内容都是一些基础工作，包括：
- 发入群须知，提醒社群成员修改成规范的昵称；
- 加强社群活跃度，想办法提升社群成员的参与感；
- 统计每日社群运营数据，挖掘出新管理员；
- 将社群成员分析的内容进行整理，放在群内好找的模块。例如，QQ群中就有一个"文件"模块，届时社群管理员可以将分析的内容放到那里，这样就可以提供给后来的社群成员下载阅读。

3．社群价值

企业在建立社群的初期，需要面对的首要问题并不是在哪里找到社群成员，而是需要明白自己社群的价值，即为社群成员所带来的价值，如图 6-26 所示。

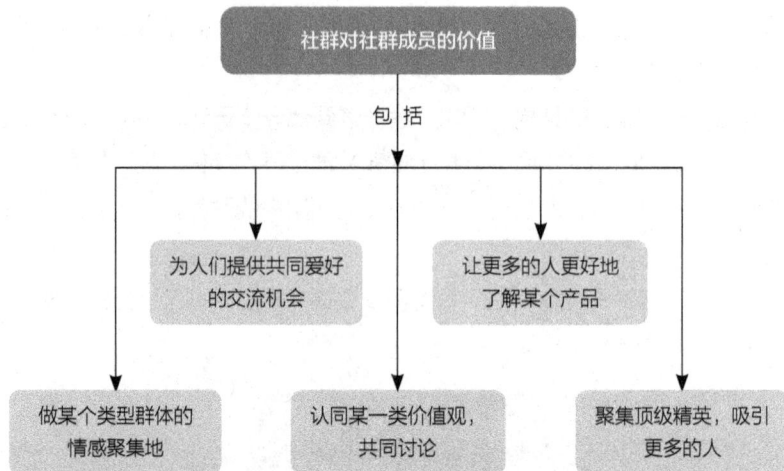

图 6-26　社群对社群成员的价值

企业在为社群成员提供价值时，一定要在某个单点的能力上拥有超出普通人的能量，并得到社群成员的认可。

社群的价值有时是基于能力构建的，不是基于单纯的热情或是愿景，可以说能力是价值的关键。

4．邀请成员

社群一开始寻找社群成员时，可能需要运营者邀请自己的朋友、企业的忠实客户、企业的品牌粉丝、朋友的朋友来帮助组群等有了一定数量的社群成员，即可慢慢去其他社交平台上添加新成员，社交平台如图 6-27 所示。

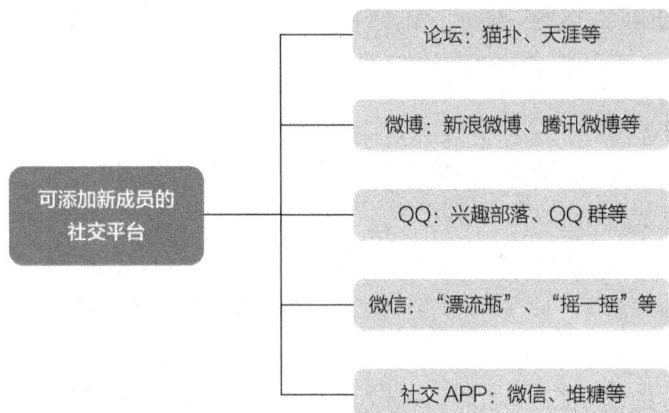

图 6-27　可添加新成员的社交平台

5. 社群秩序

企业想要建群就必须将社群中的角色划分好，这样才能让社群有秩序地运行下去，一般来说，社群中有 3 类角色，如图 6-28 所示。

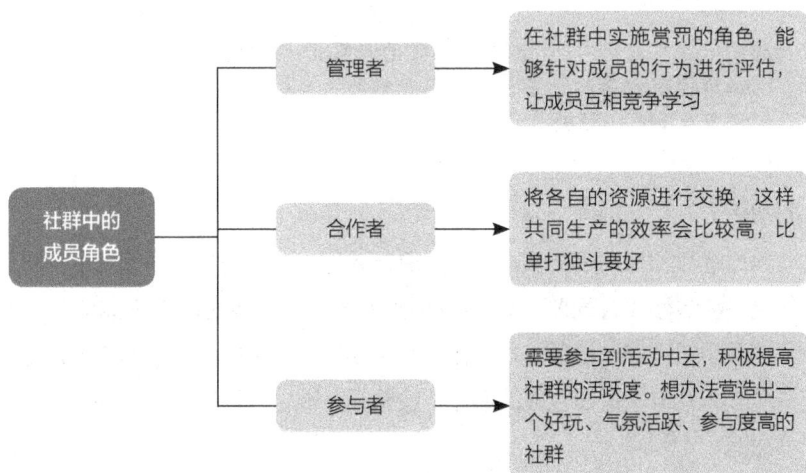

图 6-28　社群中的成员角色

6. 社群结构

社群包含 2 种结构，一种是内部环形结构，另一种是外部金字塔结构。

在社群内部环形结构中，每一次的交流都能涉及到社群中的每一个人，在社群里没有地位高低之分，管理相对松散，没有严格的规矩，只有社群成员经常讨论、交流的内容。

很多社群都是以随意聊天为主要职能，基本上用户可以随心所欲地聊天。企业可以在社群里谈笑风生地进行维护，可以使社群用户在欢声笑语中了解企业产品的信息，在这个过程中，可以在社群中培养出较深的情感认同。

7. 加入原则

随着社群营销日益火爆，社群出现了 2 种加入原则，分别是：有门槛的邀请加入和无门槛的开放加入。

无门槛的开放加入的社群，加入进去的成员会比较杂，并且会有很多不活跃的人，不在社群里发表意见，只是一时兴起才加入社群，做一个"占位者"，对企业以及社群来说没有什么价值。

而有门槛的邀请加入的社群，一般都会是社群成员邀请新成员进入，若是用户自己申请加入，没有一个得当的理由是不会被批准的。

所以无门槛的社群经常需要清理社群成员，这样才能保证社群营销能有效地进行。若不进行"淘汰制"，那么社群与普通的 QQ 群有何区别呢？不过很多开放性的社群都没有做到"动态淘汰"。

> **专家提醒**
>
> 所谓的"动态淘汰"是指社群在不定的时间里，根据社群运营数据分析结果，将那些对社群没有价值的、很长时间不在社群中发表意见的人，进行踢出社群的处理，以便引入更多积极群员。

8. 内容输出

内容输出优异与否对于社群来说，是决定其是否有价值的重要因素之一，若一个社群的输出不符合社群成员的需求，那么这个社群很有可能面临散群危机。

企业如果想要规避散群危机，那么就需要给社群成员提供稳定的内容输出，这才是社群成员加入社群、留在社群的动力，没有服务输出的社群是很难保持长久的活跃度和生命力的。

比如，"彬彬有理"提供给用户"私密问答"的服务，还有专业的咨询师为用户解答情感方面的问题，这样的有输出服务的社群深受社群成员的喜爱。

6.4.4 社群营销步骤之方法

现如今的社群营销无论在方法上还是理念上，都与传统的社群营销有很大的不同，企业不能在社群中一味地投放广告，而是需要将社群成员动员起来，使他们自愿成为企业的"一员"，主动帮助企业宣传产品，拉拢人群来扩大社群圈子。

随着互联网的发展，社群营销的方法包罗万象，下面就来了解社群营销的几种常用方法，如图 6-29 所示。

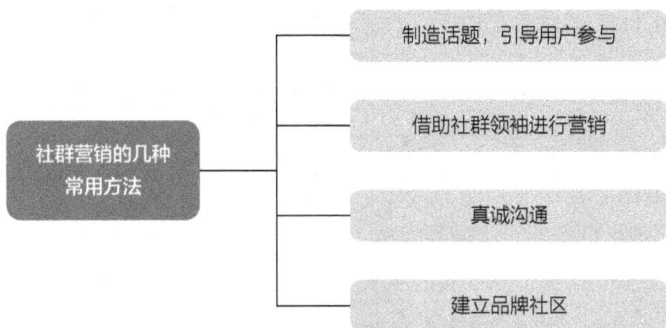

图 6-29　社群营销的几种常用方法

1. 制造话题，引导用户参与

一个社群需要有足够多的话题才能运营得起来，若是连话题都没有，那么这个社群必定会变成"死群"，变成一个毫无价值的群。企业需要在社群冷场的时候，制造一些成员感兴趣的话题，才能使得社群热闹起来，从而提高社群成员的参与度。

例如，新浪微博就具有强大的话题创造能力，从而使无数网民将目光聚焦在微博上，在微博里刷文、点赞、发评论和发信息。

为什么微博的话题功能可以聚集到人群呢？那是因为其话题是由微博用户自己建立的，并且建立的话题都是一些时事热点，吸引网民的话题特点有 3 点，如图 6-30 所示。

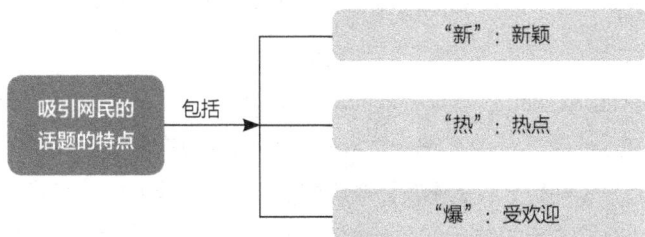

图 6-30　吸引网民的话题的特点

微博也属于社群营销媒介的范畴，企业可以借助微博这个大流量平台来开展社群营销，尽量多给社群成员提供一些话题让其进行讨论，最好是将话题建设权交给社群成员，让他们自己营造话题气氛，为企业的社群增添活跃气氛，提高社群成员的参与度。

2. 借助社群领袖进行营销

一般来说，社群中的领袖都是社群成员所信任的人，而在社群里，能不能快速传播某件产品，不仅要看话题的内容，还需要看社群成员对信息发布来源的信任度。

如果在社群中发布信息的是一个从没有在社群中参与聊天、不活跃的成员，那么定然不会受到社群成员的关注，还很有可能被踢出群，所以在社群营销中，产品的传播信息者是重要的一环。

企业在开展社群营销时，需要借助社群活跃领袖的力量，同他们开展合作，或者企业自己培养出一个社群活跃领袖，借他们之手发布及传播营销信息。

3. 真诚沟通

不管是怎样的营销活动，都需要真诚沟通才能使营销活动获得成功，这也是企业必须遵守的原则之一，而在网络社群中，不能面对面交流的社群中，更加需要真诚沟通。

真诚沟通在社群营销的内容中，是必不可少的一环，是体现企业真实性、可靠性的纽带，是社群成员相信企业的重要前提，所以在社群营销中一定不能有任何夸大其词的宣传。

企业只有在社群中与社群成员进行真诚沟通，才能获得社群成员的信任和赞同，这才是社群营销基础的方法之一。

4. 建立品牌社区

在社群概念还没有出现的时候，社区就已经出现了。社区是由一部分对某一品牌有特殊爱好、产生心理共鸣的消费者组织起来形成的一种网络群体。社区就是社群的雏形。

企业在运营社群之前，可以像小米公司一样开展自己的品牌社区。在小米社区里，用户只会发布关于小米产品的有关信息，在小米社区经常逗留的人群，几乎都是小米的忠实粉丝，这样就可以在社区中找到高质量的社群成员来开展社群营销。

所以，企业可以先建立自己的品牌社区，然后在品牌社区中找到适合自己社群的成员，当然企业在形成与维系品牌社区时，也需要对社区进行适当的引导。

6.4.5 社群营销步骤之优化

曾经利用社群营销成功的企业，并不是一蹴而就就能在社群营销中尝到社群成功的味道，而是需要企业不断地将社群进行优化、优化、再优化，才能将自己的社群变成一个参与度强，活跃度高的高质量社群。只有这样的社群才能在营销中站稳脚跟，获得营销收益。

下面就来了解社群营销优化的方法，如图 6-31 所示。

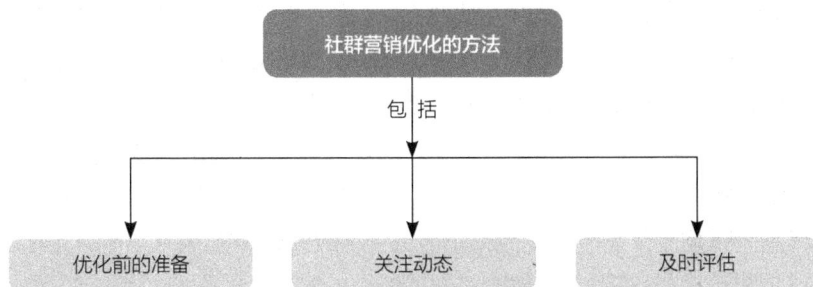

图 6-31　社群营销优化的方法

1. 优化前的准备

企业需要做好社群营销前的准备，需要找出会影响社群营销结果的因素。

优化前准备工作涉及面很广，概括来说主要包括：精准定位社群成员、选择社群营销载体、关注相互话题。

2. 关注动态

当社群开展活动时，企业需要及时关注活动的整个动态，才能将活动顺利进行下去，若是活动效果不明显，就需要企业快速意识到并调整策略，企业可以尝试在不同时间发出公告、调整内容、增加新视觉内容等。

3. 及时评估

企业在社群营销中需要及时评估活动指标，如活动一开始的转换率，社群成员的分享让社群活动在社交媒体产出的声量，这些都是可以作为评估的参考指标，当然也要根据社群本身的实际情况来设置评估参数。

企业若是能够做到即时优化，不但可以让单一的社群活动成效发挥得更好，从长远来看，也能产出更多的参考数据，也为之后的活动做好调整的准备，所以说及时评估是社群优化所必须的。

6.5　具体实战，微信群的营销

对于社群营销来说，微信就是一个社群载体，也许并不是每一个微信群都是社群，不是每一个公众号都在运用社群营销，但总有那么一两个在微信这个大的社交圈子里，将社群营销做得风生水起。

下面笔者就为大家介绍微信的社群营销。

6.5.1　创建与维护微信群

微信群是比较私密的，群的概念比较内敛，更多的是一些好朋友、小范围的朋友圈，人数不多。人人都有理由建立一个微信群，然后在微信群里不断地交流，个人可以拉近与朋友之间的感情，企业可以拉近与粉丝之间的距离。

微信群有一个非常大的特点——免费，建群是无需花什么费用的，只要微信里有朋友就能免费建群。

微信中的任何成员可以直接添加自己的微信好友入群，通常并不需要对方同意就可加人，当然对方一般也会同意。

因此，建立微信群比 QQ 群更加简单，其具体操作步骤如下：

步骤 ❶ 进入微信"通讯录"界面，点击"群聊"选项，进入微信"群聊"界面，具体如图 6-32 所示。

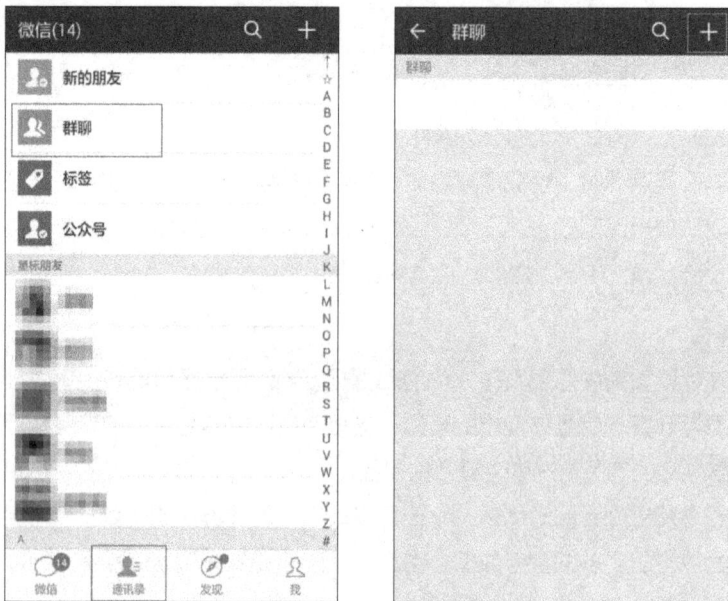

图 6-32　进入群聊界面

步骤 ❷ 点击群聊界面右上角的"＋"号按钮，进入"发起群聊"界面，选择相应的好友，点击"确定"按钮即可建群，如图 6-33 所示。

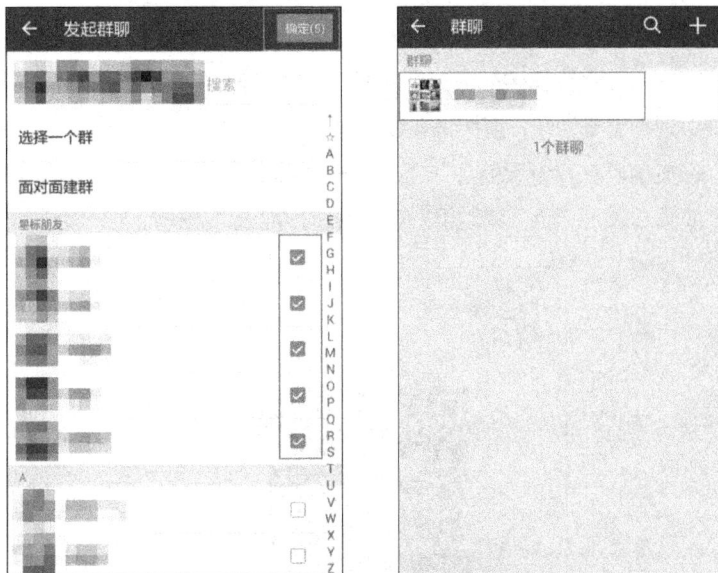

图 6-33　选择相应的好友建立新群

步骤 3 成功新建一个微信群后，微信群成员就可以在群里互相交流，可以通过语音、文字、表情包等传递情感。点击右上角的"聊天信息"按钮，即可增加或删除群用户、设置群聊名称、查看群二维码等，如图 6-34 所示。

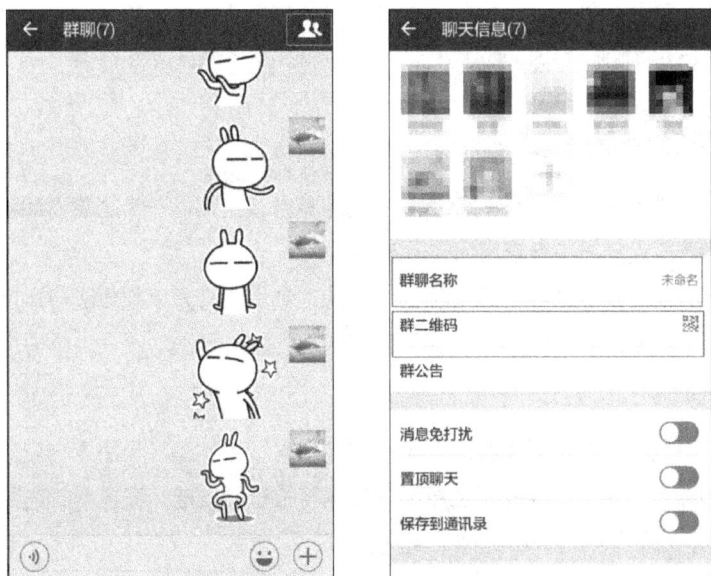

图 6-34　修改"聊天信息"

6.5.2　积极加群

目前，用户只能通过群中的人邀请和扫二维码的方式加入微信群。如果是群中的人添加用户，则不需要验证，直接进入微信群。

另外，在微信群的"聊天信息"界面点击"群二维码"选项，即可查看该群的二维码名片，如图 6-35 所示，其他用户可以通过扫描该二维码加入微信群。

该二维码7天内(12月5日前)有效，重新进入将更新

图 6-35　微信群二维码名片

企业可以通过加入一些比较火爆的微信群，或是兴趣爱好比较集中的微信群，进行社群营销，这样的群比较成熟，并且群成员的质量比较高，只要能吸引到他们中的部分人，就会有不错的传播效应。

6.5.3　价值多元化的实现

在信息传播方面，微信群有着不可小觑的威力。比如，一个经营着淘宝店的商家可以通过微信群定向发布自家产品的最新信息。

由于消息是主动推送给群组成员的，因此达到率和打开率都要高于朋友圈，后者容易错过消息。微信群可以通过如下方式实现价值的多元化。

1.　公众号导入

企业可以建立一个与微信群主题相关的公众号，名字起得吸引人一些，这样才能引起人们的注意。另外，公众平台每天需要内容维护和推送，在推送的内容中添加微信群的信息，从而引导感兴趣的微信用户加入。

需要注意的是，社群不需要非常多的用户，需要的是质量高的成员，社群不是走"多"，而是走"心"，企业需要挑选出关心产品、喜欢产品的社群成员，而不是一些喜欢凑热闹的用户。

2. 人际关系拓展

企业可以利用运营者自身的人际关系资源推广微信群，让好友帮助宣传拉人。

3. 广告合作

企业可以通过互换广告位的方式，在其他网站发布微信群二维码进行推广。

4. 注意事项

在推广微信群的过程中，商家需要注意以下事项：

- 由于手机管理微信群操作不便，商家可利用微信网页版对群进行管理；
- 通过群发邮件然后添加好友的方法，发送50封信以后建议换号发布，以免出现对方收不到邀请信息的现象；
- 群建立初期，每天不宜一次性发布大量内容，可选适当时间发布几条，以免成员退群。积极与群内活跃成员沟通，使其帮忙发布内容，带动其他会员参与。

6.5.4 微信群营销管理

如今，不少的微信群已经成为消费者搜索产品、品牌，进行互动交流的重要场所。微信群组可以实现一对多的沟通，为企业提供接近消费者的互联网平台。

初始微信群的上限是40人，后扩展到100人，微信沃卡用户可以将4个微信群的成员人数上限提高到150人，下面就来了解一下社群营销在微信群里的运营方式。

1. 内容运营

针对群的定位每天发布固定内容1~5条，以微信打折购物群为例：每天发布3条，内容以特价商品为主。

2. 活动运营

用户可以在群里与有共同兴趣爱好或话题的人畅聊。每天可找热点话题讨论；可定期开展讲笑话、猜谜语、智力问答等小游戏；可配合官方活动同步开展微信活动。

3. 会员运营

积极与群内活跃成员沟通，使其帮企业一起发布内容，带动其他会员参与；设立类似群主的职位，企业管理员不在时让活跃成员帮忙维持群内秩序。

4. 微信群矩阵

建立多个微信群和公共号，互相推广，使粉丝利用率最大化，要努力让自己的社群成员主动变成企业的推广专员。

6.5.5 去中心化理念

在移动互联网时代，信息的传播速度急速增长，信息的碎片化特征也越来越明显，这些都对粉丝经济模式的形成有一定的推动作用，同时也对互联网中的创业者和企业产生了深远的影响。

在粉丝经济模式下，人们的购物决策和路径都在发生变化，如图6-36所示。

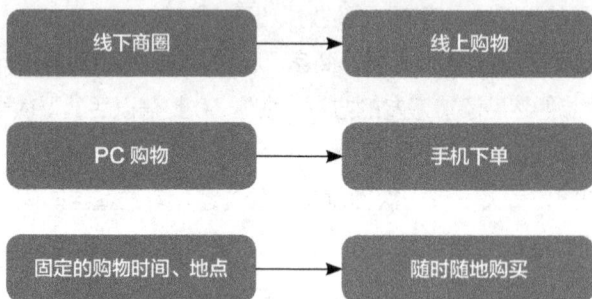

图6-36　消费者的购物决策和路径发生变化

随着电子商务模式的发展，淘宝店铺的开店成本和运营成本的增加，以及市场竞争的逐步激烈，导致互联网创业者急于找到一个新的突破点。

同时，他们在微信、微博等社交平台上看到了新的希望，这样就产生了一个新的商业模式——微电商。

模式先进的微电商加上内容丰富的自媒体，使得"去中心化"成为粉丝经济的焦点。同时，借助社交网络传播是粉丝经济最常用的营销手段，同时也是"去中心化"商业的具体表现。创业者或企业在社交网络中的粉丝，很有可能就是潜在的消费者，甚至可能会成为最忠诚的消费者。

举个很简单的例子，如今淘宝上有很多网络红人开的"网红店铺"，这些网络红人基本上都是外形漂亮的模特，她们长期在社交平台、直播平台上为淘宝店铺引流，吸引粉丝到淘宝店铺消费。

也许你只是一个默默无闻的基层创业者，但在去中心化的粉丝经济下，只要拥有大量的粉丝，那么你就拥有了强大的号召力，而这个号召力可能存在一定的商业价值和变现能力。

6.5.6 塑造个人品牌

企业做朋友圈社群营销，至少要把企业的产品描述清楚、说明白，分享信息时需要有自己的观点，要学会点赞和点评。分享的东西必须是正面的、积极的、正能量的，塑造企业的个人品牌。

例如，对经营餐馆的企业来说，可以在用户圈里分享一些美食制作方法或者健康食谱，中间再自然而然地介绍自己的餐馆，这样用户就很容易接受企业介绍的产品，增加社群用户对社群的黏性。

6.5.7　微信群里发红包

发红包，对于人们来说是一种喜庆的事情，比如某些节日长辈会给小辈发红包，或者是老板发红包给员工表示鼓励，抑或是结婚时发红包活跃气氛讨个好彩头等。随着社会文明的演变，发红包开始出现在互联网上，发红包的内容也越来越丰富。

"发红包"已经变成了"抢红包"，而微信群也成为了"抢红包"的好场所，因为微信的便捷性，更多的社群成员希望参与进来，从而能在自己所在的社群中享受"抢红包"的乐趣。

如今，红包已经成为企业利用互联网吸引用户、进行营销的普遍手段，企业利用微信红包来活跃社群的气氛。

企业在社群中发红包，金额可以不大，这样也能引起用户之间"抢红包"的兴趣，那么这样的互动绝对是有必要的。图6-37所示是微信群里的抢红包及拆红包界面。

图6-37　在群里抢红包及拆红包

总之，企业如果要想在社群中充分地使用红包工具，必须让红包金额有足够的吸引力，同时要保证社群成员"抢红包"时具有较高的成功率。

另外，整个发红包抢红包的流程要顺畅简捷，太多复杂的过程会降低抢红包的娱乐性，从而影响红包营销的效果。企业还可以与微信合作，通过社交关系把红包的价值传递出去，影响到更多的人，使更多的人知晓企业的社群。

第 7 章

微信平台，一座互联网富矿

学前提示

互联网时代，网络营销成为营销中的热点，它突破了传统营销的渠道限制，很多新型互联网公司通过它取得巨大成功，一些传统企业也在往网络营销转型。而网络营销的兴盛，既得益于它本身所具有的优势，也依靠于它背后的平台支持，本章将介绍互联网中的微信平台。

要点展示

>>> 微信公众平台的功能定位
>>> 小试牛刀，运营实战
>>> 平台运营，重要信息不能漏
>>> 微信平台的广告资源
>>> 注意事项，不要随性而为

7.1 微信公众平台的功能定位

微信是腾讯公司推出的一款移动智能手机应用，是为用户提供免费的文字、图片、语音等信息传播的平台，目前微信已经覆盖了中国 90% 以上的智能手机，庞大的用户群使它在互联网企业看来就是一座富矿。

本节，笔者将系统介绍微信公众平台的功能定位，使大家进一步了解微信对新媒体时代网络营销的作用。

如图 7-1 所示，微信功能定位主要包括以下几个方面。

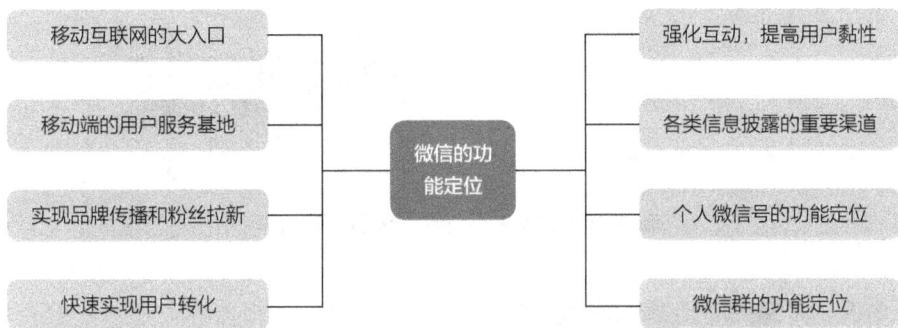

图 7-1 微信的功能定位

7.1.1 移动互联网的大入口

我们已经进入移动互联时代，相比传统互联网的 PC 端，如今的移动端在用户流量的占比越来越大，并且已经超过了 PC 端。

作为当今最为火热的移动端应用，有分析师称微信的活跃用户数已经超过 10 亿人次，巨大的用户群体带来了巨大的流量，使得微信成为移动互联网流量的最大入口。

7.1.2 移动端的用户服务基地

微信可以提供的服务有很多，除了基础的聊天互动交友外，还提供其它服务，具体包括转账服务、手机充值、Q 币充值、生活缴费、信用卡还款、城市服务等方便用户的服务。

而且除了以上服务外，微信还提供第三方服务，包括酒店预订、机票火车票购买、电影票购买、58 到家、滴滴出行、吃喝玩乐等信息服务，这些服务是微信和第三方公司合作推出的，为用户提供了更好的体验。

以"吃喝玩乐"为例，它由第三方"大众点评"提供，如图 7-2 所示，通过微信钱包进入相应页面，里面提供美食、娱乐、生活、酒店等各种信息。

图 7-2 微信第三方服务"吃喝玩乐"界面

7.1.3 实现品牌传播和粉丝拉新

微信的庞大用户群和便捷功能，使得企业可以通过它实现品牌传播和粉丝培养。以"粉笔公考"为例，作为公务员培训机构，粉笔公考每天更新优质内容，如图 7-3 所示，包括时政热点、常识汇总、行测题库等，而且通过公众号端口还能进入粉笔微信商城。

图 7-3 "粉笔公考"公众号界面

在如今的商业热潮之下，企业想要抓住机遇发展壮大，树立自己的品牌是必须要考虑的方向，可以说如今商业运营的核心是"有品牌才有未来"，广大企业必须要认识到这一点。

粉笔公考通过运营推广成功树立了品牌，通过微信的便捷性培养了一大批粉丝，粉笔公考这种模式值得互联网企业学习。

7.1.4　快速实现用户转化

通过微信公众平台，可以快速实现从粉丝到用户的转化，微信的第三方登录跳转为企业提供了便捷的转化渠道。

以"起点中文网"公众号为例，它为读者提供各种好书榜单，用户可以在公众号淘书看书，而且用户还可以在公众号绑定账号、下载客户端等，具体如图7-4所示。

图7-4　"起点中文网"公众号界面

7.1.5　强化互动，提高用户黏性

微信提供了交流互动平台，有利于企业与用户的沟通交流，通过一些运营活动能提高用户参与度，从而大大提高平台的用户黏性。

以"滴滴湖南"公众号为例，该公众号每天都会和商家合作推出一些优惠活动，例如通过公众号可以领取免费汉堡，每周能领取滴滴打车红包，如图7-5所示，进入相应端口界面，输入手机号就能领取红包了。

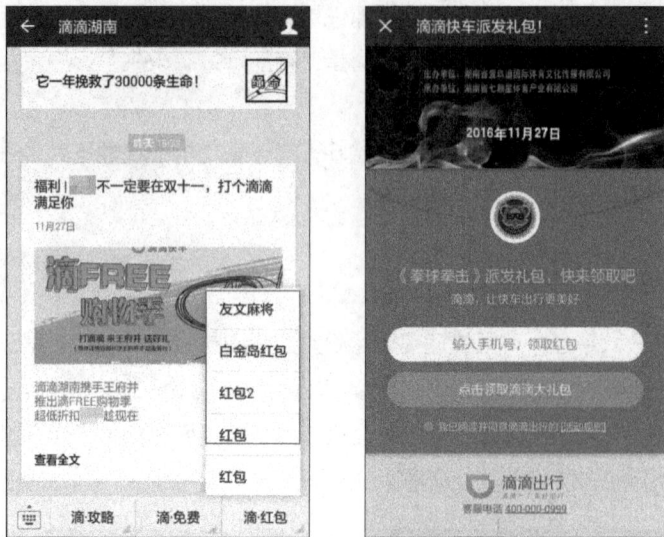

图 7-5　"滴滴湖南"公众号领红包界面

7.1.6　各类信息披露的重要渠道

微信公众平台传播的便捷性，使得它成为重要的信息披露渠道，微信用户可以通过公众号直接观看新闻信息。

以"人民日报"公众号为例，该公众号每天都会推送新闻早班车，传递各种要闻信息，如图 7-6 所示，关注公众号的用户能便捷地浏览新闻。

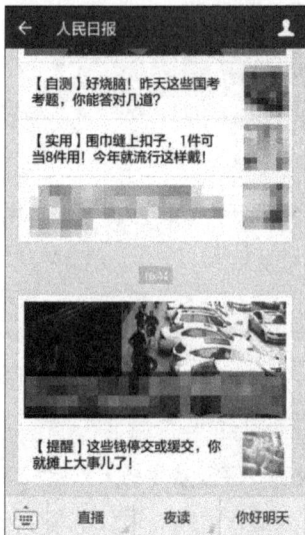

图 7-6　"人民日报"公众号界面

7.1.7　个人微信号的功能定位

如图 7-7 所示，订阅号在微信界面的位置不是很显眼，这导致它的引流效果并不突出；而微信服务号的互动很不方便，在形式和消息推送频次上受到很大限制。

图 7-7　微信订阅号和服务号

个人微信号通过添加用户为好友，在互动形式上更为多样和直接，可以随时随地与用户沟通交流，许多淘宝店家都喜欢采用这种方式。

7.1.8　微信群的功能定位

微信群是保持微信活跃度的法宝，通过建立微信群能让更多的用户参与进来，从而间接提高用户黏性，而微信群相比腾讯 QQ 群来说，既具有优势也具有不足。

图 7-8 所示是微信群相比 QQ 群的优势和不足。

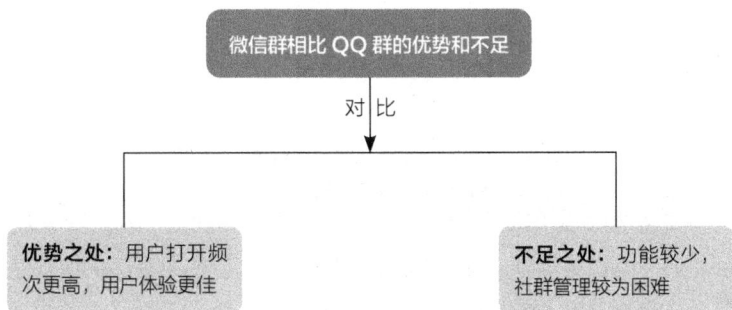

图 7-8　微信群相比 QQ 群的优势和不足

7.2 小试牛刀，运营实战

微信是网络营销的典型平台。如果谈及网络营销推广，那么对微信平台的介绍是必不可少的。

如何选择公众号类型、为微信公众平台取名，如何设置微信号、菜单栏或者头像等，都是微信公众平台的运营者需要思考的问题，也是微信公众平台运营的首要步骤。下面笔者将给大家讲解如何小试牛刀进行运营实战。

7.2.1 3类公众号的选择

在申请微信公众号的时候，会有一个选择公众号类型的页面，在该页面中，微信公众号的运营者需要选择自己的账号类型，一旦账号建立后，账号类型就不能再修改了，但是订阅号可以升级到服务号。

众所周知，微信公众号的账号类型主要有三类，分别是订阅号、服务号和企业号，在注册账号的时候，平台会跳出选择账号类型的页面，如图 7-9 所示。

图 7-9　微信公众号的账号类型选择页面

图 7-9 中的小程序是微信新推出的产品，微信小程序是一种开放开发功能的端口，注册后用户可以根据需求迅速开发出小程序，编写出的小程序能在微信里便捷地获取和传播，这就要求用户需要具有一定的编程能力。

本小节主要介绍公众号，下面让我们一起来了解 3 种微信公众号。

1. 订阅号

订阅号主要偏向于为用户传递资讯，有关订阅号的具体介绍如图 7-10 所示。

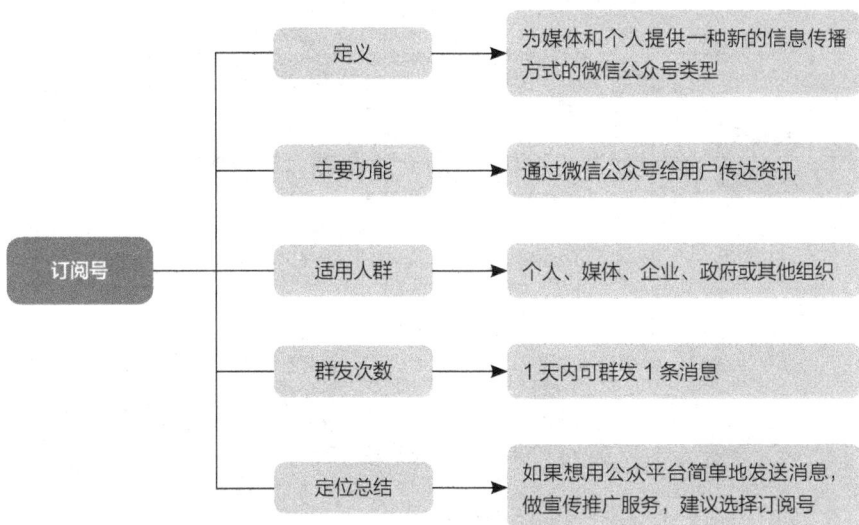

图 7-10　有关订阅号的介绍

图 7-11 所示为微信订阅号"会声会影 1 号"。

图 7-11　"会声会影 1 号"订阅号

2. 服务号

服务号偏向于服务交互（类似银行、114 查询），服务号的介绍如图 7-12 所示。

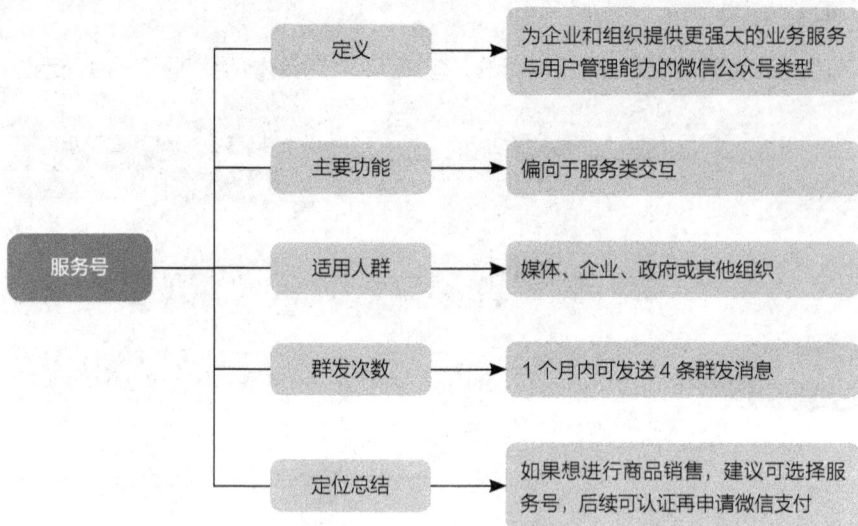

图 7-12　有关服务号的介绍

图 7-13 所示为微信服务号"中信银行信用卡"。

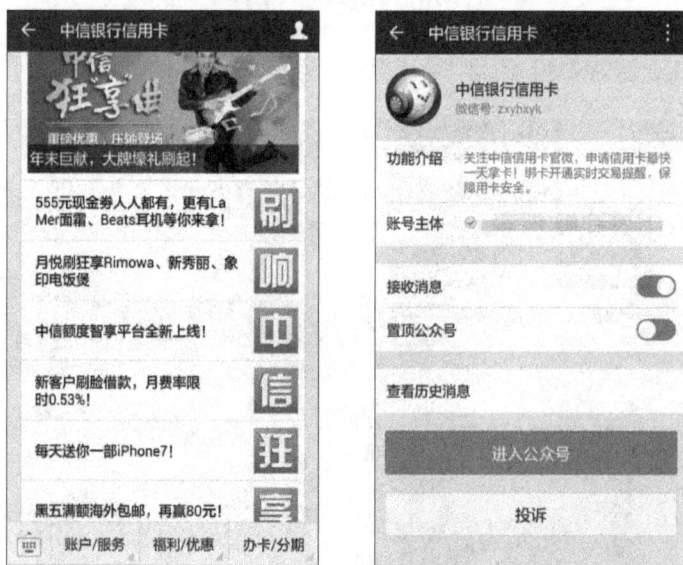

图 7-13　"中信银行信用卡"服务号

3. 企业号

　　企业号主要用于公司内部的通信，想要关注企业号的成员必须先验证通信信息，因此，如果企业想要通过一个微信公众平台来管理企业内部员工或团队，就可以申请微信企业号。

4．选择公众号类型

选择公众号类型的时候要结合自己的实际需求，如果是用户企业内部通信管理，就应该选择企业号，而对于订阅号和服务号，企业和个人就需要根据自己的目标需求进行选择。如果因为账号类型和目标需求不匹配，那么就会造成花在账号上的时间和精力都白费了。下面让我们通过一张图来对比这 3 种类型账号的特点，如图 7-14 所示。

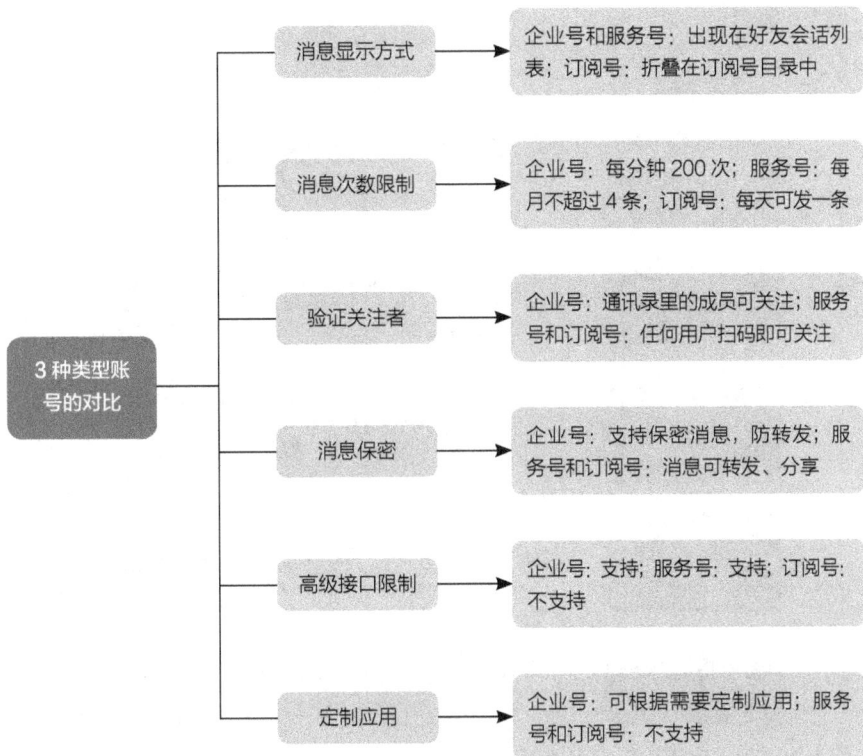

图 7-14　3 种类型账号的对比

企业在运营公众号的时候，必须知道自己想要哪些功能，如果想要开店或者涉及到支付等方面的内容时，就不能是订阅号，必须是服务号或者企业号。

服务号每次认证需要收取 300 元的认证费，认证后，用户就能使用各项高级功能，但是有效期只有 1 年，1 年后需要再次认证。

相比订阅号，认证后的服务号具有九大高级接口，而且这九大接口只有认证服务号才能使用。这九大接口具体如图 7-15 所示。

语音识别接口	通过该接口，用户发送的语音能够变成可识别的文本内容，然后公众号会根据识别内容给出自动回复
客服接口	通过该接口，公众号可在用户发送消息的 12 小时内，向用户回复消息
OAuth2.0 网页授权接口	通过该接口，公众号可以请求用户授权，类似微博、QQ 账号登录授权功能
生成带参数的二维码接口	通过该接口，公众号可以获得一系列携带不同参数的二维码，方便公众号分析效果
获取用户地理位置接口	通过该接口，公众号可以获取用户进入公众号会话时的地理位置
获取用户基本信息接口	通过该接口，公众号可以获取用户的基本信息，包括头像、名称、性别、地区等
获取关注者列表接口	通过该接口，公众号可获取账号的关注者列表
用户分组接口	通过该接口，公众号可以在后台将用户进行分组，可以进行移动、创建、修改等操作
上传下载多媒体文件接口	通过该接口，公众号可以在微信服务器上传下载多媒体文件

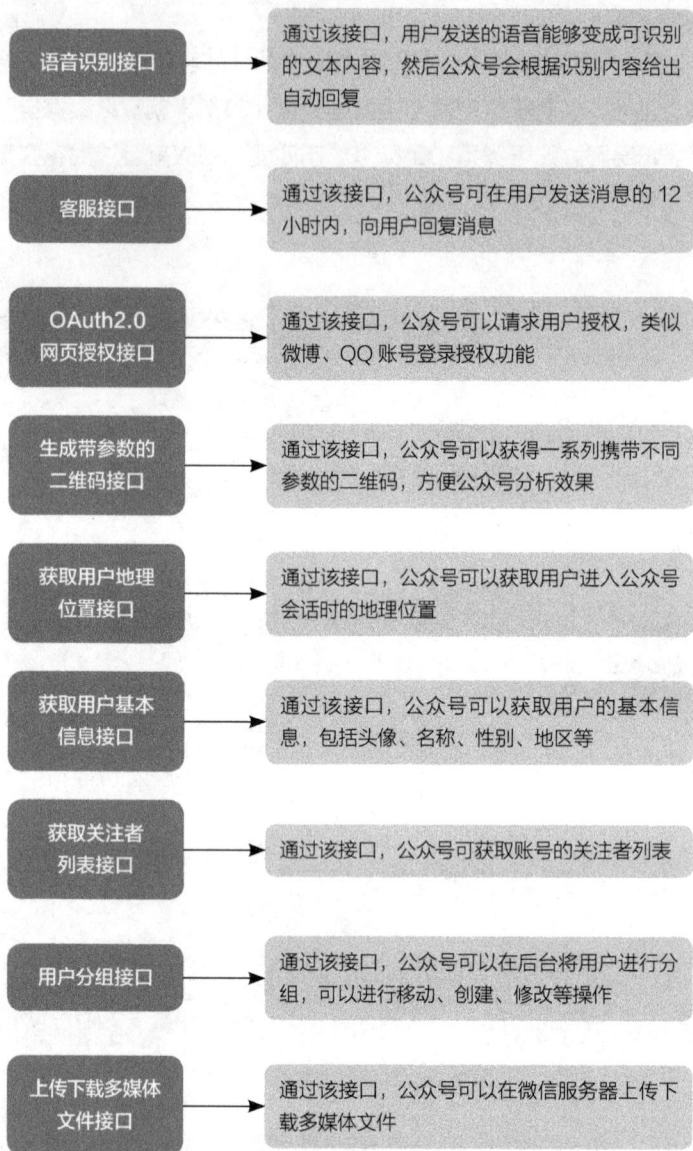

图 7-15　九大高级接口

专家提醒

　　如果企业选择了订阅号，但是发现自己真正需要的是服务号的时候，可以将订阅号进行升级，但是需要注意以下几点：
- 升级后，不能再次更改，而且升级机会只有一次；
- 微信认证通过的订阅号才可升级；
- 个人订阅号不能升级。

7.2.2　4 类微信号设置方法

　　微信号的设置非常重要，如果设置得太过复杂，就容易让用户在搜索微信号的时候，会因为符号过于复杂而放弃搜索。另外，没有特色的微信号会让人印象不深刻，导致关注率的降低。

　　为了不让微信号成为用户关注企业公众号的障碍，微信号的设计就要讲究一定的方法。下面笔者为大家介绍 4 类微信号的设计方法。

1.　拼音法

　　对于某些微信公众号来说，采用拼音法是最好的微信号设计方法。拼音法就是直接输入微信号的拼音全称，这样很容易让用户记住。

　　例如，知乎日报的微信号是：zhihuribao；拇指阅读的微信号是：muzhiyuedu；深夜种草的微信号是：shenyezhongcao。

　　上面这样的微信号能够让用户看一眼就记住。

2.　英译法

　　除了拼音命名法，还可以采用英译法来进行微信号的设计。英译法就是利用英文来设计微信号，例如，为你读诗的微信号是：thepoemforyou；今日头条的微信号是：headline_today。

3.　缩写法

　　有时候，如果全拼的方式太长了，也可以采用缩写法。缩写法就是将微信号名称的拼音首字母作为微信号名，可以选择全部缩写，也可以选择部分缩写，例如，罗辑思维的微信号是：luojisw；中国联通客服的微信号是：zgltkf_10010。

4.　官网法

　　除了以上 3 种设计命名的方法之外，对于有官网的微信号，可以用官网来命名微信号，例如，华尔街见闻的微信号是：wallstreetcn，这有利于企业品牌影响力的传播。

7.2.3　头像设置，图片的艺术

　　在新媒体时代，企业的公众号头像代表着企业的形象，一张有个性、有吸引力的头像，能让人记忆深刻，形成品牌印象，从而使公众号达到引流效果。

　　例如，知乎的微信公众号的头像，就是一个非常简单的"知"字的设计字样，让读者、粉丝一眼就能在众多微信公众号中看到它。与知乎的 APP 的头像类似，知乎微信公众平台的头像是以"知"字的字样作为头像，如图 7-16 所示。

图 7-16　知乎微信公众号和 APP 的头像

而且，如果用户在网上搜索"知乎"，也可以看到其官方账号的头像，同样是"知"字的样式，如图 7-17 所示。

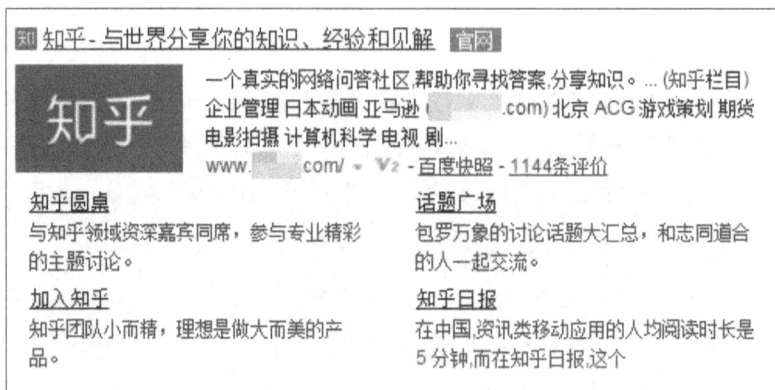

图 7-17　知乎官网的头像

设计一个有吸引力的头像，对于一个新媒体企业来说是非常重要的，头像将出现在企业策划的各类平台上，并且长期伴随企业的发展，也是企业的一种标志，为企业品牌的发展起到非常重要的作用。

在微信中，无论用户是在聊天界面中还是在"订阅号"中，首先看到的都是小小的头像，如图 7-18 所示。

图 7-18 微信头像以小图形式展现

因此，越是高清的图片，在小图形式的时候越容易被用户看到，清晰的头像是头像设计的一大要点。除了清晰外，头像辨识度高也是一大要点。

举例来说，"今日头条"公众号的头像就非常有辨识度，头像上嵌入了极具代表性的两个字——"头条"，将今日头条的功能特色嵌入进去，如图 7-19 所示。

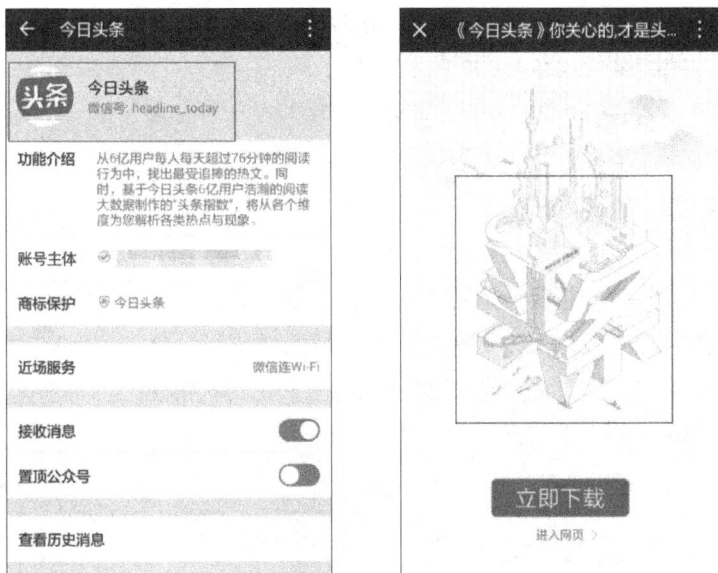

图 7-19 今日头条微信公众号界面

7.2.4 功能介绍设置，吸粉利器

功能介绍出现在用户关注微信公众号时的界面上，图 7-20 所示为粉笔公考微信公众号和手机摄影构图大全公众号的功能介绍界面。

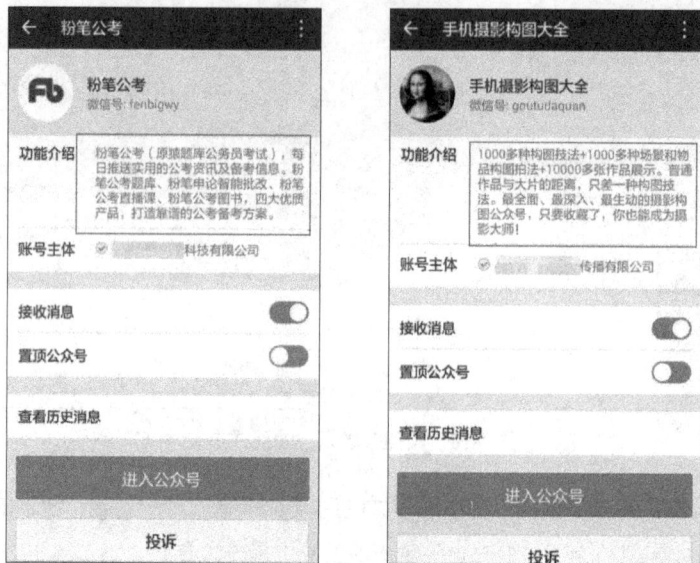

图 7-20 微信公众号的功能介绍

当用户关注微信公众号时，除了头像、微信名称、微信号之外，最先看到的就是该微信公众号的功能介绍了，因此功能介绍对企业来说，也是很重要的提高关注率的部分，那么设置功能介绍要注意哪些技巧呢？

笔者认为，在设计功能介绍时，要做到以下几点：

- 展示平台最强大的特色；
- 深度提炼产品最大的卖点；
- 抓住用户的痛点，给出解决方案。

功能介绍最大的作用其实就是推销自己，把自己最大的亮点、卖点、闪光点展现在用户的面前。功能介绍可在微信公众平台的后台中进行设置，运营者进入微信公众平台的后台后，点击设置栏下的"公众号设置"按钮，就能看到可以进行功能介绍设置的地方，具体如图 7-21 所示。

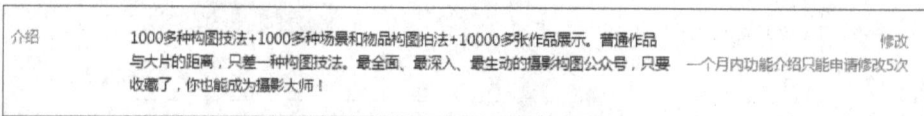

图 7-21 微信公众号功能设置界面

7.2.5　公众号的功能模块介绍

想要做微信公众平台，就一定要熟悉后台，下面笔者为大家简单地介绍一下后台的几大功能模块。

1.　功能栏

微信运营者开通微信公众号之后，就能看到左侧的操作功能栏，最上面的操作功能栏如图 7-22 所示。

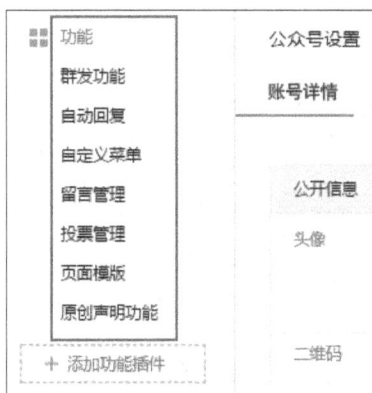

图 7-22　功能栏

在功能栏里，系统默认"群发功能""自动回复"和"投票管理"等插件，除此之外，还有一个"添加功能插件"功能。

2.　管理栏

管理栏主要包括消息管理、用户管理和素材管理，如图 7-23 所示。

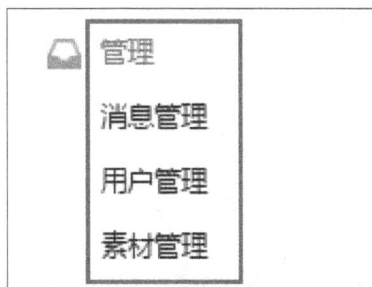

图 7-23　管理栏

3.　推广栏

推广栏包括广告主和流量主，广告主是指在平台充值然后投放广告，流量主是指平台可以通过接广告业务来赚钱盈利，如图 7-24 所示。

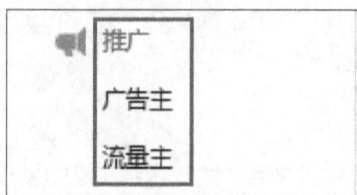

图 7-24　推广栏

4. 统计栏

统计栏主要包括 6 大分析项目：用户分析、图文分析、菜单分析、消息分析、接口分析和网页分析，如图 7-25 所示。它是运营者每天都必须关注的内容。

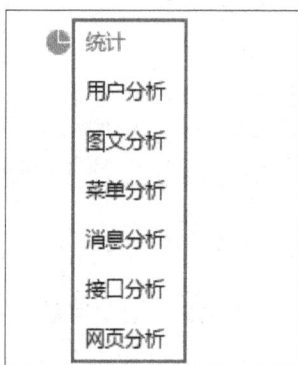

图 7-25　统计栏

5. 设置栏

在设置栏，微信公众平台的运营者可以进行公众号设置、微信认证等操作，如图 7-26 所示。

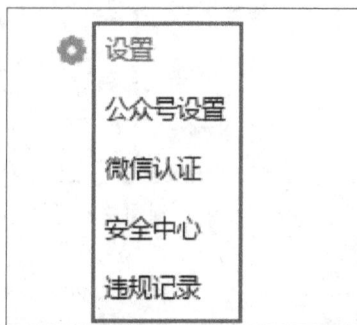

图 7-26　设置栏

6. 开发栏

在微信公众平台的后台还有一个开发栏，这个开发栏里包括了基本配置、开发者工具、运维中心、接口权限 4 个项目，如图 7-27 所示。

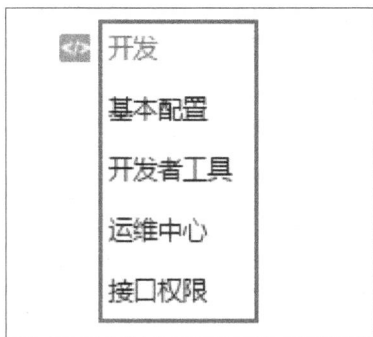

图 7-27　开发栏

有关这几个项目本身的含义，微信公众平台后台对其介绍如下。

（1）基本配置

在基本配置项目里，平台运营者户只要成为微信公众平台开发者，就可以使用公众平台的开发接口，在自己服务器上接收用户的微信消息，并可按需回复。

（2）开发者工具

在开发者工具这个项目里又分为了两部分，分别是开发者工具、腾讯云。开发者工具里又包括了以下 5 个方面的内容，具体如图 7-28 所示。

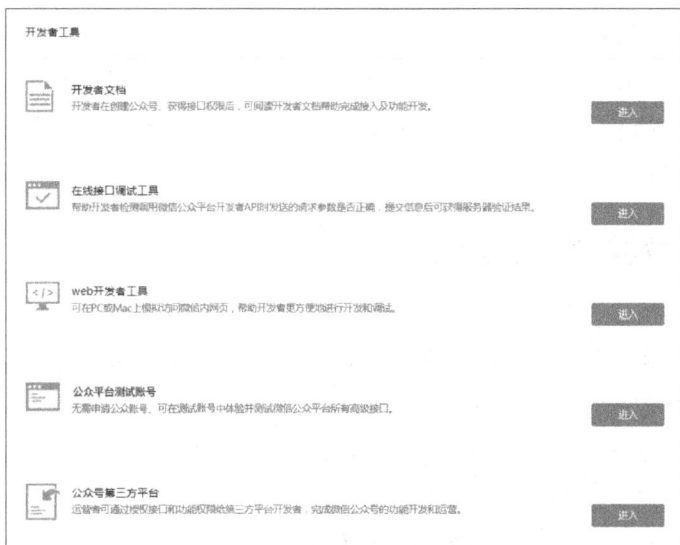

图 7-28　开发者工具里包括的 5 个方面的内容

而腾讯云又包括了 2 个方面的内容，具体如图 7-29 所示。

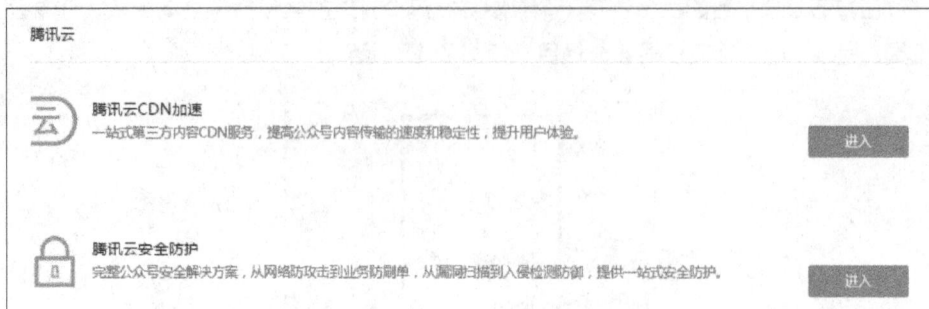

图 7-29　腾讯云包括的 2 个方面的内容

（3）运维中心

运维中心包括了 3 个方面的内容，具体如图 7-30 所示。

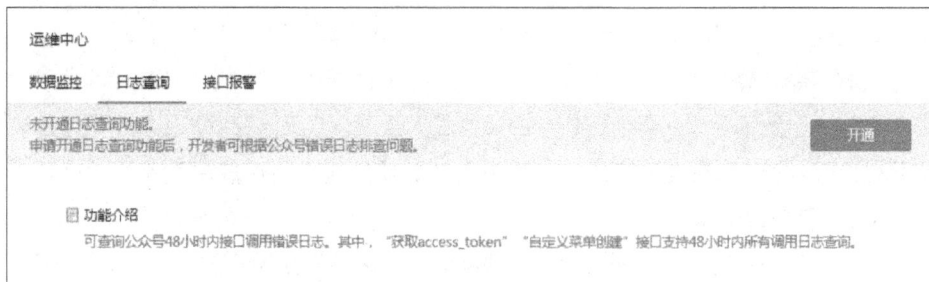

图 7-30　运维中心包括的 3 个方面的内容

（4）接口权限

在接口权限项目里，又分为对话服务、功能服务、网页服务 3 大类。同时，这 3 大类中，每个大类下面都包括了几个功能，如对话服务类目里有接收消息、发送消息、用户管理等功能。

7.3　平台运营，重要信息不能漏

目前，微信公众营销极为火爆，大量的成功案例吸引了众多淘金者参与，如何在这茫茫淘金者中脱颖而出，这就需要运营者不仅对后台了如指掌，还要掌握好平台的运营策略。

7.3.1　平台的内容管理

微信公众营销对内容的要求很高，因为只有丰富的、有趣的内容才能吸引用户，因此对于微信公众平台内容的管理，运营者一定要非常重视。

公众平台多以文字、图片、视频等形式表现主题，因此想要在众多营销策略中脱颖而出，运营者就必须把握好内容定位，内容定位主要有图 7-31 所示的技巧。

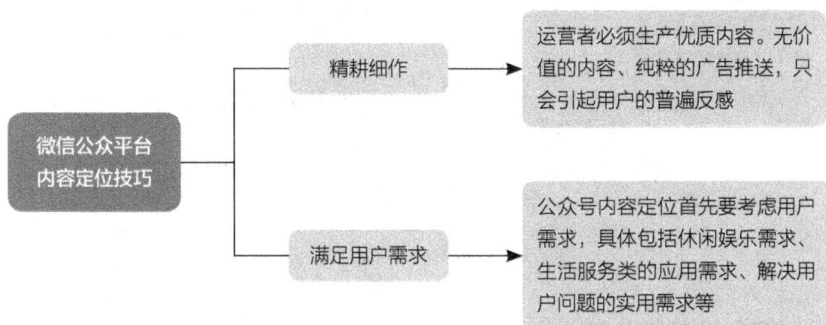

图 7-31　微信公众平台内容定位技巧

微信公众平台的内容非常重要，在微信公众平台的内容推送方面，要把握好图 7-32 所示的 2 个要点。

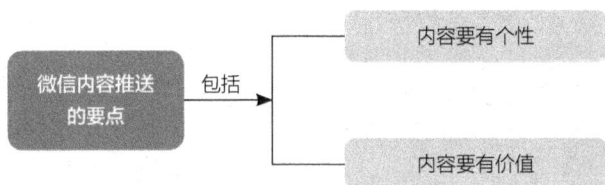

图 7-32　微信内容推送的要点

1. 有个性

说到个性化内容，也许是企业最难把握的一个要点。企业在发布微信内容时，无论是在报道方式上，还是在内容形式上都倾向于长期保持一致，这样才能给用户一种系统且直观的感受。

长期的个性化往往很难做到，做得不好还容易让企业的自成体系失去平衡。但是，如果企业想要让自己的微信公众号与他人的微信公众号"划清界限"，变得更加容易被用户识别，那么个性化的微信内容是必不可少的，个性化的内容不仅可以增强用户的黏性，使之持久关注，还能让企业微信公众号在众多公众账号中脱颖而出。

2. 有价值

在利用微信进行营销的过程中，企业一定要注意内容的价值性和实用性，这里的实用性是指符合用户需求，对用户有利、有用、有价值的内容，如图 7-33 所示。

不论是哪方面的内容，只要能帮助用户解决问题，就是好的内容，而且，只有有价值和实用性的内容，才能留住用户。

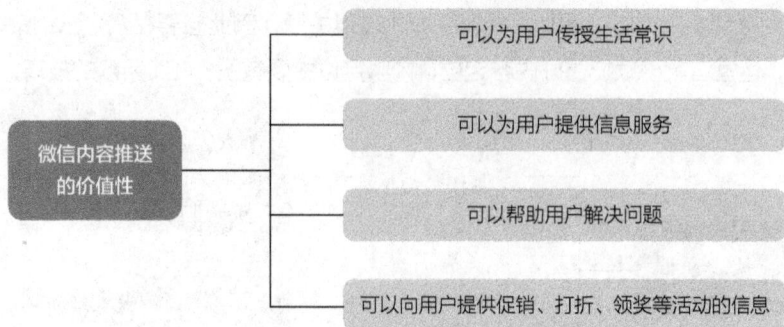

图 7-33　微信内容推送的价值性

7.3.2　平台的认证情况

很多企业开通了微信公众号之后，往往都会忽略认证，认为认证是可有可无的，但实际上，微信公众账号的认证是很有必要的，尤其是品牌企业。

如果决定进行微信公众号营销，那么最好尽快完成公众号的认证，微信公众号认证有 2 点好处，具体如图 7-34 所示。

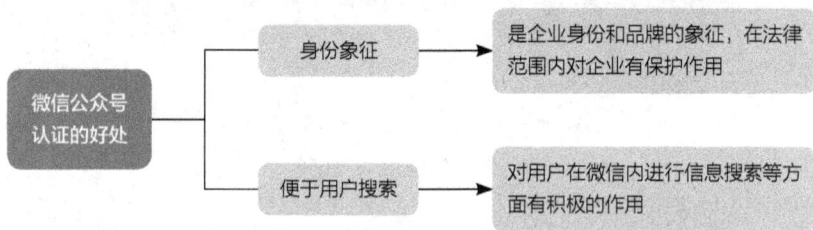

图 7-34　微信公众号认证的好处

认证的微信号会有搜索中文的特权，这样一来，会更便于商家的公众号被用户搜索到，而且认证后的公众号还支持不完全匹配查找，比如用户只要输入"构图"，就能搜到"手机摄影构图大全"等公众号。

微信公众号认证的条件主要有 2 点，如图 7-35 所示。

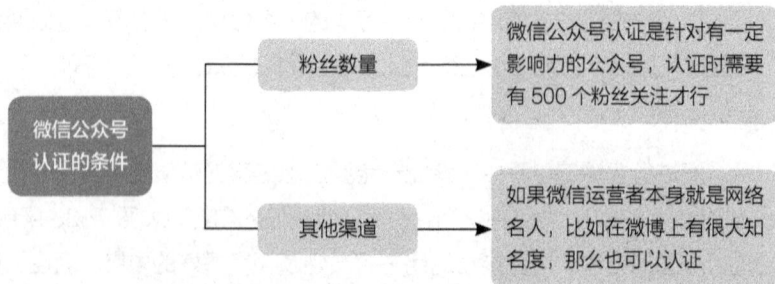

图 7-35　微信公众号认证的条件

7.3.3 平台的 O2O 模式

要做好微信公众号运营，企业需要灵活利用各种线上线下推广的渠道，将 QQ、微博、百度贴吧、天涯论坛等火爆社交平台与微信打通，来增加用户的转化率，同时，还要结合线下的活动、会展、促销等吸引用户的关注。

通过微信公众平台，企业可以多策划一些有趣的线上线下的活动，以此来调动用户参与活动的积极性，从而拉近企业与用户的距离。

在企业的微信公众营销中，利用微信公众平台进行线上线下活动策划的目的有 2 个，分别如下所示：

- 提升粉丝参与企业互动的积极性；
- 提升粉丝对企业微信公众平台的依赖性。

7.3.4 平台功能的完善

企业想要在微信公众平台上实现营销价值的最大化，除了丰富多彩的内容之外，还要充分发挥微信公众平台的各种功能价值。对企业来说，微信公众号的主要作用如下所示：

- 维护客户；
- 培养粉丝；
- 展示品牌；
- 调研市场；
- 促进销售。

刚开始，企业可以设置一些基础功能，如天气查询、折扣、路况查询等，发展到后期，就可以根据粉丝的需求不断完善公众平台的功能。

对于品牌企业而言，除了基础性的功能，还需要针对目标群体进行个性化的定制，如理财、超市、照片打印等。

7.4 微信平台的广告资源

微信平台的用户数十分庞大，这使得它的广告资源十分丰富，企业可以通过以下多种途径来投放广告，具体包括：

- 微信朋友圈广告；
- 广点通广告；
- 微信大号广告之软文广告；
- 微信大号广告之硬广文章；

- 微信大号广告之视频贴片；
- 微信的其它广告资源。

7.4.1 微信朋友圈广告

朋友圈是微信用户的聚焦点，每天有数亿的用户点击浏览朋友圈，在朋友圈投放广告无疑有很好的推广效果。微信朋友圈广告依托于微信生态体系，通过微信广告系统在朋友圈里投放和管理。

微信朋友圈广告主要由 5 个部分构成，具体如图 7-36 所示。

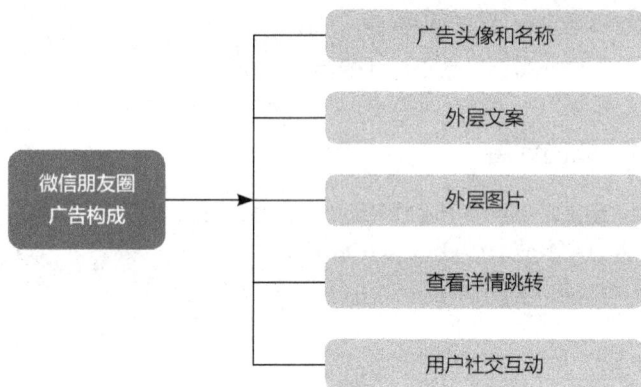

图 7-36 微信朋友圈广告构成

7.4.2 广点通广告

"广点通"是在腾讯社交体系上建立的广告平台，通过广点通，企业可以在微信平台上投放广告。广点通覆盖市场上主流的安卓和苹果系统，其广告形式包括多种类型，如图 7-37 所示。

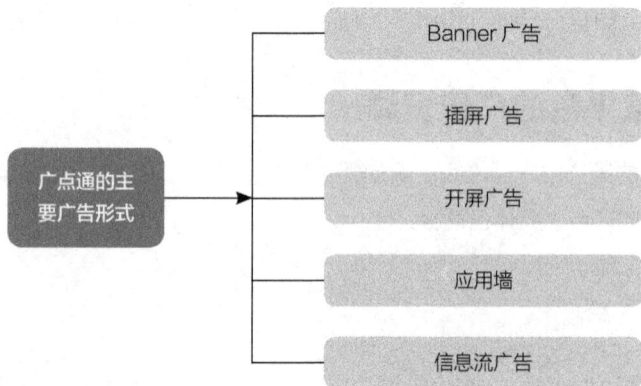

图 7-37 广点通的主要广告形式

7.4.3 微信大号广告之软文广告

微信软文广告通常是在微信大号上传播，常见于"深夜发媸""顾爷"等名人公众号上，而且因为广告的内容和形式新颖独特，较容易被他们的粉丝所接受。

图 7-38 所示为"深夜发媸"微信公众号界面。

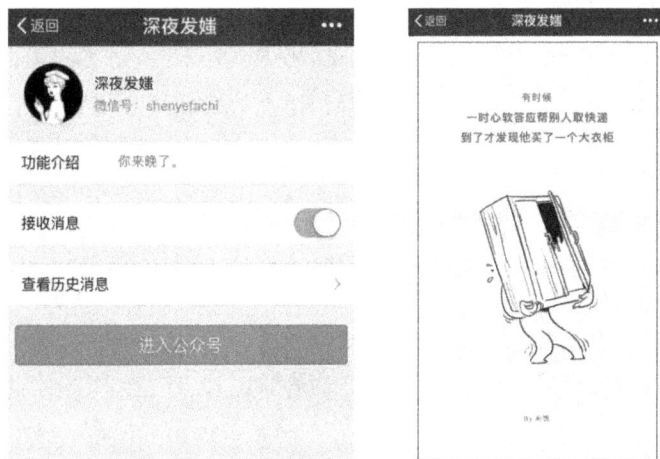

图 7-38　"深夜发媸"微信公众号界面

7.4.4 微信大号广告之硬广文章

微信投放硬广文章既有好处也有坏处，好处是简单直接呈现主题，用户转化率高；坏处是阅读体验和用户的转发率会差很多。

图 7-39 所示是"罗辑思维"公众号上直接推荐的《男孩全书》《女孩全书》。

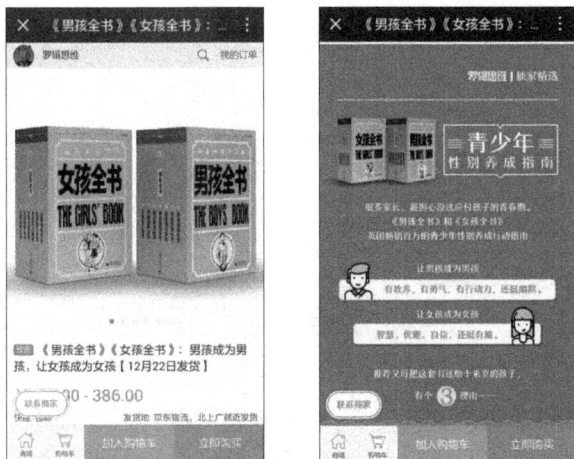

图 7-39　"罗辑思维"微信公众号界面

7.4.5　微信大号广告之视频贴片

视频贴片类广告因为制作精良，所以推广效果较好，对企业而言是品牌和口碑的推广，但此类广告投入较大，要综合衡量广告的成本和效益。

7.4.6　微信的其他广告资源

微信还有许多其他的广告资源，比如文章赞赏、朋友圈转发推荐等，但是这类广告通常效果有限，而且容易遭到用户取消关注，所以企业或个人需结合自己的实际情况，适当用此类广告。

7.5　注意事项，不要随性而为

微信公众号的发展趋势越来越旺盛，对于企业来说，必须在运营策略上把好关，做好目标管理，才能让企业公众号深入人心。

本节笔者将着重介绍微信运营的几大注意事项。

7.5.1　不乱发广告

不乱发广告就是不发与自己品牌、平台没有关联的广告。例如，做化妆品的企业在推送信息时，夹带与化妆品主题不相关的家居广告，在用户眼中，这就是令人深恶痛绝的垃圾广告，企业要避免无节制地发送大量不相关的垃圾广告，因为很有可能会令用户反感，甚至还可能被取消关注。

7.5.2　有针对性地加粉

不要为了提升粉丝量，就随意地骚扰陌生用户，要有针对性地加粉，否则很可能遭到他人举报然后被封杀。

7.5.3　操作越简单越好

在平台上设置的各种操作，越简单越好，例如菜单、回复规则等方面的内容都要设置得简洁简单，这样能够减少用户的流失。

7.5.4　不要诱导用户分享

不要以任何手段引诱、强迫用户分享信息、关注公众号，在这方面，官方管理得特别严格，很多公众号就是没注意到这点而被封了号。

7.5.5 多创造沟通话题

创造沟通话题的目的在于：一是提升粉丝与平台的互动性，二是提高粉丝对企业微信公众平台的依赖性。

7.5.6 要学会尊重用户

不需要过度讨好用户，但也不能不尊重用户，运营者应该把重心放在内容打造和平台服务上面，这样才能长久地留住用户。

第8章

微博平台，传播就是"人的接力"

微博是现今最火热的互联网社交平台之一，许多影视明星和网络红人都是通过微博来运营自己的粉丝。而对于互联网企业而言，微博也是他们重要的网络营销推广基地，新产品的发布、优惠活动的举办等各种信息，都可以通过微博快速传播。

要点展示

>>> 新的媒体工具和资源
>>> 微博营销前的准备
>>> 微博营销的技巧
>>> 微博营销的注意事项

8.1 新的媒体工具和资源

在移动互联网迅速发展的当下，消费者的消费行为发生了巨大的变化。消费者由以往的被动选择变成了在网上主动搜索和分享。此外，消费者的消费决策还受到其他消费者的评价的影响，这无疑给企业或商家的营销战略带来了新的挑战和机遇。

微博是从一个单一化的社交和信息分享平台转化而来的，在网络营销时代，微博凭借其巨大的价值属性成为了企业重要的网络营销推广工具。

作为常用的资源丰富的新媒体营销工具，微博营销的特点主要体现在以下4个方面，具体如图8-1所示。

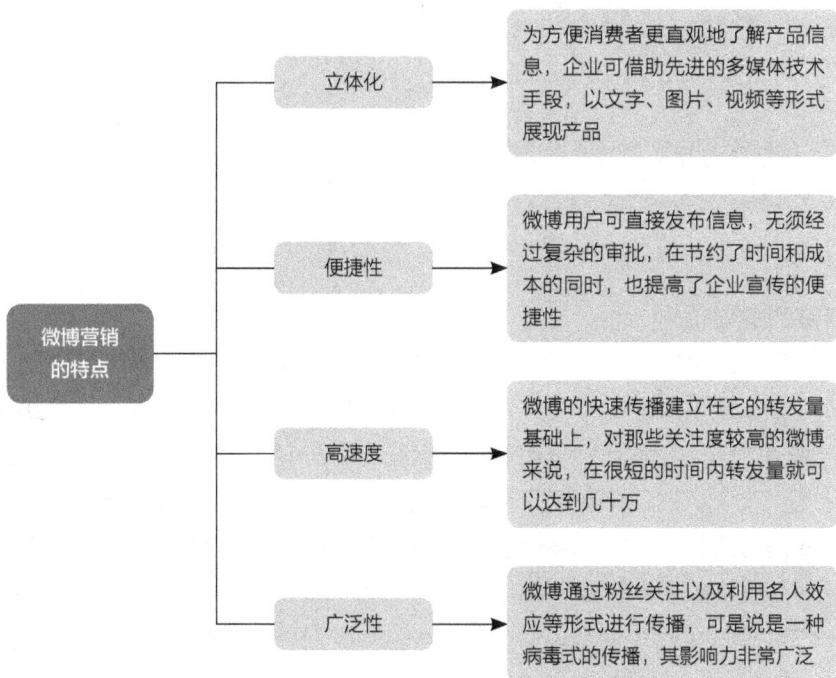

图 8-1 微博营销的特点

如今，网络营销成为营销创新的主要趋势，微博就是其中一个性能优异的营销平台。由于使用方便快捷、进入门槛低、应用丰富多彩，能够快速获得信息并与他人交流，因此微博聚集了巨大的人气。可以看到，近两年来国内微博平台迅猛发展，成为移动互联网社交网络的主流。

8.1.1 微博企业自媒体

微博营销最注重的是价值的传递与内容的互动，正是因为有这两点要求的存在，才使微博快速火热，以其显著的营销效果创造了巨大的商业价值。

通过微博，企业可以获取更加全面的潜在用户信息，了解用户的消费心理与消费习惯，并根据其特点制定准确的营销方案。

微博营销的商业价值主要体现在以下 5 个方面，如图 8-2 所示。

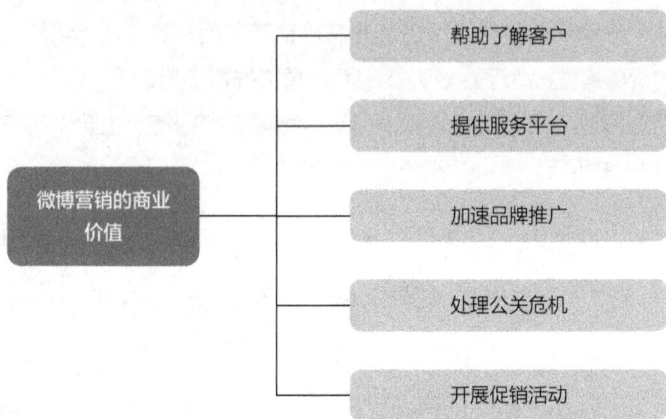

图 8-2 微博营销的商业价值

1. 帮助了解客户

微博是企业聆听、学习以及了解客户的有效平台。微博用户在微博上记录了自己日常的想法、爱好、需求、计划、感想等，表露自己的消费需求、偏好、生活形态、品牌态度等，在一定程度上帮助企业了解其对产品的态度、需求、期望、购买渠道与购买考虑因素等，让企业能深度了解消费者，从而制定或者优化产品和营销策略。

在微博有几个版块的内容呈现，十分利于企业掌握用户资料，主要包括以下 4 个方面：一是最直观的用户个人资料区域；二是用户的消息发布平台；三是用户的日常重点关注；四是用户讨论的热门话题。

2. 提供服务平台

微博为企业提供了一个服务平台。在微博上企业可以对用户进行实时跟踪，从而快速地了解到用户对企业产品或服务的反馈信息。企业还可以通过微博来回复用户的消息，以解决用户的问题，避免用户因为不满而在网络上大规模地传播企业负面信息。微博这个服务平台能快速解决用户的问题，有效地提高客户的满意度。

3. 加速品牌推广

企业可以通过微博向消费者及潜在的消费者宣传品牌，并结合软文推广、促销活动等营销方式有效地开展精细化的品牌信息传播。企业通过主动公布自身产品与服务信息，让用户（粉丝）通过微博接触到这些信息，吸引用户的注意力，达到推广品牌与树立企业品牌形象的目的。

诺基亚首款搭载 Symbian3 系统的手机——诺基亚 N8 在 2013 年 8 月 25 日采用全新微博直播的方式线上发布，达到了推广品牌的目的。8 月 25 日，诺基亚联合新浪微博，于直播当天在新浪微博首页推出诺基亚 N8 手机微博发布会，7 小时内即收到微博评论、转发 89034 条，其中，诺基亚新浪微博首页关注人数达到 49277 人，被业内人士称作品牌营销的又一成功案例。

4．处理公关危机

微博作为一个信息共享社区，传播效率极高，当企业遭遇公关危机时，通过微博快速处理危机情况，能够将危机的影响降到最小。

对于企业来说，其对微博用户品牌口碑的实时监测十分重要，微博平台具有的搜索功能，以及相关的实时监测功能，使企业可以在平台上实时监测品牌的口碑，预防企业危机的出现。

5．开展促销活动

在微博平台，企业可以做免费的推广与促销活动。利用微博进行促销几乎是零成本，因为有了微博，企业不再需要请人发传单，只需要编辑促销信息后发送，便能完成促销信息的发布。

中国互联网已经全面进入微博时代，新浪、腾讯、网易和搜狐微博的注册用户总数早已突破 6 亿，其中每天日登录用户量超过了 4000 万。微博凭借其拥有的庞大的用户群体，能为企业带来更多的用户，促进企业促销活动取得成功。

> 💡 **专家提醒**
>
> 微博用户群是中国互联网的特殊人群，这部分用户群虽然只占中国互联网用户群的 10%，但他们是城市中对新鲜事物最敏感的人群，也是中国互联网上购买力最高的人群。对于企业来说，只要针对这群人做微博促销，就能达到精准营销的目的，为营销创造更大的发展机会。

8.1.2 微博广告资源

目前，微博的用户数量已经达到数亿人次，很多用户每天都有浏览微博的习惯，这就使得微博的广告价值潜力巨大。

微博作为一个网络营销平台，不仅规模巨大而且还在不断地发展和完善。对于互联网企业来说，想要利用微博的广告资源，必须要掌握好微博广告推广的几种技巧，具体如图 8-3 所示。

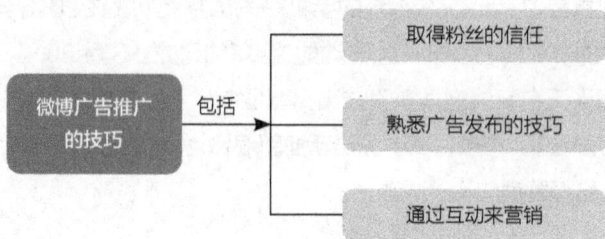

图 8-3 微博广告推广的技巧

1. 取得粉丝的信任

微博营销是一种基于信任的用户自主传播的营销手段。企业在发布微博营销信息时，只有取得用户的信任，用户才可能帮企业转发、评论信息，使信息产生较好的传播效果与营销效果。

笔者认为，获得信任最重要的方法就是不断保持与粉丝之间的交流，让粉丝感受到企业的真诚与热情。企业要经常转发、评论粉丝的信息，在粉丝遇到问题时，还要及时地帮助其解决问题。只有凡事都站在粉丝的角度来考虑问题，才能与粉丝结成比较紧密的关系，如此一来，在企业发布营销信息时，粉丝也会积极帮企业转发。

2. 熟悉广告发布的技巧

在发布企业的营销信息时，笔者建议，企业在措辞上不要太直接，要尽可能把广告信息巧妙地嵌入到有价值的内容当中。

如果企业的微博广告能够为用户提供有价值的内容，而且广告具有一定的隐蔽性，就会提高转发率，使营销效果变得更好。

在笔者看来，一些生活小技巧、免费资源的提供，以及趣味故事都可成为植入广告的内容，为用户提供一定有价值的信息，为企业创收。

3. 通过互动来营销

抽奖活动或促销互动，都能吸引用户的眼球，使企业达到比较不错的营销效果。笔者认为，企业的抽奖活动可以规定，只要用户按照一定的格式对营销信息进行转发和评论，就有中奖的机会（奖品一定要是用户非常需要的，这样才能充分调动粉丝的积极性）。如果是促销活动，就一定要有足够大的折扣和优惠，这样才能引发粉丝的"病毒式"传播。

图 8-4 所示为小米手机微博转发抽奖活动页面。

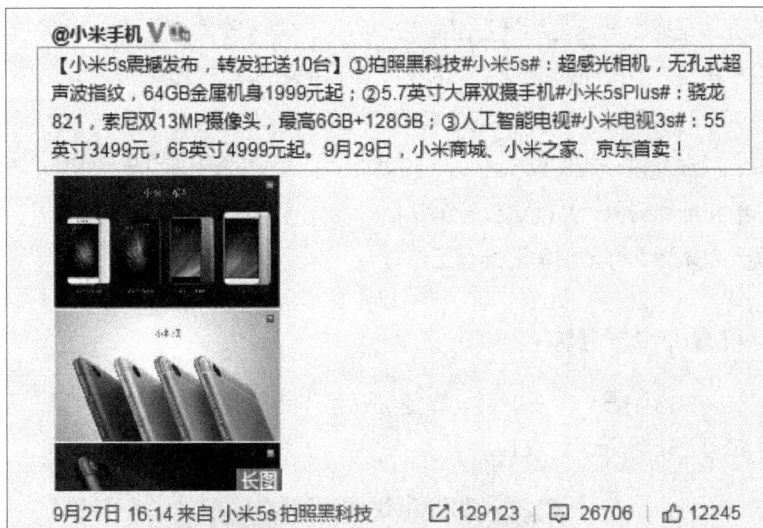

图 8-4　小米手机微博转发抽奖页面

　　企业在发布微博广告时，最常见和直接有效的方式是图文结合。图文结合既能让用户了解到企业营销活动的具体信息，也能让用户被图片上的内容吸引，从而进一步参与企业的营销活动。

　　此外，企业与商家如果能够请到拥有大量粉丝的人气博主帮自己转发微博消息，还能使活动的效果更好。

💡 专家提醒

　　在微博中，有一类人大量存在，即抽奖专业户，这些人专门找可抽奖的帖子，先关注并转发，也不看帖子内容，只等着免费中奖。在笔者看来，这类人势必会影响企业微博营销活动的进行。

　　虽然很多时候企业通过促销活动在短时间里获得了不少关注及转发数量，但是，有时候由于存在专业抽奖户，这些关注及转发的价值得不到发挥。

　　笔者认为，企业可以做微博促销活动，但不要频繁地采取送奖品的方式，因为这样并不利于粉丝忠诚度的培养。

　　促销活动是一种营销手段，但绝对不是主要的手段，无论在哪种营销方式中，内容营销才是王道，企业只有设计出能够真正吸引用户驻足的内容，才能与用户建立长久的联系。

8.2 微博营销前的准备

微博营销是继微博诞生后催生出来的一种新兴营销模式，通过一对多的互动交流方式，以及快速广泛传播的特性，为企业带来了良好的推广效果。

企业可以利用微博 140 字内容信息功能来跟粉丝进行互动交流，在这个大社交舞台上，企业只要通过一定的软文营销策略就能推广企业的品牌和产品信息，树立良好的企业形象和产品形象，从而达到营销的目的。

下面一起来看看微博营销的准备工作。

8.2.1 设置一个好名称

商家要为微博设置一个好名字，微博的名字不是随便取的，需要遵循以下几个原则，具体如图 8-5 所示。

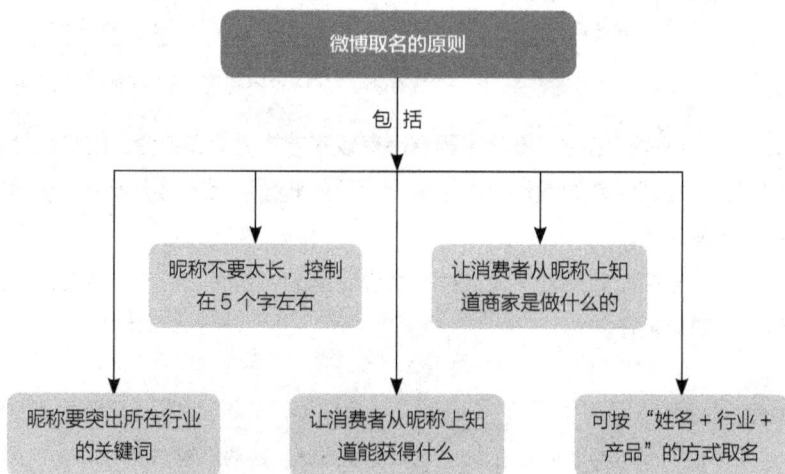

图 8-5　微博取名的原则

另外，微博昵称的设置要考虑到用户的搜索习惯，这样才能被微博用户搜索到，从而保证被粉丝尽快发现。

8.2.2 设置合适的头像

微博头像的设置要有辨识度，最好能让用户一眼知道商家是做什么的，要能让用户一看就印象深刻。

关于头像的设置，笔者总结了几点技巧，具体如图 8-6 所示。

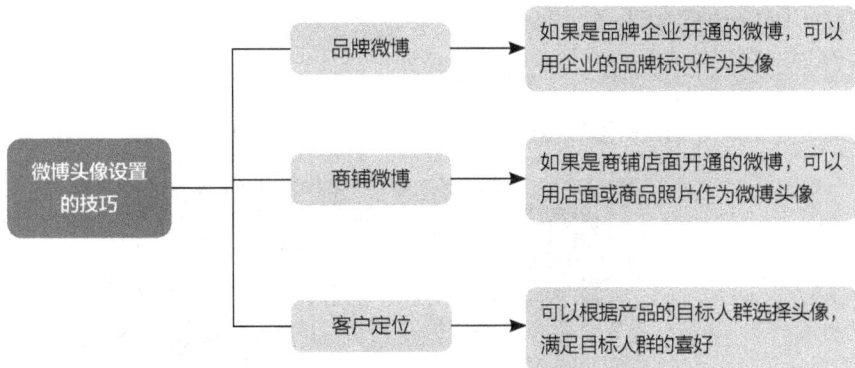

图 8-6　微博头像设置的技巧

8.2.3　设置准确的标签

标签的设定也是很有讲究的，下面就来介绍设置微博标签的一些规则。

1. 提高匹配度

如何提高标签的匹配度呢？可以设置 10 个关键词，前 6 个完整的关键词是站在消费者的角度进行撰写的，如美容类的标签，可写"美白""养颜""祛斑""消痘""瘦身""去疤"等。后面 4 个就把一个词分开写，例如"美""白""痘""瘦"等，这样做的目的是让 1 个词可以匹配，2 个词也能匹配，3 个词也能匹配。

2. 定期调整

企业要根据用户的搜索习惯定期调整标签词汇，具体做法是：提前准备十几组标签词汇，定期去看用户的搜索习惯，根据被搜索次数最多的词汇来调整自己的标签。

3. 合理排序

选好了标签词，就要进行合理排序，进行优化，例如前面的 6 组词都用 4 个字的词语，从第 7 个词开始，按照 4、3、2、1 个字的顺序来写，如"美白祛痘""美白祛""美白""美"。

4. 重视节假日

标签词最好一个月换一次，如果遇到节假日就要更换与之相关的标签词，如"母亲节"，就把"母亲节"写进标签里，当用户搜索关于母亲节的消息时，能使你的微博易于被搜索到。

8.2.4 设置合理的简介

简介是微博账号设置基本信息里的最后一项内容。企业可以根据自己的产品准备很多词组，去掉个人标签用掉的几个，剩下的可以写到这里来，如图 8-7 所示。

图 8-7 小米手机微博简介

简介的内容要考虑搜索概率，需要注意的是词语之间要用空格隔开，不要用任何标点符号，其次写完后可以加上电话号码或者微信、QQ 号，但最好不要写网址，因为对于手机用户来说写在简介中的网址是无法跳转的。

8.2.5 设置完整的资料

完整的资料除了个人标签、个人介绍、头像这几项内容之外，还有工作信息、职业信息等，这样用户才能根据里面的关键词搜索到你，而且还会给人一种真实的感觉，从而增加用户的信任感。另外，最好能绑定手机，这样才能充分利用微博的高级功能，否则有些功能是用不了的。

8.3 微博营销的技巧

微博是一个能聚集人们交流的地方，在这里每天都有新鲜的事件、话题。企业和商家可以利用微博的特性进行软文营销，本节我们就来看看微博软文营销的技巧。

8.3.1 借时下热门话题

企业在微博热门话题中可以找到热门微博、热门话题、综合热搜榜等方面的内容，因此企业可以借助时下的热门话题来吸引人们的关注，将软文和热门话题相结合，可以有效地提高用户的关注度。

8.3.2 善于挖掘历史

这里的历史不仅仅指古时候的历史故事，还指企业所在地的历史文化、企业的发家史、创业史，甚至还包括企业经营项目的历史渊源等。

例如，企业可以通过历史和软文相结合的方式进行推广，下面就来欣赏一篇利用所在地的历史文化来烘托产品的软文——《难忘那一抹清新 清明探访西湖龙井村》，该篇软文来源于新浪旅游网。

难忘那一抹清新 清明探访西湖龙井村

很多人去了杭州，记得西湖，记得丝绸，记得龙井茶，可是却很少人记得去一下龙井茶的出产地——龙井村。

龙井村位于西湖风景名胜区西南面，四面群山环抱，呈北高南低的地势，村内常住人口 800 多人，拥有近 800 亩的高山茶园，村的西北面北高峰、狮子峰、天竺峰形成一道天然屏障，挡住西北寒风的侵袭。南面为九溪，溪谷深广，直通钱塘江，春夏季的东南风易入山谷，通风通气的地理条件为龙井茶的生长提供了得天独厚的优势。这里出产的龙井茶位居"狮，龙，云，虎"之首。

"茶乡第一村"——龙井村，因盛产顶级西湖龙井茶而闻名于世。东临西子湖，西依五云山，南靠滔滔东去的钱塘江水，北抵插入云端的南北高峰，四周群山叠翠，云雾环绕，就如一颗镶嵌在西子湖畔的翡翠宝石。

相传，公元 1079 年，北宋元丰二年，上天竺主持辩才法师，退居老龙井，在狮峰山麓开山种茶，开创了龙井种茶的先河，后人称他为龙井茶的开山鼻祖。乾隆皇帝爱新觉罗弘历六下江南，四到龙井茶区，乾隆二十七年(1762 年)三月朔日乾隆皇帝第三次到杭州，畅游龙井，登上老龙井品茶，赞不决口，称"色，香，味，形俱佳"，御封了"十八棵茶树"，自此，龙井茶名声远扬。

龙井茶

龙井茶为中国十大名茶之首，早在唐代，杭州一带开始产茶。到宋朝时这一带的茶叶已名闻遐迩。到了清朝，据说乾隆南巡饮龙井茶后赞不绝口，誉为佳品。后来人们就把龙井一带的茶叶称为龙井茶。龙井茶的品种有"狮，龙，云，虎"之分，狮指狮峰，龙指龙井，云指云栖，虎指虎跑。这 4 地的茶叶以狮峰龙井最为上品。龙井茶有"色绿，香郁，形美，味甘"四绝之称。特级龙井茶每斤约有 8 万个芽头，一亩地中只能采摘一二公斤，可谓"其贵如珍，不可多得"。

虎跑泉水有较大的分子密度和表面张力，在盛满水的杯子中轻轻放入硬币，硬币能浮在水面而不沉。即使水面高出杯口达三毫米，水也不外溢。在冲泡龙井茶时，把开水放置至七八十摄氏度再冲泡最为适宜，若用沸水冲泡会把茶叶烫"熟"，那么头泡苦涩，二泡、三泡无味。用壶泡茶时要由高冲低，高冲茶叶易展、易化，低斟可保持热度和香气。龙井茶以前三泡为佳，再多便淡而无味。因而只宜慢慢品，不宜做牛饮。

该篇软文的写作特点为：

- 开篇以西湖作为引子，引出了"茶乡第一村"——西湖龙井村；
- 通过古时候的历史故事讲述了龙井茶名扬的因果；
- 着重讲述龙井茶的来源、品种及冲泡方式、口感等内容。

西湖龙井村、龙井茶有着悠久的历史，该篇软文抓住这个特征，从历史、古籍角度出发引出商品，不仅不会显得过于商业化，而且还颇有古韵。

因此在微博上，企业也可以抓住这一点，将历史故事和文化与软文营销相结合，肯定能吸引到一批感兴趣的粉丝。

8.3.3　经常制造新闻

面对微博这个人口流量庞大的即时性平台，企业要学会自己给自己制造新闻，虽然发布新闻的方式不多，但是新闻的内容却可以有很多种，例如：

- 企业年中、年底的经销座谈会；
- 商家获得企业融资；
- 接待社会知名人士；
- 企业领导对外参加知名的活动等。

企业微博关注上面的各种信息内容，这样就能保证企业的新闻不断，让消费者随时都能看到企业的消息。

另外，制造新闻还要讲究一定的原则，内容要有依有据、真实可靠，企业可通过新闻来植入软性的产品广告。

8.3.4　擅长向对手学习

企业要擅长向竞争对手学习，对于同一个产品或者同一项服务，企业要仔细研究对手的软文特点，然后取长补短，找出自己的优势所在，将自己具备的而对手不具备的优势在软文中体现出来。

在与对手竞争的过程中，要注意不能刻意诋毁对手，要站在客观的角度进行软文创作，不能为了达到自己想要的营销效果，就刻意去诋毁对手的弱势，这样很容易在消费者心目中树立不好的企业形象。

8.3.5 借势提升影响力

在互联网时代，影响企业微博的营销效果主要由 3 个因素决定，包括活跃度、传播力和覆盖度，有关这 3 个因素的介绍如图 8-8 所示。

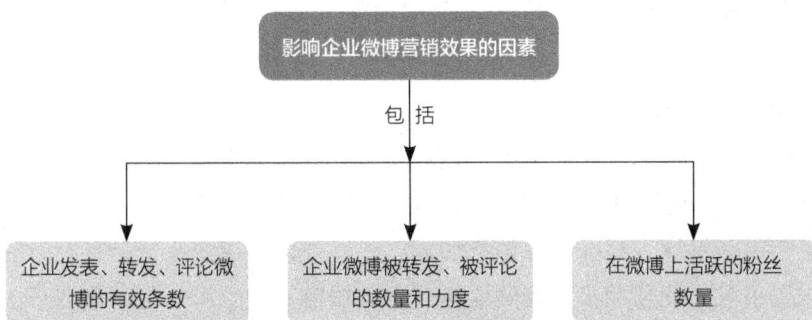

图 8-8 影响企业微博营销效果的因素

因此，企业在进行软文营销的时候，如果想要提升软文广告的影响力，就可以从以上 3 大因素入手。另外，企业可以借助拥有大量粉丝的知名博主，帮助企业进行软文营销来实现更好的营销效果。此种方法具有图 8-9 所示的 2 种优势。

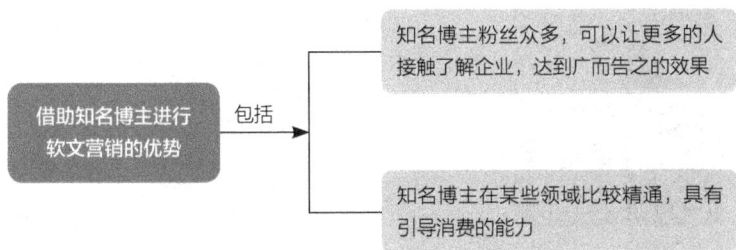

图 8-9 借助知名博主进行软文营销的优势

8.3.6 招纳优秀的人才

运营微博软文不是一件轻巧的事情，每个想要通过微博软文营销来打造互联网品牌的企业，都必须招纳专门的微博软文运营、策划人才。

对于微博软文运营、策划的人才，通常需要具备两点职业素养：一是具备企业经营范围内的专业知识，二是具备一定的媒介洞察力和素养。

只有具备企业经营的专业知识的人才，才能对行业信息进行正确的判断，保证发布的软文的质量。只有具备一定的媒介洞察力和素养的人才，才能够策划出消费者喜欢的网络软文方案。

8.3.7　140 字打造精华

企业在微博上进行软文营销，最好的方法是写 140 字的软文内容，虽然企业可以发长微博，但人们不会花费太多的时间去仔细查看长篇大论的微博，因为人们对精简的微博软文会更感兴趣一些。发 140 字微博软文可使用以下几点技巧。

1. 40 字以内吸引用户眼球

企业在进行软文营销的时候，要在前 40 个字以内就吸引住网民的眼球，那样才会有效果。比如很多企业或组织者在发布开店的微博软文时，会用短短两行字，直接说明主题，将能够提供给加盟者的好处直接说出来，让有意向的人一眼就被吸引住。而且很多人看到这样的文字很容易被吸引，所以即使开始没有意向，也会忍不住产生意向。图 8-10 所示为微博网友发布的开店营销广告。

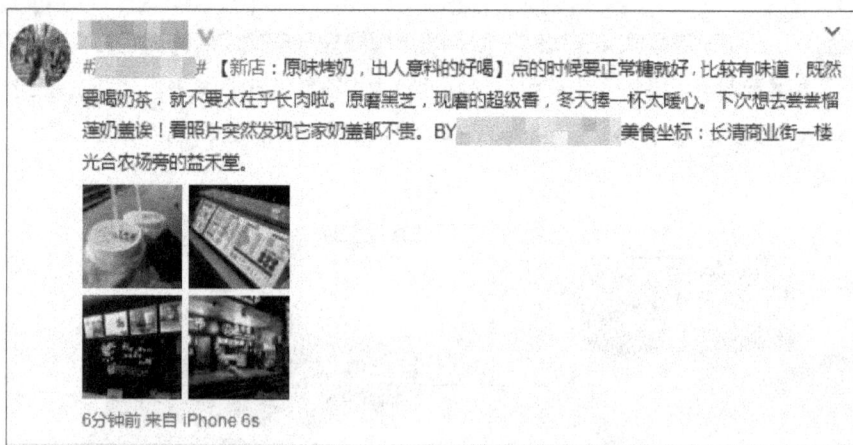

图 8-10　微博网友发布的美食新店广告

2. 多用疑问句

在微博软文广告中，可以多用一些疑问句，这样就相当于抛出一个话题来供消费者讨论，引起更多人的共鸣。图 8-11 所示为小米手机发布的问句形式广告。

3. 罗列信息

微博软文营销可以使用 1、2、3 等编号形式将软文的信息罗列出来，更能清晰地阐释软文内容。图 8-12 所示为小米手机微博罗列出的手机产品信息。

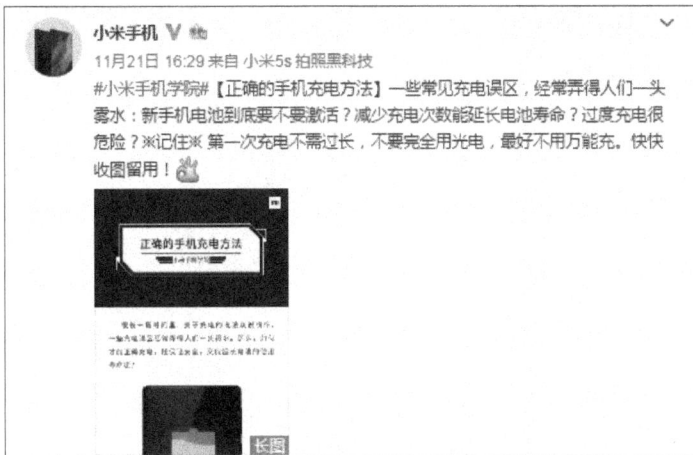

图 8-11　小米手机的问句形式微博广告

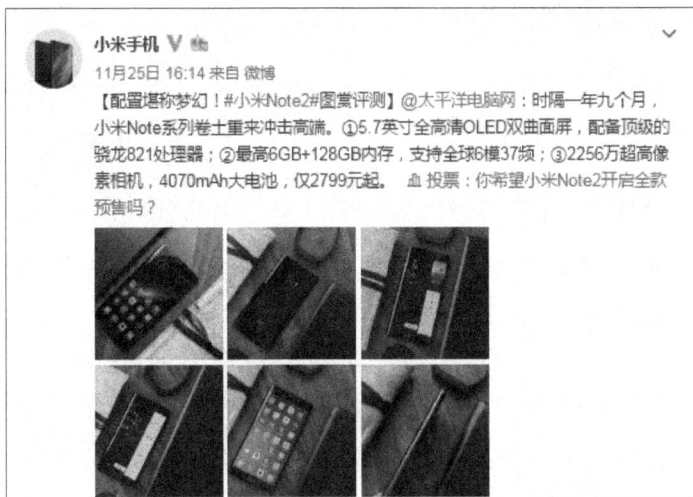

图 8-12　小米手机罗列产品信息

8.3.8　巧用"@"功能

在微博软文营销中，"@"这个功能非常重要，企业可以在微博里"@"粉丝、名人、媒体等来加深互动。

企业通过"@"功能，通常能大大提高微博的活跃度，同时也很有可能获得一批粉丝的关注，从而扩大自身品牌的影响力。而且很多时候，很多粉丝经常"@"企业微博，这就间接为企业打了广告。

图 8-13 所示是粉笔公考粉丝通过"@"和企业互动的事例。

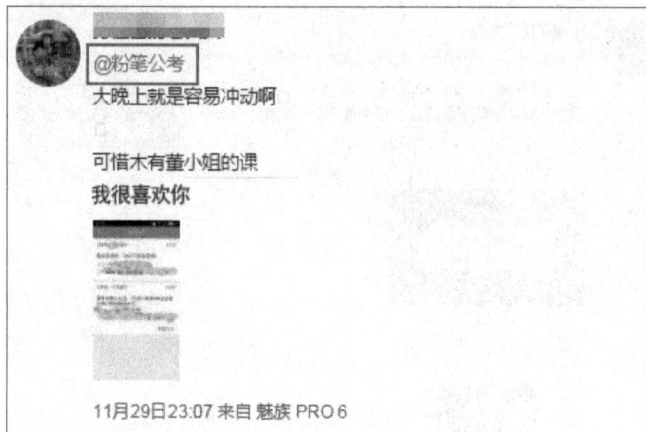

图 8-13　粉笔公考粉丝通过"@"功能和企业互动

8.4　微博营销的注意事项

在运用微博进行软文营销的时候，还有一些需要注意的地方，本节将重点给大家阐述微博软文营销需要注意的要点。

8.4.1　注意发布的时间

微博用户碎片化阅读特征非常明显，因此，企业在运用微博进行软文营销时，要注意微博软文发送的时间段，以获得更多的关注。

一般在上班时间段（8:00 ～ 9:00）或者工作日下班后的时间段（18:00 ～ 23:00）软文营销价值比较大，这个时候的转载率是最高的。

8.4.2　跳出转发的误区

很多企业总会认为，某条微博的评论数或转发数非常大，就说明这条软文营销的效果不错。其实不然，只用评论数和转发数来评判软文营销的效果并不那么精准，因为转发有些也是无价值的，因此企业在进行微博软文营销的时候，需要从以下 2 个方面对营销效果进行判定。

1. 水军转发

有些企业将微博软文营销外包给其它中介公司来做，而这些中介公司有时候为了让营销效果表面上看起来特别好，就会雇大量水军来进行转发和评论，但这些水军并不是真正的粉丝。因此企业想要获得真正的粉丝，还必须去掉水军账号转发量，获得真正的粉丝转发量。

2. 高质量转发

企业需要注重软文营销的质量，而所谓的质量，就是指在进行软文营销的过程中，企业要考虑"评论中有价值的评论有多少？""转发里是否存在高质量账号""高质量账号有多少"，如果这几个数据都很低，那么整个软文营销的效果则不能算好。

💡 专家提醒

高质量账号是指带 V 的用户、相对专业的用户或粉丝数量较多的用户。

8.4.3 注意精确客户群

企业在微博进行软文营销时，需要寻找需要自己产品和服务的客户和潜在客户群，这样才能体现出软文营销的针对性强的特点。那么企业该如何在微博上精确到客户呢？下面就来了解微博精确客户的 3 种方法，如图 8-14 所示。

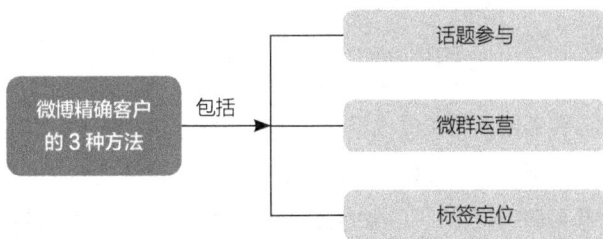

图 8-14　微博精确客户的 3 种方法

1. 话题参与

微博上常常会出现各种各样的话题，企业可以根据自己公司的经营定位，通过这些话题，搜索到参与该话题的人群，这样就能找到自己的精准客户群了。

如果发现某些用户经常参与"# 带着微博去旅行 #""# 一起去看海 #""# 欢乐亲子时光 #"这样的话题进行讨论，而企业恰好又是经营旅游的，那么企业就可以积极参与此类话题，获得很多评论、点赞和转发，通过这样的方法去寻找客户。

2. 微群运营

微群是一个供相同兴趣爱好的人一起交流互动的平台，企业可以在微群中建立与企业经营范围相关的话题，然后进入到微群里的用户就是企业的目标用户了。

3. 标签定位

企业可以通过分析微博用户的标签，然后按照年龄、性别等方式对他们进行归类，如果企业的目标客户正好和某一人群重合，则这类微博用户将会是企业的目标客户或潜在客户，于是企业就可以去吸引这些人群。

8.4.4 注意培养粉丝群

企业找到目标客户或潜在客户后，就应该想尽一切办法，将他们变成自己的粉丝，下面讲解将目标客户转变为粉丝的方法，如图 8-15 所示。

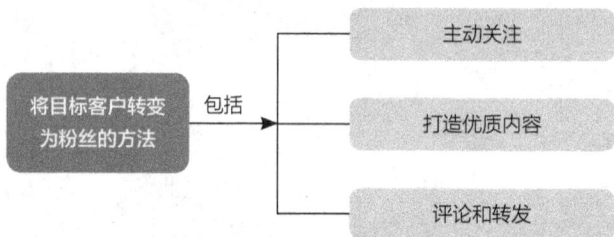

图 8-15 将目标客户转变为粉丝的方法

1. 主动关注

企业不能一直等着别人来关注自己，而是应该学会主动出击。和生活中的日常往来一样，你跟别人打招呼对方友好地回应你，这样能帮助我们结交朋友。由此及彼，企业主动关注目标客户的行为，在很大程度上会促使用户在得到关注后回访一下关注方的微博，这样就达到了提高企业人气的效果。

2. 打造优质内容

企业想要为微博增粉，就必须打造优质内容，打造优质内容的方法可以是发布运营商的想法、心情或身边的趣事、新鲜事等。若企业想要赢得用户信任就一定要让用户通过微博感受到企业的真诚，而不是一个冷冰冰的机器。不要只发布一些推广信息和软文，可以多发布与生活相关的事情、图片、实事、经验等。

3. 评论和转发

企业可以在微博用户的博文下写一些有价值、有深度的评论，这样能引起微博用户的注意力，除了评论之外，还可以转发，这样会让用户觉得被关注，从而增加对企业的关注。

通过评论和转发，企业可以与用户建立起一座互粉的桥梁，届时用户成为企业的粉丝也就不是什么难事了，这种方法需要持之以恒，并且要用心去评论别人的信息，才能取得好的效果。

8.4.5　不要只发布软文

有些企业在进行微博软文营销的过程中，由于营销方式很多，造成人手忙不过来的情况，他们就会请一些兼职人员，规定他们只要平均每天发一条微博软文，就算微博软文营销任务基本完成。这样做的后果很有可能削弱微博软文营销的效果。

微博软文营销的关键在于微博软文发布后，不断地与用户进行互动，来保持或增加用户对微博的关注度。

因此，软文营销并不局限在发布软文上，它是由很多的小环节，一环扣一环而组成的，并不是每天发布软文就算完成微博营销的任务，若是这样，很可能起不到任何营销作用。

第 9 章

问答平台，小成本达到大推广效果

学前提示

对企业而言，网络营销推广渠道不仅仅是直接营销方式，很多时候是通过潜移默化的方式，在各种互联网平台带动潜在用户，这才是网络营销的关键。问答平台对于网络营销而言，无疑是一块非常重要的阵地，在如今的互联网时代，企业需要认识和了解问答平台。

要点展示

>> 问答平台的功能定位

>> 常用于新媒体推广的问答平台

9.1 问答平台的功能定位

问答平台在网络营销运营上具有很好的信息传播和推广作用，如果企业能利用好问答平台，对快速、精准地定位客户有很大帮助。

在介绍各种问答平台之前，先带大家了解一下问答平台的功能定位，具体包括辅助 SEM（Search Engine Marketing，搜索引擎营销）和流量渠道 2 个部分。

9.1.1 辅助 SEM

问答平台的运营投入比较大，通常在搜索引擎的排名都比较靠前，所以对很多互联网企业来说，问答平台是 SEM 的重要辅助手段。

如图 9-1 所示，问答平台在营销推广上具有 2 大优势：精准度高和可信度高。这两种优势能形成口碑效应，对网络营销推广来说显得尤为珍贵。

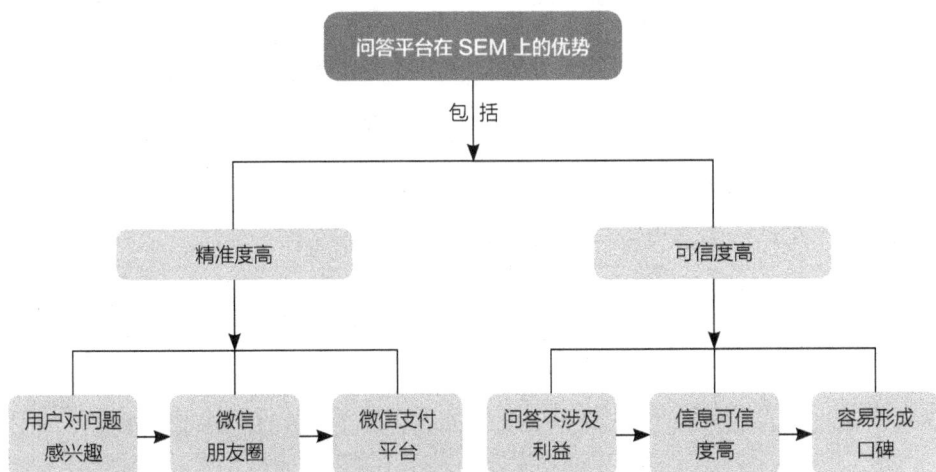

图 9-1　问答平台在 SEM 上的优势

通过问答平台来询问或作答的用户，通常对问题涉及的东西有很大兴趣。比如有的用户想要了解"有哪些新上映的电影比较好看"，那些刚好看过电影的用户，大多会积极推荐自己看过的满意影片，提问方通常也会接受推荐去观看影片。

提问方和回答方之间的交流很少涉及利益，用户通常是根据自己的直观感受来问答，这就使得问答的可信度很高，这对企业而言则意味着转化潜力，能帮助产品形成较好的口碑效应。

9.1.2　流量渠道

问答平台推广是网络营销推广的重要方式，因为它的引流效果是众多网络推广中较好的，能为企业带来直接的流量和有效的外链。

基于问答平台而产生的问答营销，是一种新型的互联网互动营销方式，问答营销既能为商家植入软性广告，同时也能通过问答来引流潜在用户。问答营销在企业引流上有很大的优势，具体如图 9-2 所示。

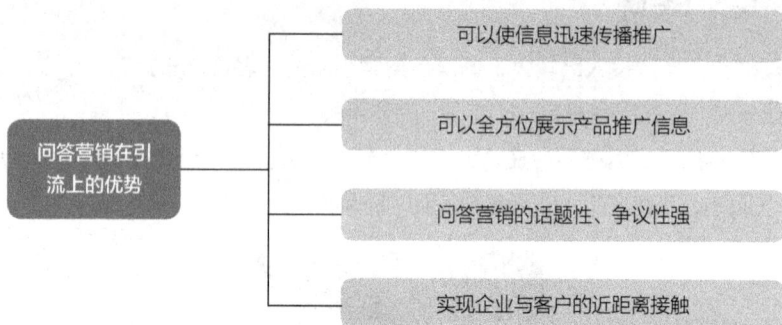

图 9-2　问答营销在引流上的优势

问答营销通过提问和作答来实现营销目的，它的引流优势主要是基于这种方式的互动性、针对性、广泛性等特点，具体如图 9-3 所示。

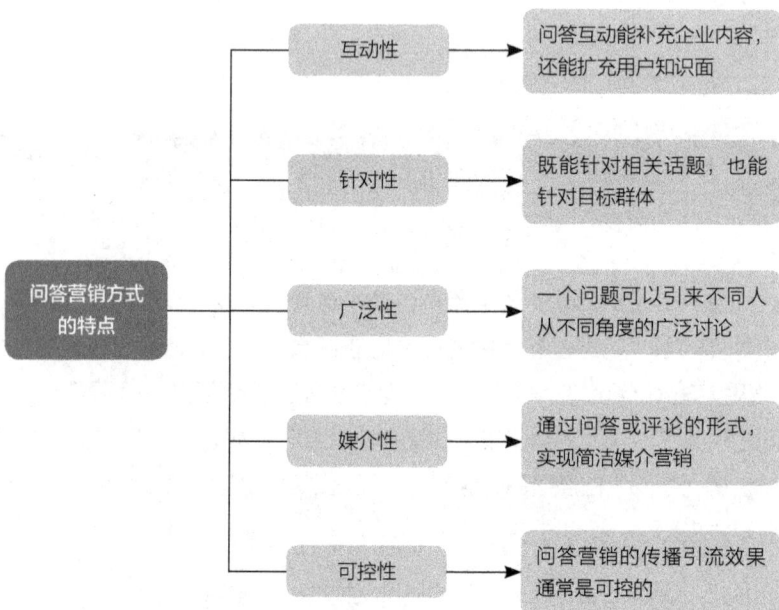

图 9-3　问答营销方式的特点

问答营销的操作方式有很多不同的种类，比如开放式问答、事件问答、娱乐评论等方式，具体的方式如图 9-4 所示。

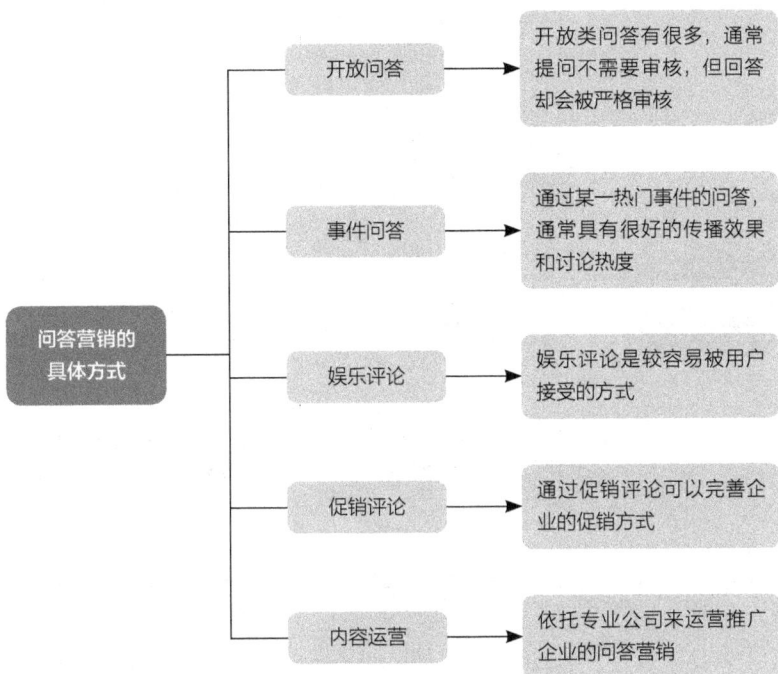

问答营销的具体方式	开放问答	开放类问答有很多，通常提问不需要审核，但回答却会被严格审核
	事件问答	通过某一热门事件的问答，通常具有很好的传播效果和讨论热度
	娱乐评论	娱乐评论是较容易被用户接受的方式
	促销评论	通过促销评论可以完善企业的促销方式
	内容运营	依托专业公司来运营推广企业的问答营销

图 9-4　问答营销的具体方式

企业要想利用问答营销来获得流量，在运营操作上有许多诀窍需要掌握，笔者在这里总结了 3 点技巧作为参考，具体如图 9-5 所示。

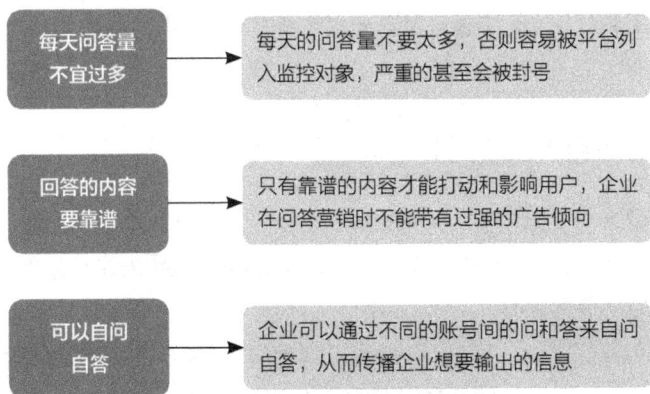

每天问答量不宜过多	每天的问答量不要太多，否则容易被平台列入监控对象，严重的甚至会被封号
回答的内容要靠谱	只有靠谱的内容才能打动和影响用户，企业在问答营销时不能带有过强的广告倾向
可以自问自答	企业可以通过不同的账号间的问和答来自问自答，从而传播企业想要输出的信息

图 9-5　问答营销的 3 点技巧

"细节决定成败"，对企业而言除了上述的 3 点技巧外，在实际运营问答营销时还需要注意一些细节，具体如图 9-6 所示。

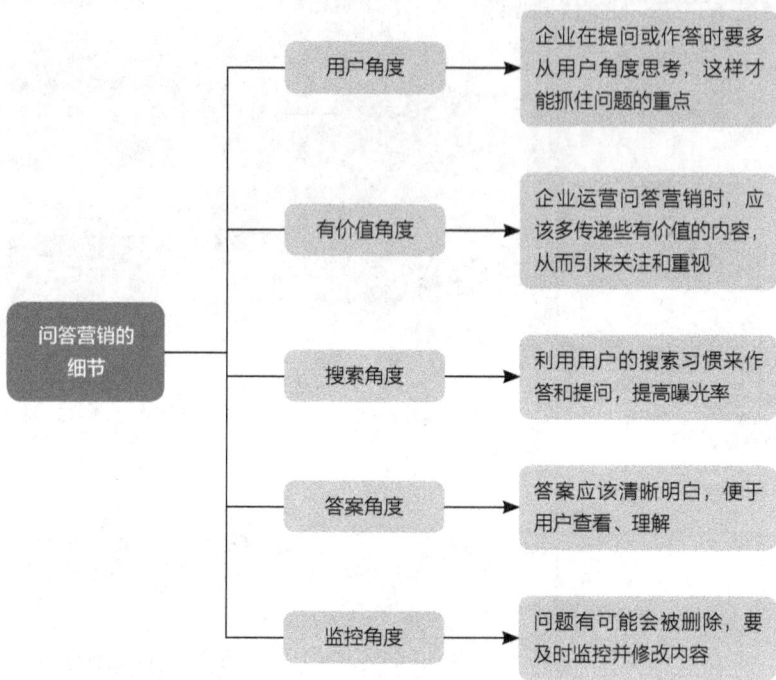

问答营销的细节	用户角度	企业在提问或作答时要多从用户角度思考，这样才能抓住问题的重点
	有价值角度	企业运营问答营销时，应该多传递些有价值的内容，从而引来关注和重视
	搜索角度	利用用户的搜索习惯来作答和提问，提高曝光率
	答案角度	答案应该清晰明白，便于用户查看、理解
	监控角度	问题有可能会被删除，要及时监控并修改内容

图 9-6　问答营销的细节

💡 专家提醒

　　无论是哪种问答平台的问答营销，在熟悉技巧、了解细节上做得好，才能形成好的营销推广效果。而且需要注意的是，随着网络技术的发展，各种技巧和细节不是一成不变的，企业要做好问答营销需要不断地完善和改进。

9.2　常用于新媒体推广的问答平台

　　利用新媒体问答平台来推广，通过回答问题和模拟提问的方式进行产品宣传，提高企业知名度。这种新兴的问答营销推广方式，在推广效果上比较突出，从而获得了很多互联网企业的普遍认可。

　　除了推广效果好之外，互联网上企业问答营销的兴盛，还依靠着背后火热的问答平台支撑，可以说没有这些问答平台就没有问答营销。本节将详细介绍：知乎、分答、百度知道、360 问答等主流的问答平台。

9.2.1 知乎：真实的网络问答社区

知乎平台是目前最为火热的社交化问答平台，它的平均月访问量已经突破上亿人次。知乎的口号是："与世界分享你的知识、经验和见解"。

知乎拥有 PC 电脑端和手机 APP 端两种客户端，用户需要注册才能登录平台首页。图 9-7 所示是知乎的 PC 客户端官网注册首页。

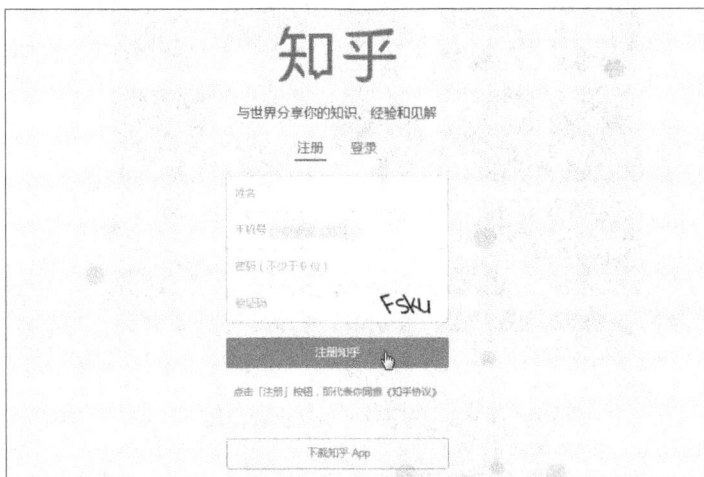

图 9-7　知乎平台 PC 端注册页面

如图 9-8 所示，用户在注册时还需要输入自己的职业或专业，可以选择作家、机械工程师等职业。

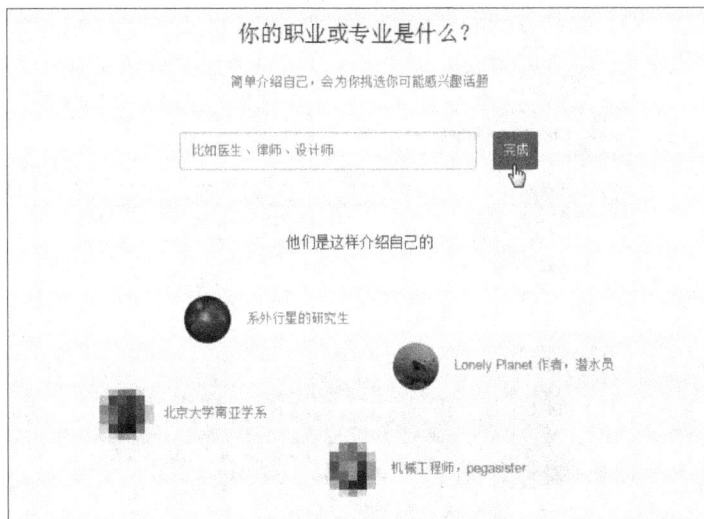

图 9-8　知乎平台输入职业或专业页面

在输入职业信息单击"完成"之后，会出现一个需要选择感兴趣话题的页面，如图 9-9 所示，具体包括电影、健康、生活、体育、健身、商业等诸多话题选项，用户根据自己的喜好挑选即可关注相关话题。

图 9-9　知乎平台选择话题页面

进入知乎首页之后，平台显示的内容是根据先前选择的感兴趣话题推送的内容。如图 9-10 所示，笔者这里选择的是电影和生活两个话题，所以平台推送了"如何评价电影《神奇动物在哪里》？"和"国内有哪些优秀的独立书店？"等相关话题帖。

图 9-10　知乎平台首页

知乎的主要定位是知识共享，问题页面是知乎最主要的页面，用户既可以通过搜索来了解相关问题，也可以自己直接提问或者作答自己感兴趣的问题。

如图 9-11 所示，用户若想提问或作则答需要激活账号，通过手机号和邮箱获取验证码，输入平台发送的验证码即可激活成功。

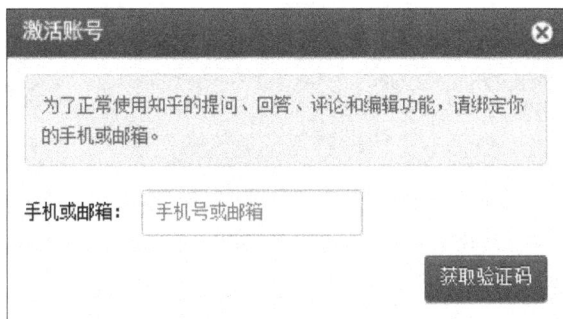

图 9-11　知乎激活账号页面

知乎的提问有一定的规则，用户提问需要遵循简洁、直接、规范等原则，禁止"为神马""肿么办"等网络语言，以及"有谁知道""谢谢""跪求"等与问题无关的附加语。

如图 9-12 所示，知乎禁止招聘、求职、交易、合作等内容，同时为避免问题的重复提问，平台要求用户在提问前先自行搜索相关问题。

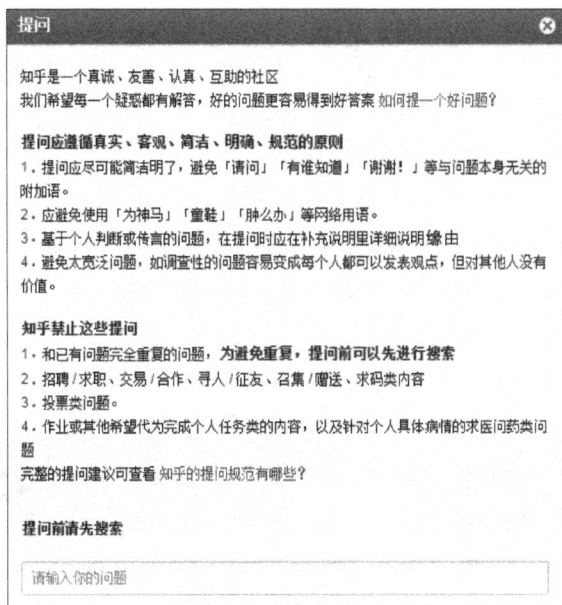

图 9-12　知乎提问原则及提问前的搜索页面

　　用户搜索后，如果自己的问题不是重复的，那么便可继续完成提问步骤，在提问完成后可以邀请对相关话题感兴趣的用户来回答。

　　如图9-13所示，笔者提问了一个关于小说的问题，知乎平台在提问完成后出现了邀请那些关注过小说话题用户的页面。

图9-13　知乎提问后的邀请页面

　　对于想要了解和感兴趣的问题，用户可以搜索问题并查看相关回答，如果自己对问题有独到的见解也可以输入回答。

　　如图9-14所示，如果用户不想暴露自己的信息，可以选择通过匿名的方式回答，只需在"匿名"框前点击一次即可，而且对于回答用户可以选择允许规范转载、允许付费转载、禁止转载等权限。

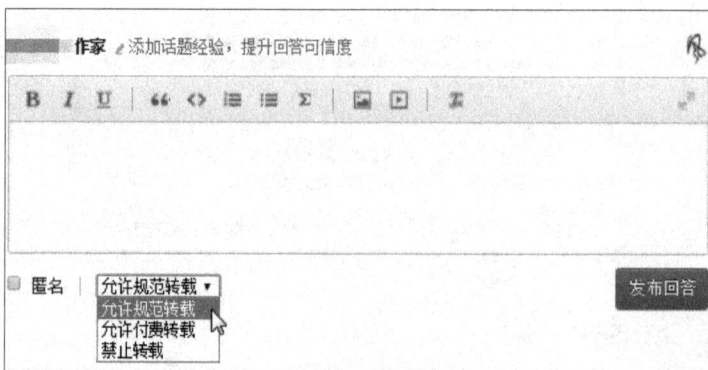

图9-14　知乎用户发布回答页面

　　对企业而言，可以通过在知乎上提问和回答来宣传自己的产品，这种问答通常具有很好的话题性，吸引广大知乎用户参与围观问题，从而促进产品的传播和推广。

如图 9-15 所示，笔者在知乎上搜索"电影《驴得水》"后，出现了"电影《驴得水》好看吗？""如何评价电影《驴得水》？""电影《驴得水》中有哪些隐藏的小细节"等话题。

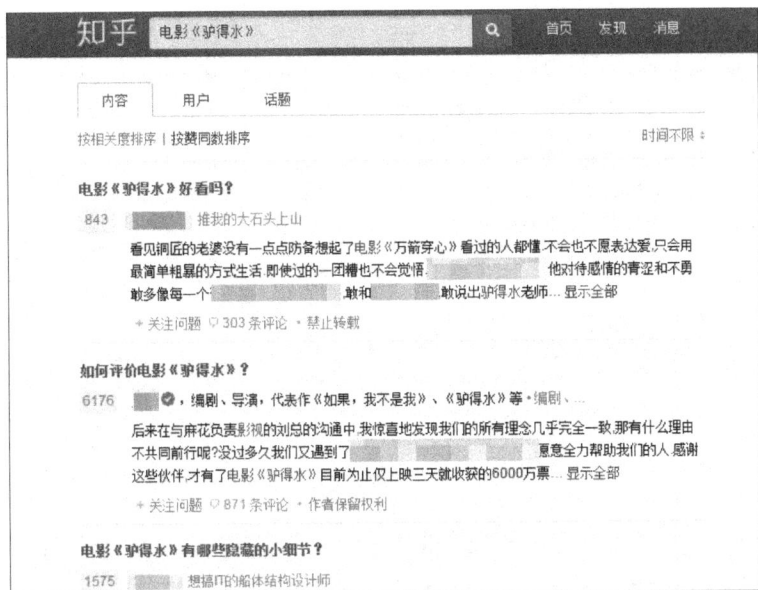

图 9-15　"电影《驴得水》"搜索页面

电影发行方可以参与到相关的问答之中，精彩的回答能引导用户去观看电影，达到为电影做宣传的目的。如图 9-16 所示，对"如何评价电影《驴得水》？"这一问题，电影《驴得水》的导演在知乎上做出了回答，该条回答得到了 6000 多人的赞同。

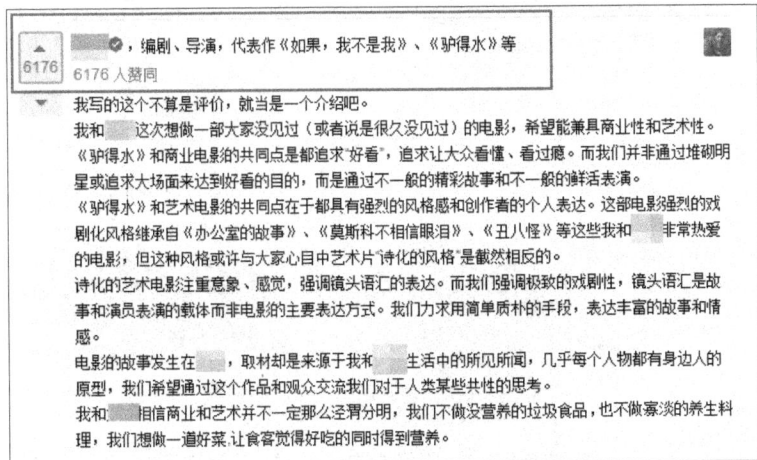

图 9-16　《驴得水》导演的回答页面

9.2.2 分答：付费语音问答新产品

分答是 2016 年度最引人注目的问答平台，它开启了国内付费语音问答模式，分答上线后仅 42 天便获得 1000 万用户授权，其中付费用户超过 100 万人。

如图 9-17 所示，回答者通过一分钟语音回答得到报酬，提问者需要支付一定的提问费用，其他用户花费 1 元便可"偷听"回答，"偷听"的收入由提问者和回答者平分。

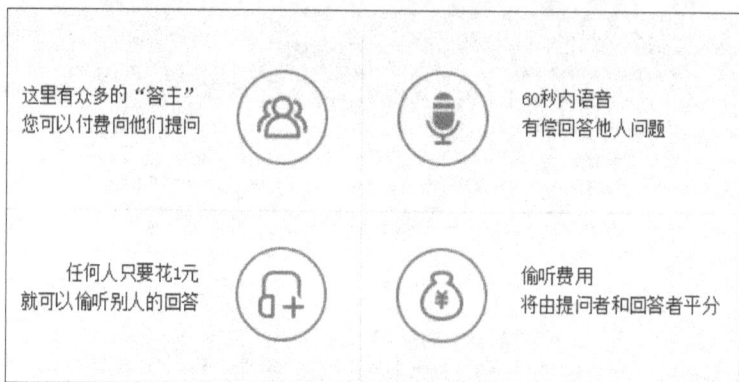

这里有众多的"答主"
您可以付费向他们提问

60秒内语音
有偿回答他人问题

任何人只要花1元
就可以偷听别人的回答

偷听费用
将由提问者和回答者平分

图 9-17　分答的收费分配模式

分答目前主要支持手机 APP 客户端，如图 9-18 所示，初次安装分答 APP 后会出现显示产品特色的内容——"语音解惑""知识按需取用"等界面。

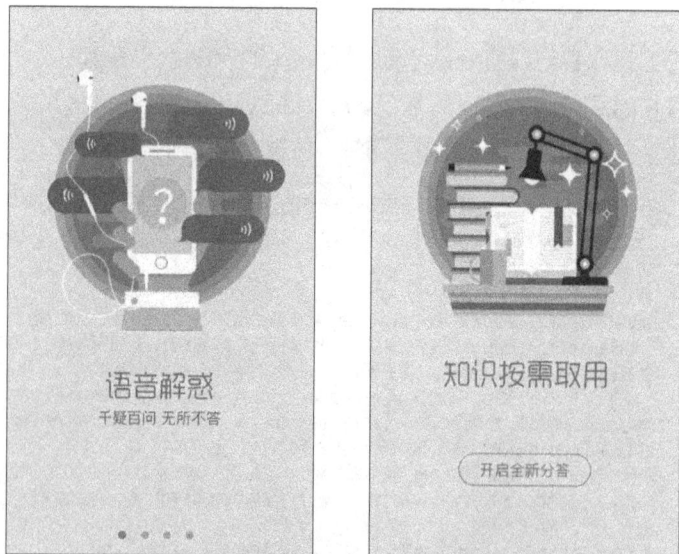

语音解惑
千疑百问 无所不答

知识按需取用

开启全新分答

图 9-18　分答 APP 初次安装打开界面

进入分答应用后，首先呈现在用户面前的是收听和讨论界面，具体如图 9-19 所示，用户可根据爱好浏览相关问题。

图 9-19 分答 APP 主界面

不过，用户如果想要提问或收听语音，需要先在分答平台注册、登录才行。如图
9-20 所示，分答支持微信快速登录和手机注册登录，所以登录注册分答账号十分方
便，笔者在这里选择微信快速登录。

图 9-20 分答登录注册界面

新用户注册登录后，会出现选择感兴趣领域的页面，如图 9-21 所示。平台会根

据用户的喜好领域来推荐热门答主，用户也可以搜索自己喜欢的答主，通过收听的方式关注对方，这样就能在"我收听的人"里快速找到对方。

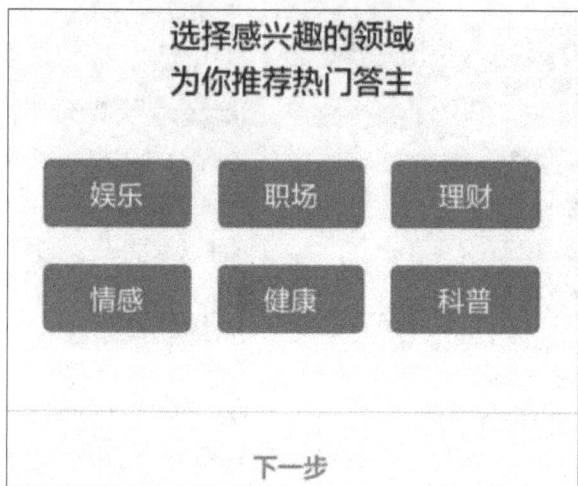

图 9-21　分答用户选择感兴趣领域的界面

分答用户可以直接向热门答主提问，也可以选择悬赏的方式来提问，直接提问著名答主需要支付答主所定的酬金，悬赏提问则由用户自己定赏金。

如图 9-22 所示，用户悬赏了 10 赏金来询问健康问题，提问方选择匿名方式来提问，答主则是一些专业的医生和医学博士，这在一定程度上保障了问答双方的权益。

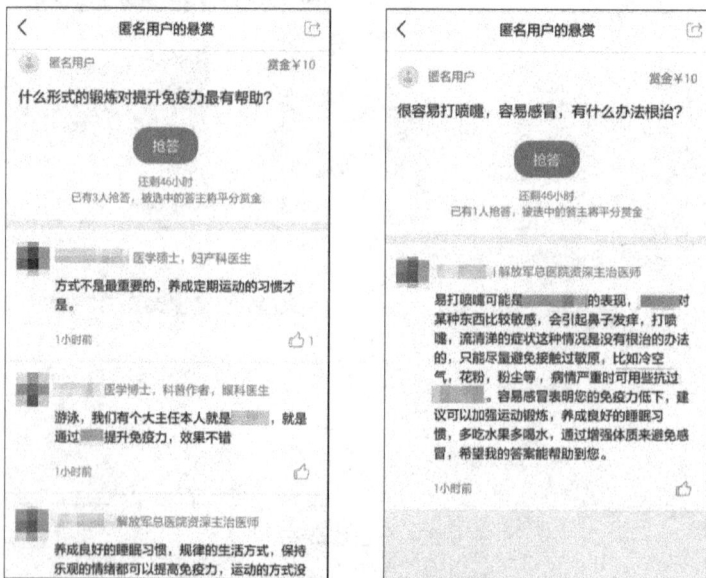

图 9-22　分答用户通过悬赏方式提问

9.2.3　百度知道：互动式知识问答分享平台

百度知道是由百度推出的，是一个基于搜索的互动式知识问答分享平台，目前是中国最大的问答网站。百度知道主要特点在于和百度搜索的完美结合，百度的庞大用户群体为它提供了流量支持。

如图 9-23 所示，百度知道首页的问题栏有很多类问题，具体包括：经济金融、企业管理、法律法规、社会民生、教育科学、健康生活、体育运动、文化艺术、电子数码、电脑网络、心理分析、医疗卫生等。

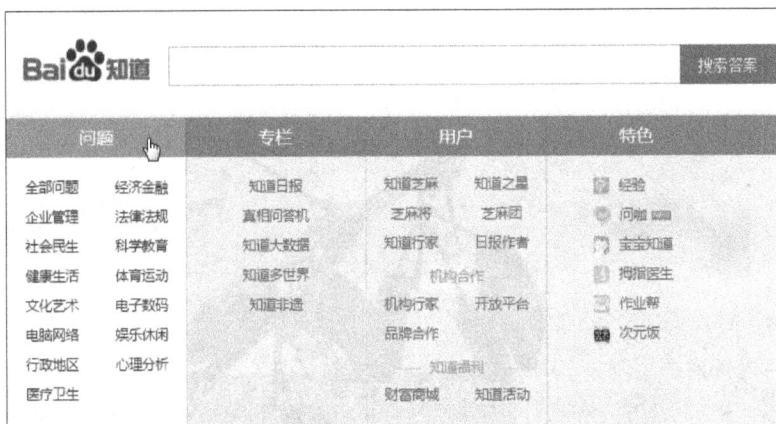

图 9-23　百度知道问题栏页面

单击"我要提问"进入提问页面，如图 9-24 所示，在问题说明框中输入问题，选择提问服务的赏金，在输入验证码后便可提交问题。

图 9-24　百度知道"我要提问"页面

浏览百度知道的最新提问栏，对于感兴趣和了解的问题，可以单击进入回答页面，如图 9-25 所示，如果你的回答被采纳将会获得提问方的悬赏赏金。

图 9-25　百度知道用户回答页面

在百度知道中贡献分享知识的用户被称为芝麻用户，而有共同兴趣爱好、共同成长的芝麻用户可以组成芝麻团。芝麻团的等级会随着用户增加而提高，高级芝麻团有专属的优质问题包等待成员回答。

如图 9-26 所示，对于新注册登录的用户，百度知道平台会弹出推荐测试页面，用户按照指引进行一步步的测试后，平台会推荐相应的芝麻团队。

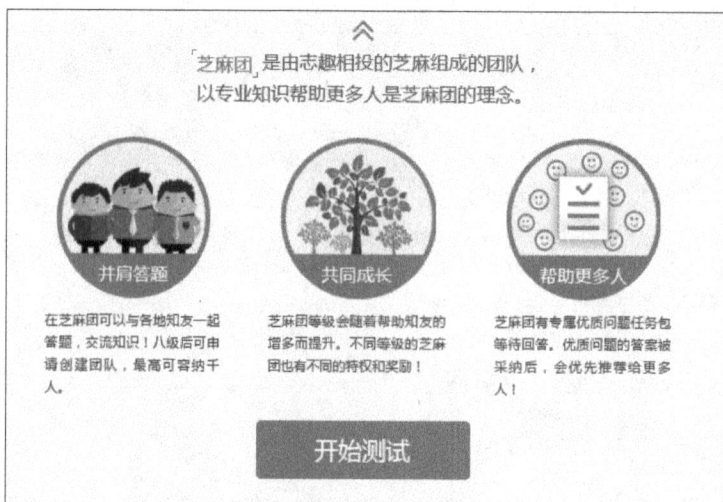

图 9-26　百度知道平台芝麻团测试页面

在芝麻团中可以与其友一起答题、交流，用户的等级达到 8 级之后可以申请创建团队。如图 9-27 所示，笔者通过测试后被推荐了几个"文化艺术新手"芝麻团。

图 9-27　百度知道平台推荐的芝麻团

如图 9-28 所示，芝麻用户可以申请成为芝麻将，芝麻将是指热心回答问题的用户，百度知道官方会直接领导团队来管理芝麻将用户。芝麻将可以获得平台管理特权、身份特殊标识、专属礼品等福利。

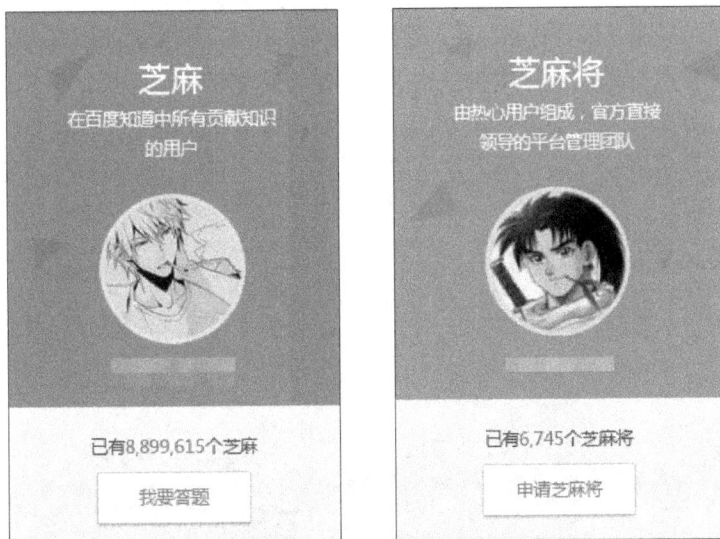

图 9-28　百度知道的芝麻和芝麻将用户

9.2.4　360问答：营造良好网络知识氛围

360问答平台，是奇虎360搜索旗下产品，可以把它看成一个知识分享社区，用户把自己遇到的问题提交到平台上，平台则会自动匹配合适的回答者来解答。

如图9-29所示，360问答官网首页的菜单栏主要包括：问题库、在线问诊、乐帮团、管理团、知识商城、论坛等。

图9-29　360问答官网首页

360问答平台更加注重效率，用户提出的问题通常会在5分钟内就有人回答，360问答用户单击"我要提问"后，便会进入平台的提问页面。如图9-30所示，用户在提问框中输入问题，还可以选择邀请微博专家来作答。

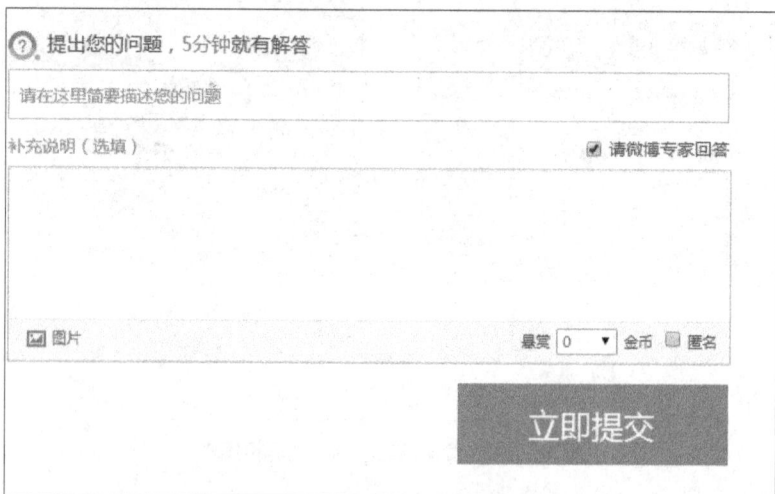

图9-30　360问答用户提问页面

　　问答平台对企业宣传推广有很大的作用，企业可以将自己新出的产品信息以提问和回答的方式呈现在用户面前，借力问答平台的发酵作用，会取得很好的传播效果。

　　例如，图 9-31 所示的问题回答页面，有匿名用户提问"灵魂摆渡 4 什么时候上映"，企业可以在这里回答用户的问题，这意味着在提问和回答之间，企业可以不露痕迹地推广产品。

图 9-31　360 问答用户回答页面

　　360 问答的活力乐帮团和百度的芝麻团类似，旨在通过团队合作来解决各种提问，乐帮团的这种模式营造了良好的网络学习氛围。如图 9-32 所示，用户可以选择参加喜欢的乐帮团队，以团队之力帮助更多的人。

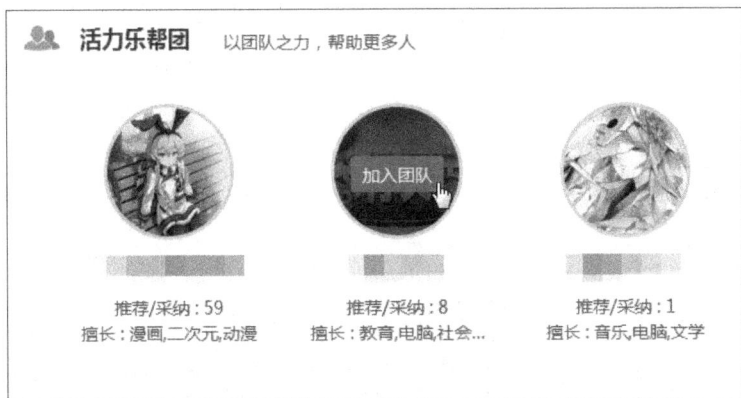

图 9-32　360 问答的乐帮团

第 10 章

百科平台，将潜在用户转化为实际用户

学前提示

百科平台主要展示知识性的词条信息，它的开放性、权威性等特点，是其它互联网平台所缺少的。百科的搜索权重使得企业可以利用百科平台来提高自己公司和产品的知名度。而百科的词条信息能帮助企业将潜在用户转化为实际用户。

要点展示

 >> 百科平台的功能定位
 >> 常用于新媒体推广的百科平台

10.1 百科平台的功能定位

在互联网上可以借助百科平台来做营销，将企业的相关信息通过百科传递给用户，企业通过产品信息、经营理念、品牌文化等内容的展示，方便用户形成对企业品牌和产品的认知，同时也有利于企业产品向潜在用户推广。

百科营销通过向大众传播知识来形成影响力，所以相比传统营销和其他互联网平台营销，百科营销具有更多的营销优势，具体优势如图 10-1 所示。

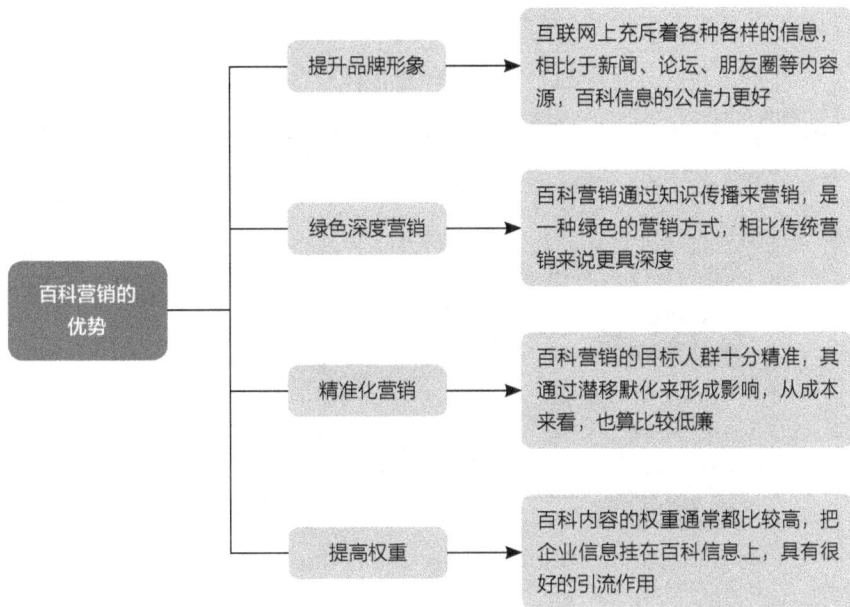

图 10-1　百科营销的优势

10.1.1 辅助 SEM

用好百科可以使企业的网络营销变得更为有效，其中最为直接的好处便是能促进 SEM 的优化，因为百科信息在谷歌、搜狗等搜索平台中，拥有很高的搜索排位的权重。

比如说，用户在搜索平台中搜索企业网站时，企业的主站竟然排在了网页中不显眼的位置，这对企业形象的树立肯定是有负面影响的，而通过百科平台编辑企业信息能较好地解决这一问题。

百科的词条信息对 SEM 的优化，主要是因为它具有以下 3 点特性，具体如图 10-2 所示。

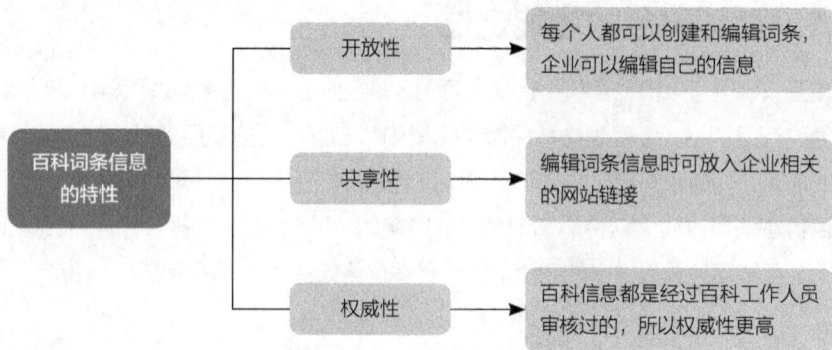

图 10-2　百科词条信息的特性

百科词条是百科营销的主要载体，做好百科词条的编辑对网络营销至关重要。百科平台的词条信息有很多分类，但对企业的网络营销而言，以下 4 种形式最为重要，具体如图 10-3 所示。

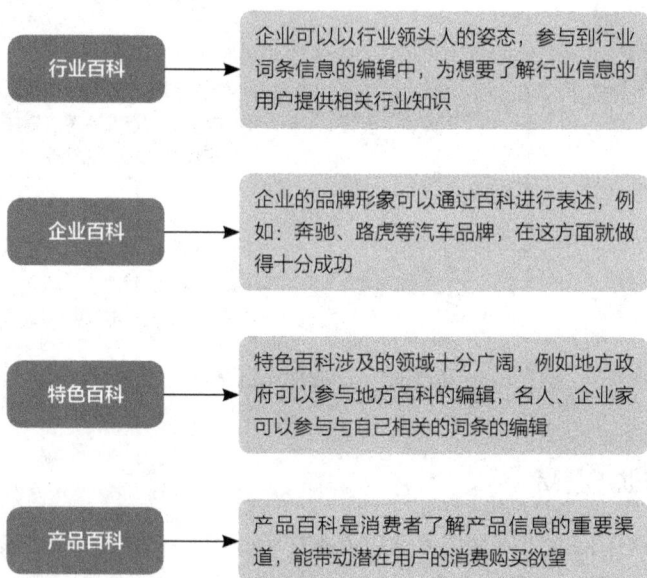

行业百科　企业可以以行业领头人的姿态，参与到行业词条信息的编辑中，为想要了解行业信息的用户提供相关行业知识

企业百科　企业的品牌形象可以通过百科进行表述，例如：奔驰、路虎等汽车品牌，在这方面就做得十分成功

特色百科　特色百科涉及的领域十分广阔，例如地方政府可以参与地方百科的编辑，名人、企业家可以参与与自己相关的词条的编辑

产品百科　产品百科是消费者了解产品信息的重要渠道，能带动潜在用户的消费购买欲望

图 10-3　对企业网络营销最为重要的百科类型

如图 10-4 所示，在百度上搜索"魔兽"，会发现"魔兽"的百科词条信息排在第二位，这体现了"魔兽"在百科的搜索排位权重很高。而大多数想要了解"魔兽"的用户，通常会单击进入"魔兽"词条内，这对"魔兽"的品牌传播具有很大的影响。

图 10-4 "魔兽"百度搜索页面

10.1.2 提供信任背书

百科通过知识拉近与消费者之间的距离，知识的权威属性和百科的审查机制，为百科的网络营销提供了信任背书。所以企业不能辜负这份信任，在编辑相关百科词条时要用心投入，用心编辑对消费者有用的词条信息。

企业做百科营销不能变成纯粹的广告营销，必须学会加入一些实用性的内容，或者也可以加入一些公益性的内容，做百科营销是一个长期的过程，不可急功好利地掺杂促销广告来推广内容。

企业在做百科营销时需要注意以下事项，具体如图 10-5 所示。

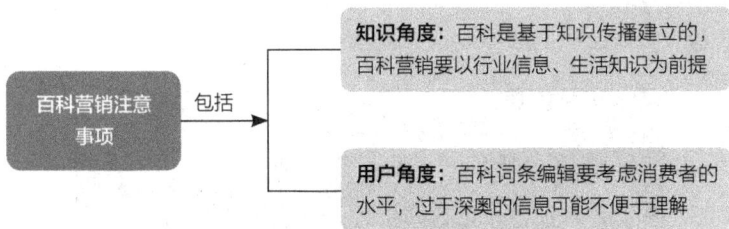

图 10-5 百科营销注意事项

10.2 常用于新媒体推广的百科平台

目前较为流行的百科平台有很多，为使大家更为深刻地认识和了解百科，本节笔者将介绍 3 种百科平台，具体包括：百度百科、360 百科、互动百科。

10.2.1 百度百科：中文百科全书

百度百科是百度推出的互联网百科产品，旨在创造覆盖各领域知识的信息收集平台，百度百科十分重视用户的参与和分享，它利用广大百度用户的力量，集小成多构建知识交流的海洋。

图 10-6 所示为百度百科的官网首页，从官网显示的实时数据可以看到，此时百度百科上已经有 1395 多万个词条，600 多万的用户参与编辑，超过 1.2 亿次的词条编辑。

图 10-6　百度百科官网首页

百度百科的分类包括：艺术、科学、自然、文化、地理、生活、社会、人物、经济、体育、历史等，具体如图 10-7 所示。

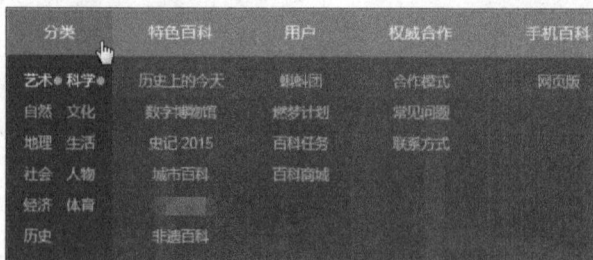

图 10-7　百度百科分类栏

例如，单击分类中的"科学"便会进入科学百科页面，科学百科致力于权威的科学传播，由中国科协和百度公司联合主办。

如图 10-8 所示，通过百科平台的实时数据显示，可知百度百科的科学词条已有 5.2 万条，每天有 340 万多次阅读量，有 994 位科普专家。

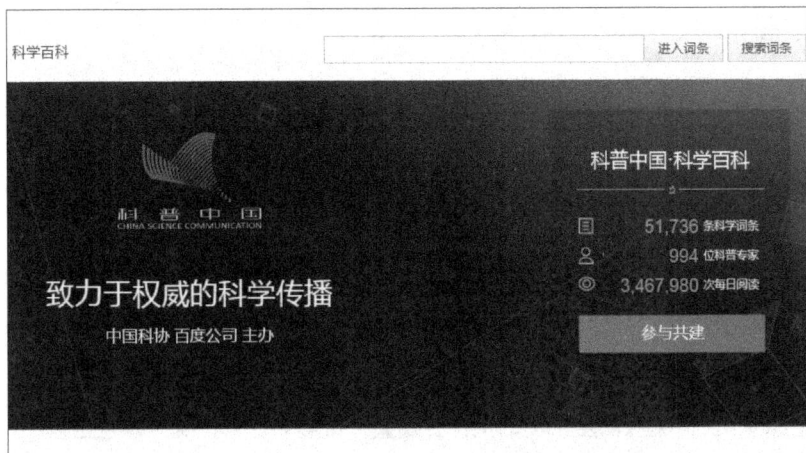

图 10-8　百度科学百科首页

往下翻动科学百科页面，会看到科学热词推荐页面，如图 10-9 所示。笔者看到的推荐热词有超级月亮、太空科学、拓扑相变、音爆、太阳能发电、细胞自噬等词条。

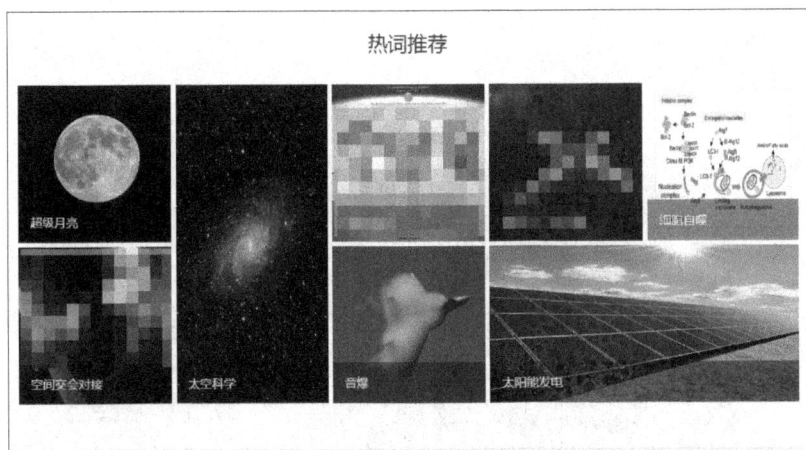

图 10-9　百度科学百科热词推荐

继续往下翻动页面，会看到科学百科的分类词条库，如图 10-10 所示，具体分类包括健康医疗、航空航天、汽车工程、生物医学、环境科学、气象科技、水产养殖、食品科技、通信科技、核能利用、电子信息等类别。

图 10-10　百度科学百科分类词条库

　　退出科学百科进入百度百科首页，在首页"分类"栏旁边的"特色百科"，是百科中很有意思的地方，具体包括历史上的今天、数字博物馆、城市百科、非遗百科等栏目。

　　例如，笔者单击"历史上的今天"，便可看到历史上曾发生了什么事情。如图 10-11 所示，历史上的"12 月 2 日"，1929 年在北京周口店发现了北京猿人头盖骨。

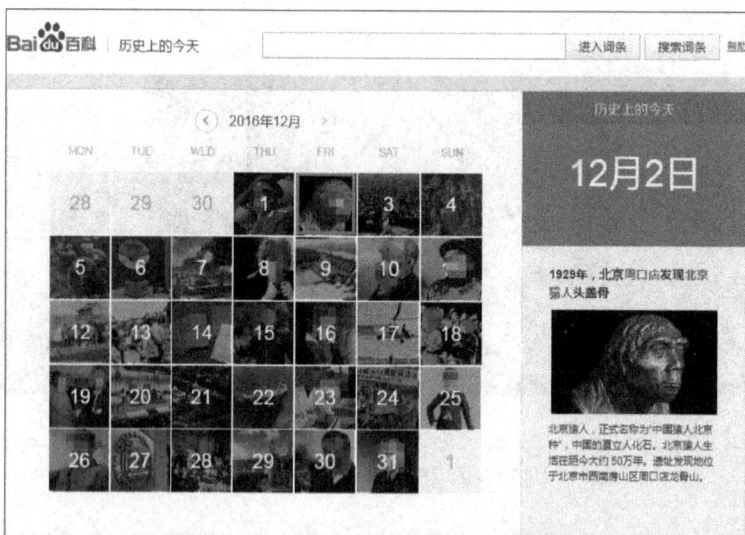

图 10-11　百度百科"历史上的今天"页面

　　百度百科丰富的知识能帮助用户扩大知识面，这保证了百度百科的用户黏性。对企业而言，构建自己的企业词条，具有很好的推广传播作用。

　　用户可以单击首页中的"创建词条"框，随后便进入词条创建引导页面，如果是初次创建，可以选择引导来了解创建规则，资深用户则可以选择直接编写选项。

　　图 10-12 所示为创建词条页面，用户首先要在"词条名"框内输入词条名称，词条名通常是专有名词，使用正常的全称或常用名称即可。企业用户则可以选择旁边的快速通道来创建企业信息词条。

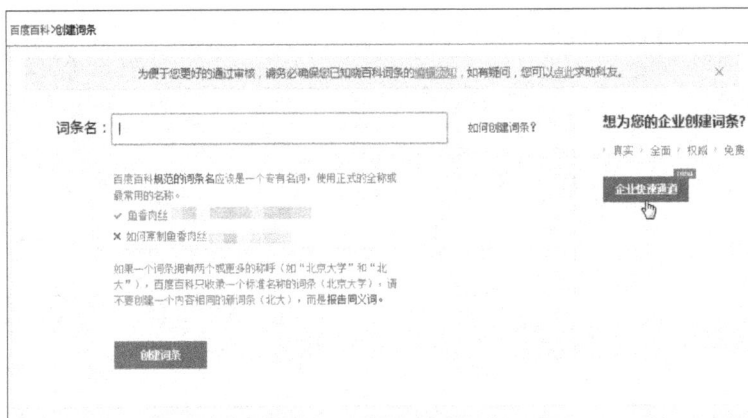

图 10-12　百度百科创建词条页面

　　企业快速通道是为著名大企业服务的，并不适用个体工商户、社会团体、事业单位、政府机关等。如图 10-13 所示，想要通过快速通道编写企业词条，需要填写企业信息、联系人信息等内容。

图 10-13　百度百科企业快速通道页面

10.2.2　360百科：内容涵盖多个领域的知识

360百科是由奇虎360公司创建，致力于"让求知更简单"的知识服务，360百科与360搜索结合，从而一起构建庞大的360用户群体。

360百科的首页如图10-14所示，首页显示醒目的"行业权威数据 全面覆盖"几个大字，主题栏的分类包括：探索百科、用户、任务、知识商城、帮助中心等。

图10-14　360百科首页

其中"探索百科"下包括"百科专题"和"高考百科"，把鼠标指针移动到"探索百科"，单击"百科专题"后，会进入图10-15所示的页面。

图10-15　360百科专题页面

360百科专题主旨为"洞悉万物 始于百科"，里面有很多有趣、有料的知识专题项目，比如图10-15中就有"手机回收变黄金""个人账户大变身""舌尖上的方言""未来将出现的黑科技"等专题。

例如，单击"舌尖上的方言"专题，会发现里面的内容多以图片形式直观且生动有趣地呈现在用户面前，如图10-16所示，这种图文结合比纯文字百科的阅读体验更好。

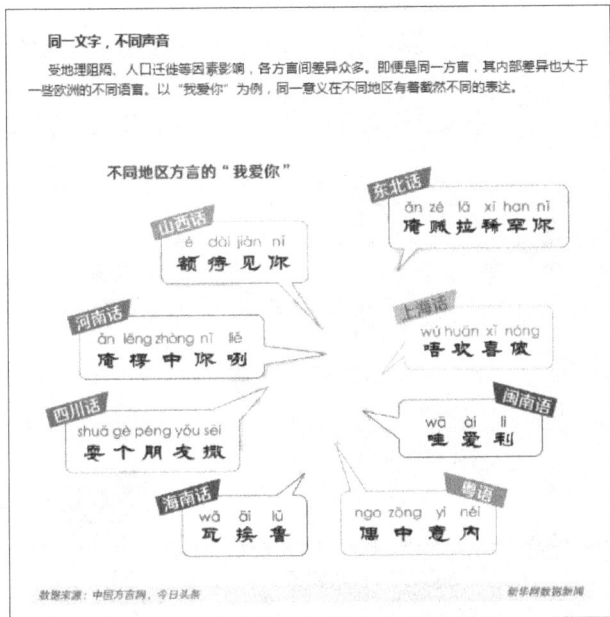

图10-16　"舌尖上的方言"专题页面

360百科里"探索百科"下的"高考"百科专栏主要服务于高考考生，如图10-17所示，专栏包括：智能选大学/专业、专家教你填志愿、师兄学姐问答、学校抢先看等。

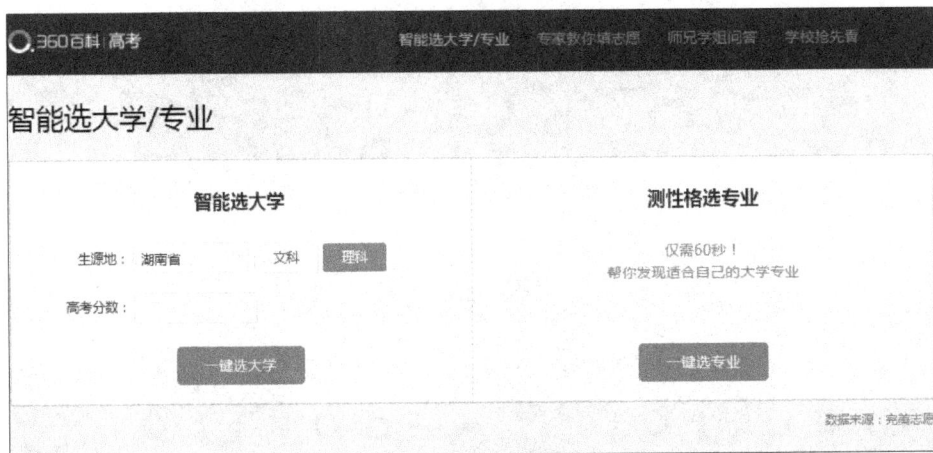

图10-17　360百科高考专栏页面

360 用户登录后便可参与 360 百科词条的编辑，新用户可以通过注册或者微信、QQ、微博等渠道授权方式登录。

用户登录后先搜索想要编辑的词条，如果词条没有收录便可自行创建；如果词条已经被他人先行创建，用户可以选择继续编辑完善。

如果是在已经创建的词条上编辑完善，那么在词条编辑修改完成单击"提交"后，会自动跳出图 10-18 所示的选项框，主要包括扩充内容、添加图片、更正错误、删除冗余重复、调整目录结构、调整排版等选项。用户根据实际情况，勾选对应选项即可。

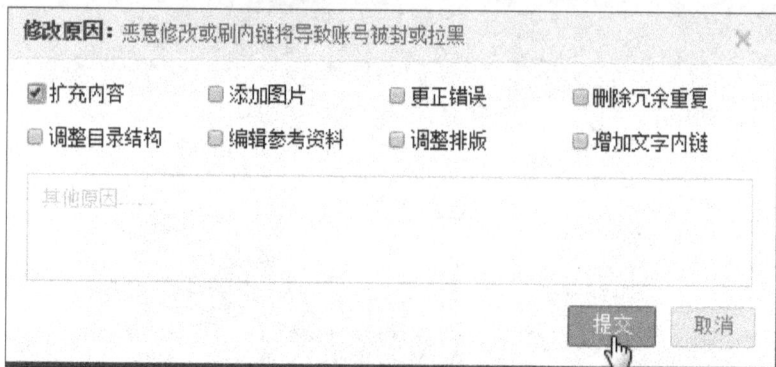

图 10-18　360 百科修改词条的原因选项框

如图 10-19 所示，积极参与词条编辑的用户还可选择加入百科精英团，精英团成员可以享受操作特权、身份标示、定制福利等好处。不过申请加入需要一定的条件，具体包括：百科等级达到 5 级、词条通过率大于 95%、热爱分享等。

图 10-19　360 百科精英团

10.2.3 互动百科：与亿万网民共享百万在线百科知识库

互动百科原称互动维客，其愿景是让知识的传播和分享更为简单，成为最权威的知识载体平台。

图 10-20 所示为互动百科的官网首页，首页菜单栏包括百科图片、百科 IN 词、微百科、行业百科、药品百科、百科任务等专题。

图 10-20　互动百科官网首页

单击"百科图片"进入百科图片，其页面如图 10-21 所示，互动百科图片通过图片的展示，扩展用户的视野，组图分类包括文化、动物、历史、旅游、时尚等专题。

图 10-21　互动百科图片专栏页面

IN 是 In Fashion 的简称，互动百科 IN 词是流行词的意思。如图 10-22 所示，单击进入 IN 词十大热词页面，有日榜、周榜、月榜十大热词榜。

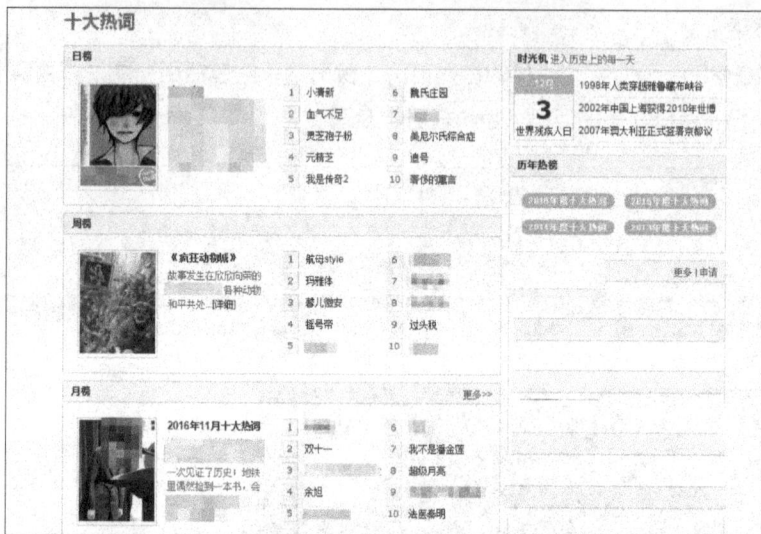

图 10-22 互动百科十大热词页面

热词记录了网络时代用户的情绪变化，在很大程度上表达了人们对事件和生活的态度，积累网络热词能从侧面记录社会的发展。

图 10-23 所示是 2016 年月度十大热词榜，在 2016 年 11 月产生的热词有：双十一、我不是潘金莲、超级月亮、法医秦明等，能在很大程度上代表网络热点。

图 10-23 互动百科 2016 年月度十大热词页面

　　微百科是互动百科的知识细分类，互动百科的知识树主要包括自然、文化、人物、历史、生活、社会、艺术、经济、科学、体育、地理几大类别。

　　如图 10-24 所示，百科知识树每个大类别会继续细分，比如科学类别下包括科学家、社会科学、科学技术、互联网、通信技术、能源、航空航天、计算机技术、科技产品小类。

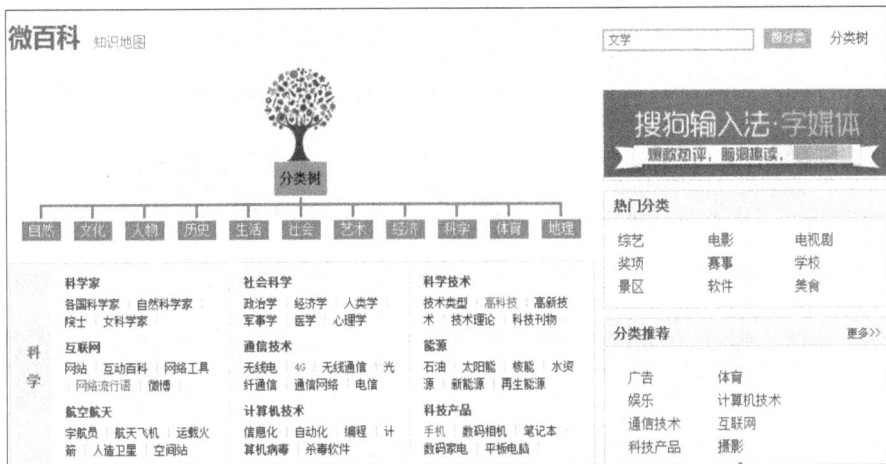

图 10-24　互动百科知识分类树页面

　　单击进入科学分类中的"科技产品"专栏，会看到许多新型科技产品的介绍，具体如图 10-25 所示，主要有亮眼睛系统、iPhone、单反相机、USB 等科技产品。企业如果能利用好科技产品专栏，对本公司的产品推广很有好处。

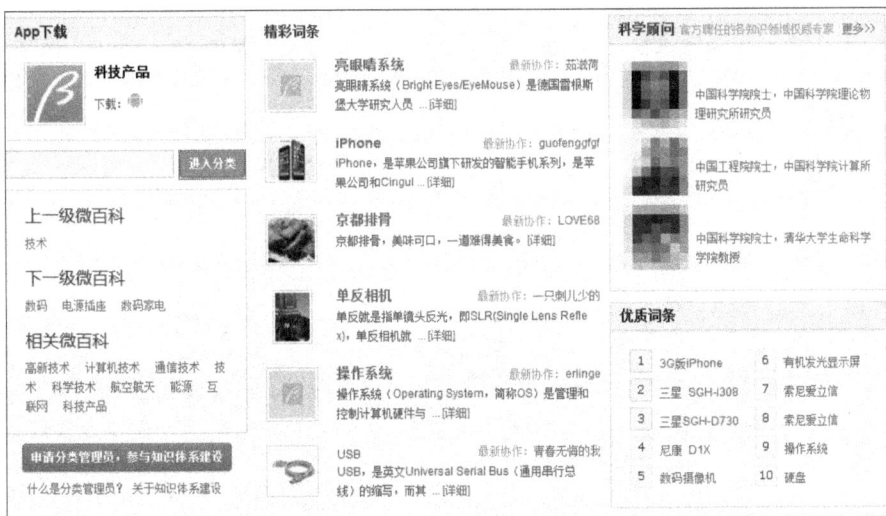

图 10-25　互动百科"科技产品"专栏页面

"三百六十行 行行有百科"，互动百科的行业百科的分类有很多，具体如图
10-26所示，包括：生活、旅游、教育、体育、健康、文化、娱乐、社会、游戏/动漫、
财经、科技、工业技术、农业种植、商务服务。

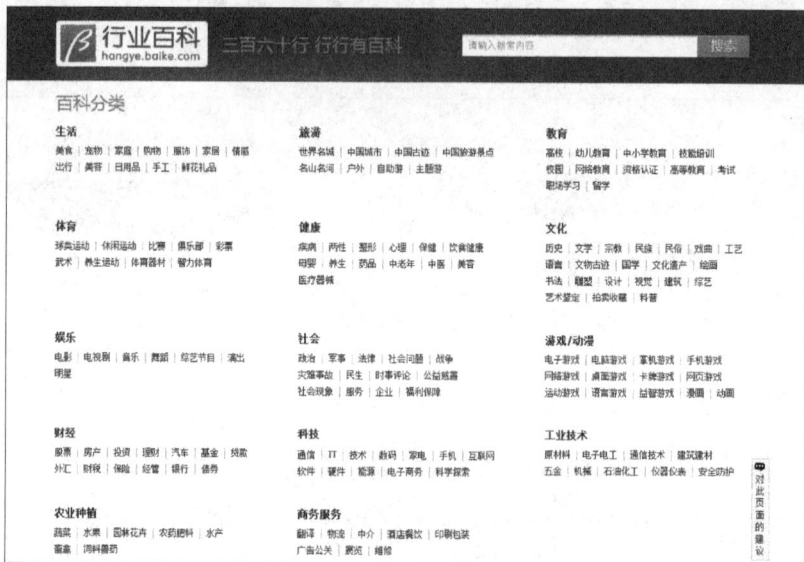

图 10-26　互动百科的行业百科分类页面

互动百科的企业百科页面中主要有企业词条、企业一站通、企业移动通这三种服
务，具体如图 10-27 所示。这些服务方便企业进行百科营销，例如开通企业一站通服
务会包含独立的 Web 站点，便于企业自主自助地进行百科营销。

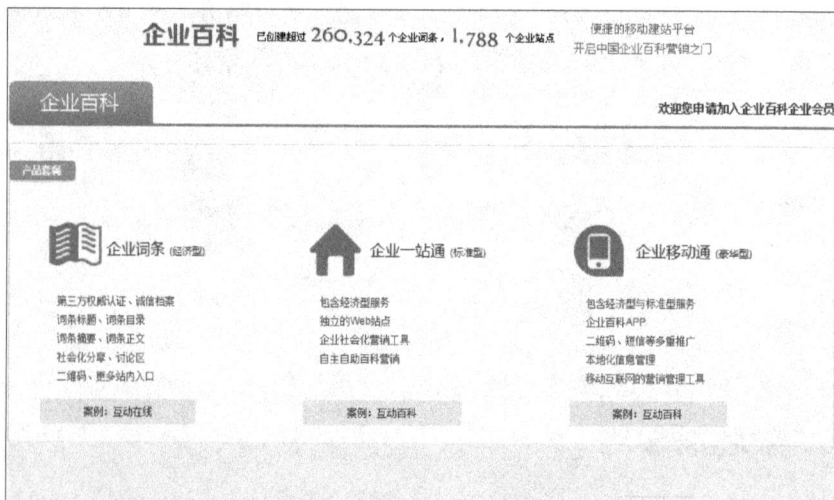

图 10-27　互动百科的企业百科页面

互动百科还有独具特色的百科任务，百科任务主要是鼓励用户参与词条编辑，如图 10-28 所示，主要分为日常任务和有奖任务两类。

图 10-28 互动百科的百科任务页面

用户选好熟悉的词条专题，单击"领取任务"按钮，就可进入相关的任务词条页面。

第11章

直播平台，更能促进话题传播

学前提示

网络营销最主要的是抓住"热点"，而在众多的网络平台中，最容易产生热点内容的就是网络直播平台。直播因为具有即时性、互动性等优点，对积累人气、推广品牌有很大的作用，从这种意义上说，企业想做好网络营销，则需要了解各种直播玩法和直播平台。

要点展示

>>> 直播平台的具体玩法
>>> 常用于新媒体推广的直播平台

随着互联网营销对平台的需求不断提升，各种互联网平台都成为网络营销的热点，其中形式多样的网络直播平台更是热点中的热点。

网络直播对网络营销来说，无疑是具有很大促进意义的平台，本章笔者通过介绍具体的直播方式以及直播平台，使大家了解网络直播中的网络营销。

网络直播的方式主要包括信息披露直播、品牌宣传直播、网红代言直播、理财专家直播、客服沟通直播、娱乐活动直播、淘宝店铺直播、线下线上整合直播等具体玩法。网络直播平台的介绍主要以映客、花椒、YY 直播等平台为代表。

11.1 直播平台的具体玩法

11.1.1 信息披露直播

信息的传播越来越快捷、便利，人们对信息的及时性要求越来越严苛，报纸、新闻等传播渠道开始显得落后了，网络直播这种既能及时披露又能直观显现信息的方式，成为信息传播领域的热门和新宠。

信息披露类直播最具代表的是对各种体育赛事如足球、篮球比赛等的直播。此类直播能及时在线传播比赛详情，弥补广大球迷不能去现场观看比赛的遗憾，因此很受观众欢迎。

图 11-1 所示为 NBA 比赛的相关直播页面，广大球迷们既可以直接观看现场比赛的视频，又能在页面上看到比赛的实时排名和比分情况。

图 11-1 直播 NBA 相关比赛页面

11.1.2 品牌宣传直播

互联网时代的企业品牌宣传已经成为企业营销不可缺少的组成部分，而直播式的品牌宣传活动，已经渐渐成为企业宣传的主流。有网络营销想法的互联网企业，应该顺应这种主流来树立自己的品牌。

例如，小米、乐视、魅族、华为、锤子等品牌手机的新品发布会，就很好地利用了直播这种形式，进行品牌和产品的宣传推广。

图 11-2 所示是小米手机 2016 年春季新品发布会的视频截图，小米在发布会上宣布推出了小米 5、小米 4s 等新款产品，并对手机相关性能做了演示和介绍。

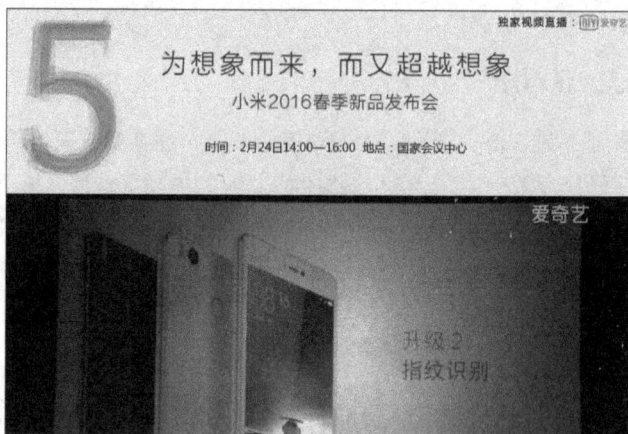

图 11-2　小米手机 2016 年春季新品发布会的视频截图

图 11-3 所示是锤子科技 2016 年 10 月上海新品发布会视频截图，在发布会上锤子科技推出了新款手机锤子 M1 和 M1L。

图 11-3　锤子科技 2016 年 10 月上海新品发布会视频截图

11.1.3 网红代言直播

如今，普通网店那种简单的商品罗列已经很难打动消费者，因为消费者看不到他们想要的东西，而网红代言成为新的网店热点。例如，著名网红董小飒，他是英雄联盟知名玩家、YY 知名解说。

董小飒早期便在直播平台积累了超过 100 万的订阅量，通过游戏解说带来了大量高黏性的粉丝，并将其引流到淘宝店铺。他的微博拥有大批粉丝关注，主页如图 11-4 所示。

微博粉丝数量 73 万多

图 11-4　董小飒的微博主页

在视频直播中获得粉丝后，董小飒转型淘宝开店为自己代言，通过网络营销的方式实现粉丝变现。图 11-5 所示是董小飒开设的"贪吃飒"零食店，主打产品为各种零食。他的"贪吃萨""外设萨"等产品，在粉丝圈中也形成了一定的名气。

图 11-5　董小飒的淘宝店铺

11.1.4 理财专家直播

身价资产是很多人都关心的事情，与之对应的理财专家的直播是广受欢迎的直播方式之一。

例如，毕业于复旦大学新闻系的财经作家吴晓波，他出版了一系列的财经类书籍，如《大败局》《穿越玉米地》《非常营销》《被夸大的使命》《激荡三十年》等作品，具体如图 11-6 所示。

图 11-6　吴晓波的部分作品

多年的商业写作和记者经验，使吴晓波具备了丰富的商业知识。2014 年 5 月 8 日，他在爱奇艺推出财经脱口秀节目——《吴晓波频道》，通过节目来试水自媒体内容直播，如图 11-7 所示。

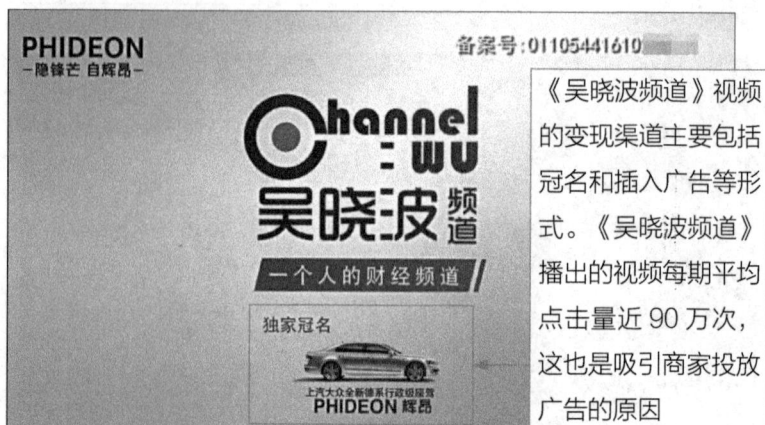

《吴晓波频道》视频的变现渠道主要包括冠名和插入广告等形式。《吴晓波频道》播出的视频每期平均点击量近 90 万次，这也是吸引商家投放广告的原因

图 11-7　《吴晓波频道》视频页面

11.1.5 客服沟通直播

客服沟通直播通过直接视频展现的方式，使用户对企业服务更加了解，从而拉近企业与用户之间的距离。

例如，如图11-8所示，中国移动微博显示其推出的客服直播对话服务，使用户既能闻其声，还能见其人，为客户提供了更为真实、形象的服务。

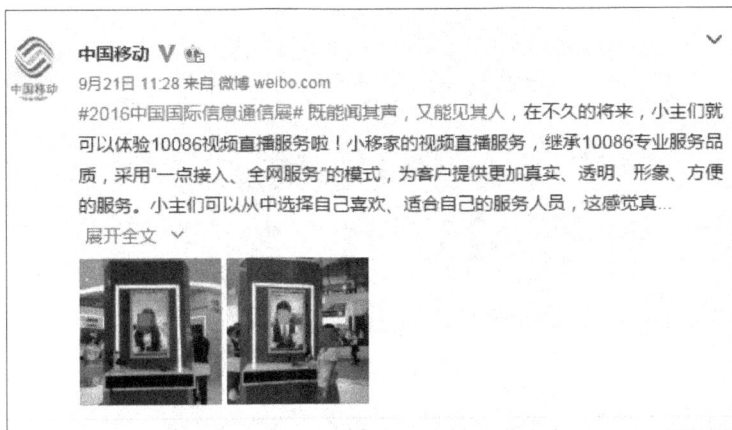

图11-8　中国移动微博发布的客服直播服务

11.1.6 娱乐活动直播

移动互联时代，通过开展直播相关的娱乐活动，能促进企业影响力的提高，娱乐活动的直播成为新的直播热点。

而且，不只局限于公司企业，普通人也可以通过开展娱乐活动的直播来为自己积累人气，这也正是直播活动的魅力所在，对于品牌的推广有很大的借鉴意义。

网络是拉近品牌与粉丝距离的重要途径，通过网络上的直播互动能使粉丝更加了解熟悉品牌，这对品牌的营销具有非常重要的意义。

11.1.7 淘宝店铺直播

在淘宝这个时尚媒体开放平台，聚集了一大批以淘女郎为代表的电商红人，他们已经超越了产品本身，卖的更多的是一种生活方式和体验，其网络营销是与忠实粉丝长期互动中自然演化而来的。

很多消费者喜欢在网红店铺购物，因为粉丝觉得他们搭配的衣服好看，希望穿出和他们一样美丽的衣服效果。例如，网络红人张大奕，她从一个模特成功转型为拥有五颗皇冠的淘宝卖家。

张大奕的成功营销离不开她个人的努力，也离不开粉丝的支持。如图 11-9 所示，她的微博拥有 469 万粉丝，是个名副其实的 IP。

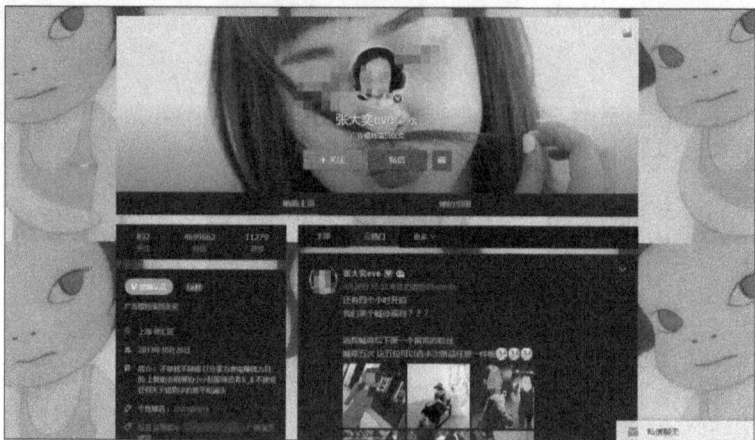

图 11-9　张大奕的微博主页

如图 11-10 所示，张大奕的淘宝店铺主要采用文艺、清新的内容风格，深受广大粉丝欢迎，粉丝产生的购买力就是她店铺最核心的竞争力。

图 11-10　张大奕的淘宝网店"吾欢喜的衣橱"

张大奕的淘宝店曾创下上线新品 2 秒卖完的销售盛况，只用 3 天就完成了普通线下店铺一年才能做到的销量，这可以说是互联网营销的一个奇迹。

"真实素材"的原创内容加上与粉丝的深度互动是张大奕成功的主要秘诀，这样才能给粉丝带来真正的信任感，获得的粉丝黏性也比较强，这是 IP 创业者们需要牢记的关键点。张大奕的淘宝店铺开张不到一年便升级到"四皇冠"，并且是全平台女装排行榜中唯一的个人店铺。

11.1.8　线下线上整合直播

互联网营销方式不再局限于线上营销，通过线上与线下的相互延伸和整合，已经成为一种新的潮流，通过线下线上整合直播能促进品牌推广。

例如，著名脱口秀主持人罗振宇，因为主持线上节目"罗辑思维"成为网络名人。而除了线上的节目外，他还积极开展线下的跨年演讲活动，通过每年一次的演讲活动拉近与粉丝的距离。

图 11-11 所示为罗振宇 2015 年的跨年演讲活动"时间的朋友"。

图 11-11　罗振宇 2015 年跨年演讲活动

11.2　常用于新媒体推广的直播平台

可以这么说，不了解网络直播对营销的作用，企业就很可能做不好网络营销。而想了解直播的作用，光是知道直播的一些玩法还不够，还需要深入了解各种直播平台。本节，笔者将介绍新媒体推广的一些网络直播平台。

11.2.1　映客：全新的实时直播媒体

映客的主要内容定位是"素人直播"，同时也不遗余力地推广移动端，如图 11-12 所示，新用户可以选择微信登录、微博登录、QQ 登录、手机登录，初次登录的用户设置好昵称、头像、性别等便可享受直播的乐趣。

图 11-12　映客登录注册界面

映客主播可以使用手机随时随地直播，而用户则可以利用碎片化的时间观看直播、为喜欢的主播点赞以及和其他粉丝聊天，将直播带入移动社交新模式。映客移动端具有图 11-13 所示的特色。

图 11-13　映客移动端的特色

通过映客直播平台，每个人都有成为媒体的可能，都可以凭借自己的优质内容成为自媒体时代的超级 IP。同时，映客还通过"直播＋明星＋电视＋电台＋公益"等多种跨界内容模式，积极扩大平台知名度和影响力。

11.2.2 花椒：手机直播社交平台

花椒直播拥有爆款 IP 和强档内容，满足用户的娱乐社交需求。

2016 年 6 月，花椒直播正式推出 VR 直播专区，并引入阿法狗技术，独创萌颜和变脸功能，丰富用户交互体验，如图 11-14 所示。

图 11-14　VR 直播和变脸特效相结合

同时，花椒还表示将免费发放 10 万台 VR 眼镜和 1000 套 VR 拍摄设备，总价值达 5000 万元。在 VR 直播专区，优质主播可以更便捷地生产 VR 内容，而粉丝也可以更简单地参与 VR 直播。

花椒将 VR 技术与人脸识别结合，为用户带来新奇有趣的移动直播玩法，在这个领域花椒直播将凭借优势加速行业领跑步伐。

对于互联网行业来说，技术绝对是第一生产力，技术不但可以创新 IP 的内容，同时也可以提升用户体验，加强粉丝黏性。

因此，企业或创业者可以在品牌知名度打造上，将 IP 营销和技术创新两者合二为一，在优质的 IP 基础上加大创新力度。

11.2.3 YY 直播：全民娱乐直播平台

YY 直播可以说是国内最早的直播平台之一，现在已经更名为 YY LIVE，随着网络技术的发展，其中的内容形式也在不断延伸。

如图 11-15 所示，YY 直播官网首页的专题栏内包括好声音、脱口秀、燃舞蹈、潮音乐、旅游、体育、明星、网游、手游等多个模块。本小节笔者将详细介绍上述模块中的几个典型代表，从而使大家更了解 YY 直播平台。

图 11-15　YY 直播首页

1. 好声音的新玩法

　　YY 好声音的内容以音乐为主，如图 11-16 所示，主要包括咪咕音乐现场、好声音排位赛、星耀好声音、YY 玩唱会 4 个活动版块。

图 11-16　YY 好声音页面

　　以好声音中的 YY 玩唱会为例，YY 玩唱会是一档在线直播的网络互动音乐节目，会在每周一、周三和周五晚上 8 点准时播出，用户从 YY 官网进入后，会见到图 11-17 所示的画面。

图 11-17　YY 玩唱会页面

YY 玩唱会采用了"网络直播演唱会＋电视节目"模式，将玩唱会以线上直播节目的形式播出。

YY 玩唱会将 IP 内容营销玩得非常娴熟，好像就是一场线上的"明星在线演唱会＋粉丝歌友会"。这种方式可以加强明星 IP 和粉丝的关系，而且有可能重塑明星的表演生态链，如图 11-18 所示。

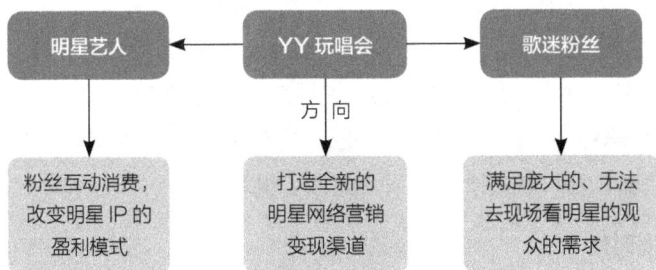

图 11-18　YY 玩唱会的模式特点和发展方向

让明星与粉丝可以线上线下同步互动，粉丝不用去现场，只需在电脑或手机上观看直播，即可感受音乐现场的气氛，同时还能参加游戏活动赢得礼品，这种方式对品牌的推广很有借鉴意义。

2. 脱口秀的营销模式

脱口秀（Talk Show）也称为谈话节目，主持人会策划一个话题来和观众谈论，经常通过广播和电视节目播出。

在互联网平台中，以脱口秀为内容形式的人物 IP 也比较多，如马三立（传统单口相声）、吉星（《吉星开心秀》）、汪涵与马可（《越策越开心》）、高晓松（《晓松奇谈》）等。

为此，YY LIVE 也重点推出了精彩的脱口秀直播栏目，集合了幽默搞笑的人气主播等来直播脱口秀，如图 11-19 所示。

图 11-19　YY 脱口秀直播栏目

YY LIVE 正在转型为一个 PUGC（Professional User Generated Content，专业用户生产内容）模式平台，并且推出了一个"直播无限合作计划"，通过与各种明星合作来开启 IP 营销。

YY LIVE 将"网络直播＋个性内容＋跨界文化＋明星伙伴"进行很好的融合，还推出了直播公众号和频道合伙人等多个项目，在内容营销和 IP 营销中进行了一次次尝试，以此打造出好声音、脱口秀等不同品类的互联网内容。

3. 潮音乐的新时代

潮音乐频道与好声音类似，都是以音乐作为主要内容，但两者的发展方向却大不相同，好声音是传统音乐的直播化，而潮音乐则是电音直播市场的重要平台。YY LIVE 潮音乐的主要定位是电子音乐、HipHop 音乐以及摇滚音乐等具有新潮元素的音乐类型。

YY 的线上线下合作模式，将现场感极强的电子音乐真实展现到直播平台，给那些喜欢电音的粉丝带来身临其境的视听盛宴。

如图 11-20 所示，潮音乐包括：丛林电音节、风暴电音节、百大 DJ 现场、香蕉电音节、Mad House 专栏。

图 11-20　YY 潮音乐频道

早在 20 世纪 90 年，电子音乐就已经进入中国，经过多年的发展也沉淀了一大批忠实爱好者和粉丝。同时，在 90 后、00 后成为互联网主流文化消费人群的时代特征下，电子音乐也将占据一定的市场。

而 YY 则早早地看到了其中的巨大商机，率先占领音乐市场的高地，努力打造电音界的爆款 IP。

4．手游直播的发展

手机游戏由于可操作性低，在竞技上很难与 PC 游戏抗衡，因此其关注数据目前远远不如网游，但随着移动技术的发展，手游还是有很大的想象空间。这也是 YY 单独开放一个手游频道的原因，如图 11-21 所示。

图 11-21　YY 手游频道

273

被称为手机版的 LOL 的《王者荣耀》是直播平台上用得最多的游戏，其游戏官网如图 11-22 所示。《王者荣耀》以竞技对战模式为主要玩法，同时也加入了一些冒险模式、闯关模式、年度排位赛等新玩法，开创了手机竞技游戏的先河。

图 11-22　《王者荣耀》游戏官网

YY 手游频道单独为《王者荣耀》列出了一个菜单，来方便用户查看相关的游戏直播，如图 11-23 所示。《王者荣耀》在合适的时间运用了合适的游戏类型，同时强大的操作性也符合玩家的喜好，这也是该游戏火爆的主要原因。

图 11-23　YY 手游《王者荣耀》直播菜单页面

现在，手机硬件技术已经越来越成熟，而且通信网络也从以前的 2G 变为 4G，速度也越来越快，在这些软硬件条件发展的同时，国内手机游戏玩家们的意识也提升了，大量玩家开始涌入手机游戏中，而且这种趋势越来越明显。

同时，《王者荣耀》《自由之战》等 MOBA（Multiplayer Online Battle Arena，多人在线战术竞技游戏）类手游，以及《合金装备》《战地：叛逆连队 2》等 FPS（First-Person Shooting Game，第一人称射击类游戏）类手游出现的同时，也让手机游戏直播这个新兴行业得到很好的发展。

第 12 章

视频平台，将潜在用户转化为实际用户

视频相比文字图片而言，在表达上更为直观、丰满，而随着移动互联网技术的发展，手机流量等因素的阻碍越来越少，视频成为时下最热门的领域之一。视频背后庞大的观看群体，对网络营销而言就是潜在用户群，而如何将这些潜在用户转化为实际用户，将是企业营销的关键。

要点展示

» 互联网视频营销的方式
» 常用于新媒体推广的视频平台

12.1　互联网视频营销的方式

视频营销是指企业以视频的形式，宣传推广各种产品和活动等内容，因此不仅要求高水平的视频制作，还要有吸引人关注的亮点。常见的视频营销形式包括：电视广告、网络视频、宣传预告片、微电影等。

如今的视频营销主要往互联网方向发展，互联网视频营销相比传统电视广告，它的受众更加具有参与性，在感染力、表现形式、内容创新等方面更具优势。

图 12-1 所示是互联网视频营销的传播链，通过用户自发的观看、分享和传播，带动企业推广产生"病毒式"的传播效果。

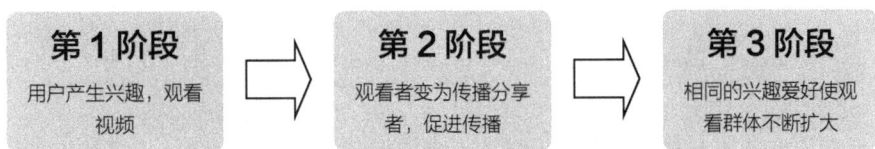

第1阶段	第2阶段	第3阶段
用户产生兴趣，观看视频	观看者变为传播分享者，促进传播	相同的兴趣爱好使观看群体不断扩大

图 12-1　互联网视频营销的传播链

互联网视频营销传播链的特点，使企业在这方面的广告营销上具有很大优势，如图 12-2 所示，具体可概括为 5 个方面。

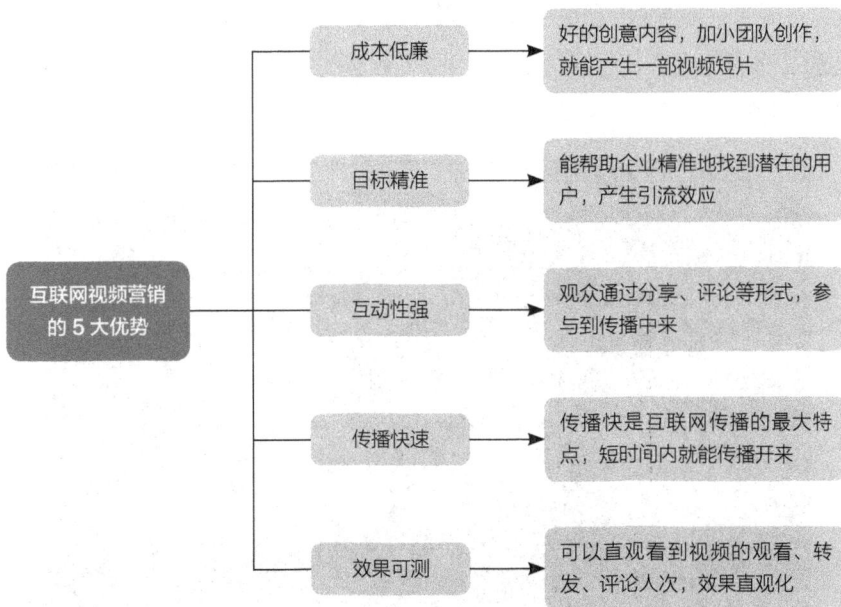

互联网视频营销的5大优势	
成本低廉	好的创意内容，加小团队创作，就能产生一部视频短片
目标精准	能帮助企业精准地找到潜在的用户，产生引流效应
互动性强	观众通过分享、评论等形式，参与到传播中来
传播快速	传播快是互联网传播的最大特点，短时间内就能传播开来
效果可测	可以直观看到视频的观看、转发、评论人次，效果直观化

图 12-2　互联网视频营销的 5 大优势

12.1.1　视频大号之贴片广告

视频贴片广告又称插片广告，通常出现的正式视频播放之前或之后，视频之前出现的称为前贴片广告，视频之后出现的称为后贴片广告。

视频贴片广告是很受互联网企业欢迎的广告形式，究其原因主要是贴片广告具有图 12-3 所示的几种优势。

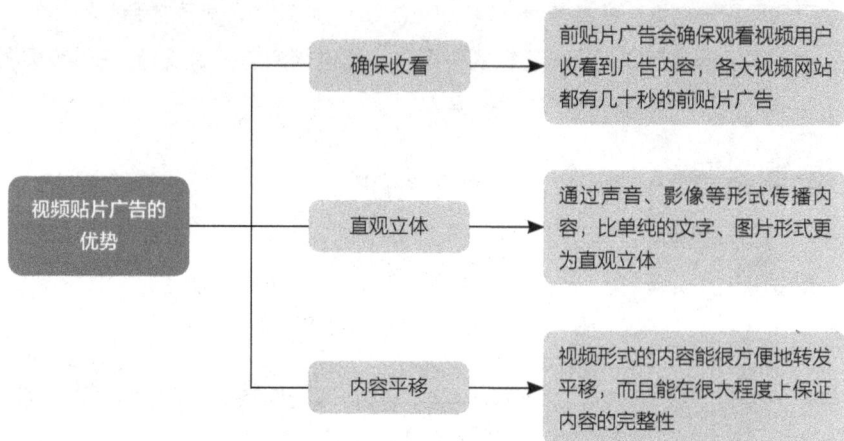

图 12-3　视频贴片广告的优势

图 12-4 所示是在视频网站爱奇艺中观看视频时的前贴片广告，除了网站的会员用户可以直接跳过广告外，其他用户都要通过几十秒的广告后才能观看视频。

图 12-4　爱奇艺前贴片广告

除了视频网站强制的贴片广告外，与视频结合的贴片广告也很受企业欢迎，尤其是收视率很高的网络节目，因为广为人知的影响力而受到广告主的追捧。

12.1.2 短视频大号之内容营销

内容营销不是传统的植入式广告，而是一种把产品包装成内容，让内容植入产品的营销形式，它会产生内容即广告的营销效果。

短视频是很好的内容载体，它有利于构建各种各样的场景模式，在很短的时间内就能浓缩出完整的传播信息，这种优势在产品推广中有着非常重要的作用。

基于短视频的内容营销，注意事项如图 12-5 所示。

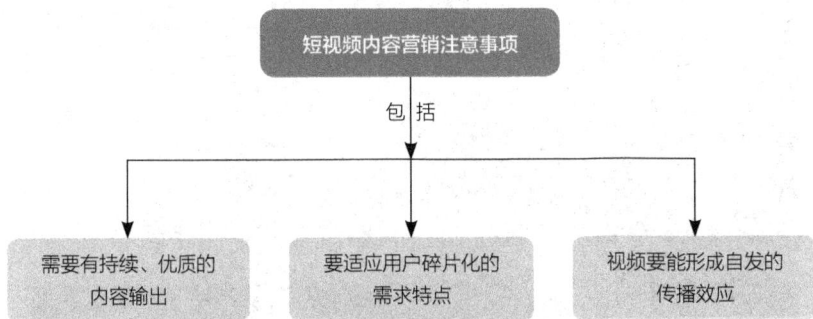

图 12-5 短视频内容营销注意事项

互联网时代，各种信息不断更新换代，使得企业的营销推广，短时间内的火热对品牌的作用有限。在短视频的广告领域，追求持续、优质的内容输出，成为未来视频营销的主流趋势。

互联网用户的碎片化信息需求，是网络短视频能受到观众追捧的主要原因，企业在做视频内容营销时，要顺应用户的这种需求。

12.1.3 短视频活动营销

短视频活动具有很好的传播效应，企业如果能充分利用和挖掘短视频的潜力，通过活动的形式带动用户关注，通常能取得很好的宣传推广效果。

例如，较为火爆的对嘴表演飙戏 APP 小咖秀，就是因为通过对嘴表演这一活动，带动用户的参与兴趣。

对嘴视频能解决普通人的声音缺陷问题，同时还拥有趣味交流的特点，吸引广大网友的关注和参与。

甚至有很多明星也参与进来，使小咖秀活动营销更为火热。

12.1.4 拍摄平台短片解答客户疑问

企业通过拍摄视频短片，能更为直观、准确地解答客户疑问，很多互联网企业通过视频短片来展示产品，这样不仅能使企业的产品介绍更全面，也能在一定程度上打消用户的疑虑。

例如，小米公司推出的智能硬件产品——九号平衡车，如图 12-6 所示，在小米商城的九号平衡车介绍上，就有视频短片来介绍它的用法，用户能短时间内熟悉前进、倒车、过缓坡、避开障碍等技能。

图 12-6　小米九号平衡车操作的视频短片截图

图 12-7 所示是小米净水器快捷换芯的视频短片教程截图，用户单击相关画面就能了解净水器换芯的全过程，相比产品说明书更为直观。

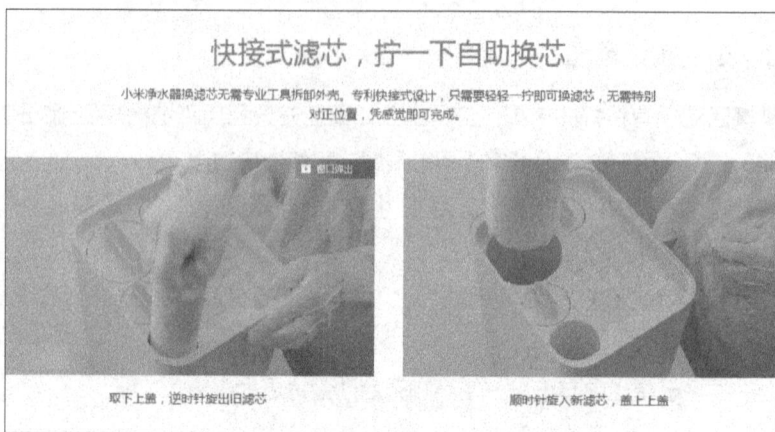

图 12-7　小米净水器换芯的视频短片截图

12.1.5 将产品制作过程整合成视频展示

将产品制作过程整合成视频展示，这种营销方式能加深用户对产品的认识，有助于打造产品文化，从而吸引用户关注和购买。

例如，魅族手机曾拍摄魅族 MX5 全金属工艺的视频短片，如图 12-8 所示，通过金属机身加工过程的展示，使人们对手机的加工工艺印象深刻。

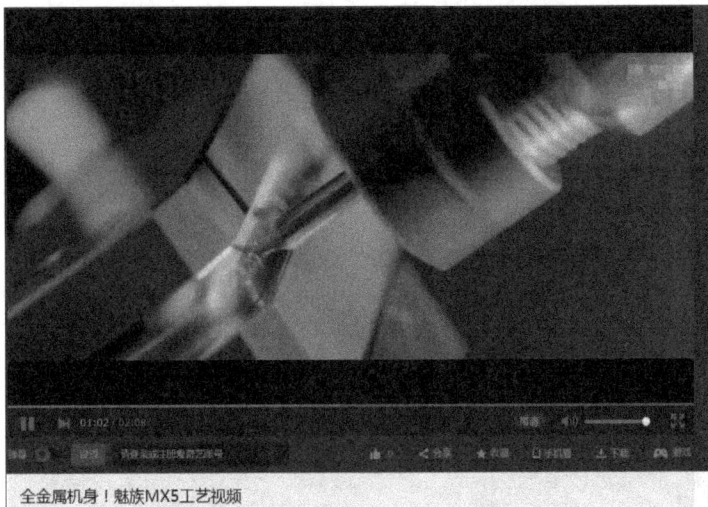

图 12-8　魅族手机的机身加工视频画面

如图 12-9 所示，与魅族拍摄的工艺视频类似，小米手机也拍摄过小米 4 机身的金属加工工艺视频。

图 12-9　小米手机的机身加工视频画面

12.1.6　展现品牌文化

通过视频形式展示品牌文化。企业通过产品文化的宣传推广，能使用户更认可企业产品。这种形式的网络内容营销具有特别的意义，所以大型的互联网公司，对于企业文化的宣传向来都十分重视。

图 12-10 所示是苹果公司推出的"iPad 改变一切"视频短片截图，视频的画面内容宣传了苹果 iPad 对生活的改变，从侧面展示了苹果公司的品牌文化追求。

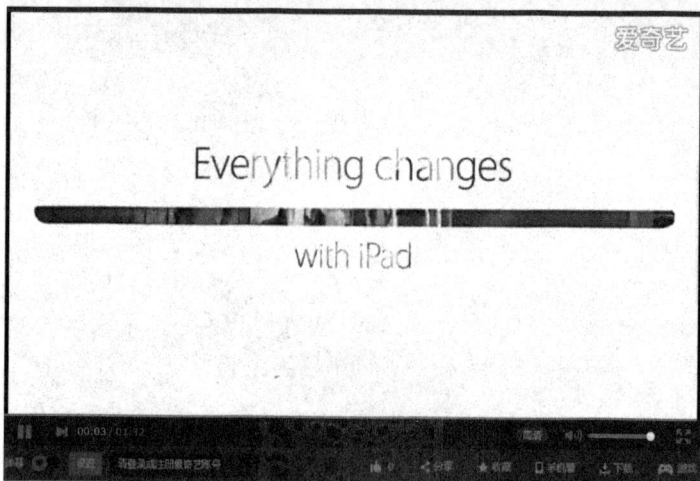

图 12-10　苹果公司"iPad 改变一切"视频短片截图

图 12-11 所示是苹果公司未来概念产品的视频展示截图，苹果的这种概念机的视频宣传，让用户对其产品充满期待。

图 12-11　苹果公司未来概念机视频展示截图

12.2 常用于新媒体推广的视频平台

用于新媒体推广的视频平台有很多，具体包括秒拍、美拍、优酷、乐视、爱奇艺、搜狐视频、腾讯视频、暴风影音等平台。本节将以其中的秒拍、美拍、优酷视频为代表，详细全面地介绍视频平台。

12.2.1 秒拍：新潮短视频分享应用

秒拍是由炫一下北京科技有限公司推出的视频APP，秒拍追求10秒内拍大片，因为碎片化、互动化等特点，受到广大用户的欢迎。

秒拍的首页有很多专题栏，具体包括：热门、现场、搞笑、同城、音乐、视界、美食、时尚、体育、汽车、旅行等，用户可以根据喜好来浏览相关视频。

如图12-12所示，秒拍支持微博、微信、QQ登录，同时还支持视频同步分享到微博、微信朋友圈、QQ空间等，方便用户和朋友共享交流。

图12-12 秒拍APP登录分享界面

用户既可观看秒拍中的各种趣味视频，也能将自己生活中的一些画面拍摄成视频与网友分享，这种互动参与性正是秒拍的魅力所在。

在秒拍的发现专栏中还有话题和悬赏专题，各种流行话题能引发用户热烈讨论，而悬赏专栏则是企业视频宣传推广活动的重要阵地。

12.2.2 美拍：让短视频更好看

美拍原本只是一个用来拍手机视频的免费 APP，但上线后很受用户欢迎，而且还取得了 App Store 全球非游戏类下载量第一的成绩。

进入美拍后，能看到上方有很多短视频的分类，如热门、直播、搞笑、美妆、美食、音乐、舞蹈等，这些都是其他用户拍摄并上传的短视频。

用户可以在美拍上欣赏各种视频作品，图 12-13 所示是美拍官网中的"手工"频道展示的手工相关视频。

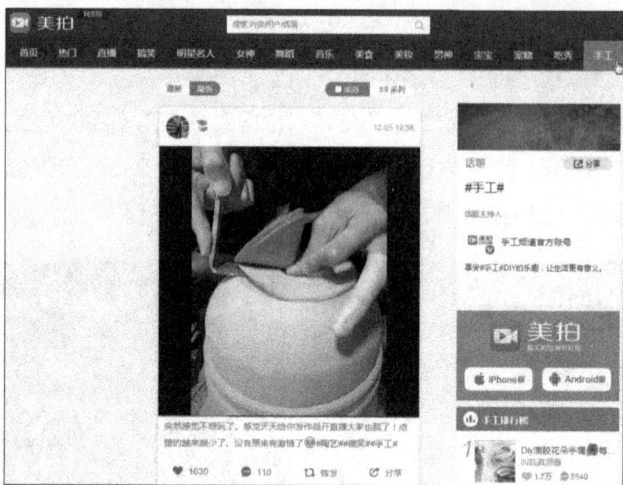

图 12-13　美拍官网"手工"频道

图 12-14 所示是美拍官网中的"宠物"频道，用户可以拍摄宠物视频上传到美拍。

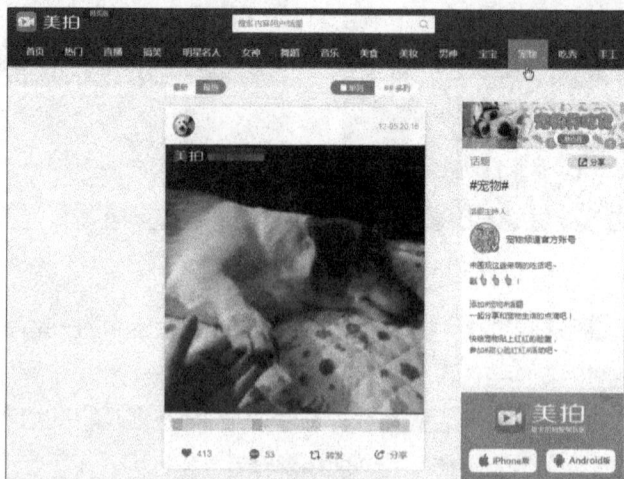

图 12-14　美拍官网"宠物"频道

美拍具有以下功能，具体包括 MV 特效、顶级滤镜、在线音乐、大头电影、礼物系统、表情文、5 分钟美拍、视频直播等功能。

2016 年初，直播功能首次出现在美拍 APP 中，并于不久后推出"礼物系统"功能，以此跻身于娱乐直播平台。美拍 APP 的直播参与者包括明星、网红、国际机构、媒体、品牌等众多不同类型的人员。

美拍直播上线不到半年，其累计直播数达到了 952 万场，累计观众数也达到了 5.7 亿人次。美拍 APP 运用话题来推广自己，充分抓住了当下女性用户爱美的心理，并搭载微信朋友圈、微博等社交元素，这些都是美拍的成功之道。

12.2.3 优酷：领先的视频分享网站

优酷是国内成立较早的视频分享平台，其产品理念是"快者为王——快速播放，快速发布，快速搜索"，以此来满足多元化的用户需求，并成为互联网视频内容创作者（在优酷中称为"拍客"）的集中营。

优酷的官网首页有许多频道，具体包括剧集、电影、综艺、音乐、少儿、直播、资讯、拍客、纪实、公益、体育、汽车、科技、财经、娱乐、原创、动漫、搞笑、旅游、时尚等频道。本节，笔者将简要介绍其中几个代表性频道。

图 12-15 所示为优酷的"拍客"频道。不管你是资深媒体人，还是一个拍摄爱好者，也不管你使用的是专业的摄像机，还是一部手机，只要是喜欢拍视频的人，都可以成为"拍客"。

图 12-15　优酷"拍客"频道

图 12-16 所示是用户如何成为拍客的说明，以及优酷平台对传播内容的一些具体要求。

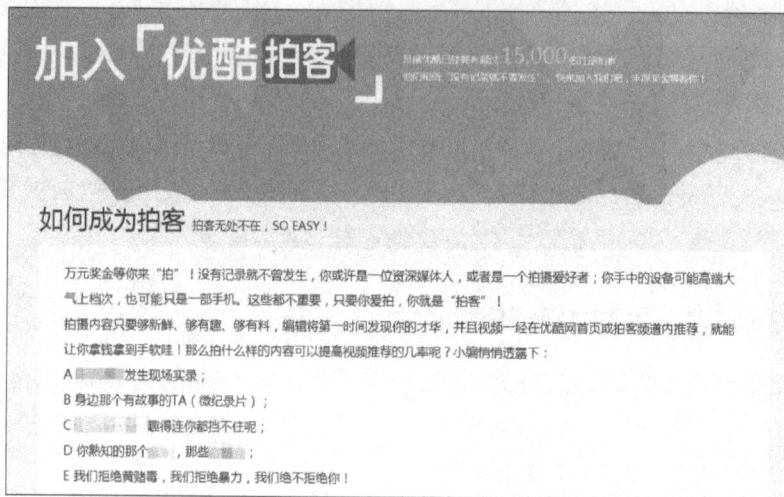

图 12-16　优酷"拍客"的内容要求

除了"拍客"频道外，优酷还推出了"原创"和"直播"等频道，来吸引那些喜欢原创并且热爱视频的用户。

如图 12-17 所示，在优酷"原创"频道中，有很多热爱视频短片的造梦者，他们不断坚持并实现自己的原创梦想，借助平台诞生了一大批网红 IP，同时他们也为优酷带来了源源不断的原创短片。

图 12-17　优酷"原创"频道

　　如图 12-18 所示，在优酷"直播"频道中，优酷和淘宝合作推出了"双十二领红包"直播活动，这样的直播宣传能激发用户购买欲望，很多观看了活动直播的用户被成功引流到淘宝上。

图 12-18　优酷"直播""双十二领红包"活动

　　图 12-19 所示是本次"双十二领红包"活动的一些规则。本次活动成功利用"红包"，使优酷用户向淘宝客户转化，这可以说是网络营销的典型案例。类似的合作宣传活动是企业网络营销的取胜妙招。

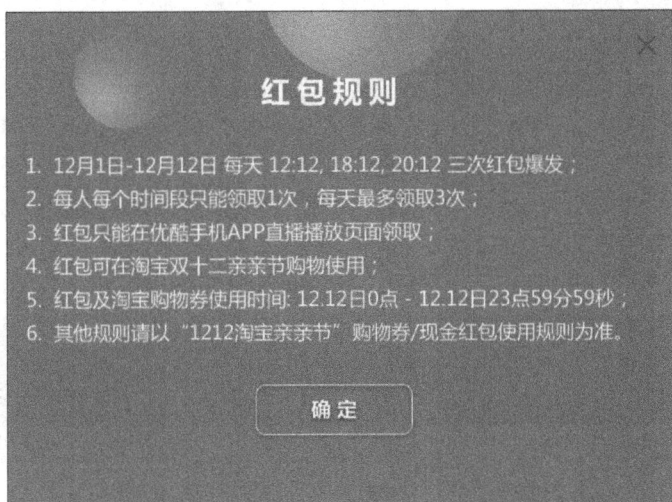

图 12-19　淘宝"双十二"营销活动的"红包"规则说明

图 12-20 所示是优酷"科技"频道，用户可以在这里观看各种科技产品的视频，比如图中的手机测评、概念机曝光等视频内容。

图 12-20　优酷"科技"频道

对企业而言，"科技"频道就是很好的产品宣传推广阵地，利用视频宣传企业的产品，能使用户快速了解企业的新产品，从而进一步带动用户的购买欲望。

图 12-21 所示是网友发布的"魅族 Note5 手机"上手体验视频的截图，为需要了解魅族手机的用户提供了更多参考信息，这对魅族手机的宣传很有好处。

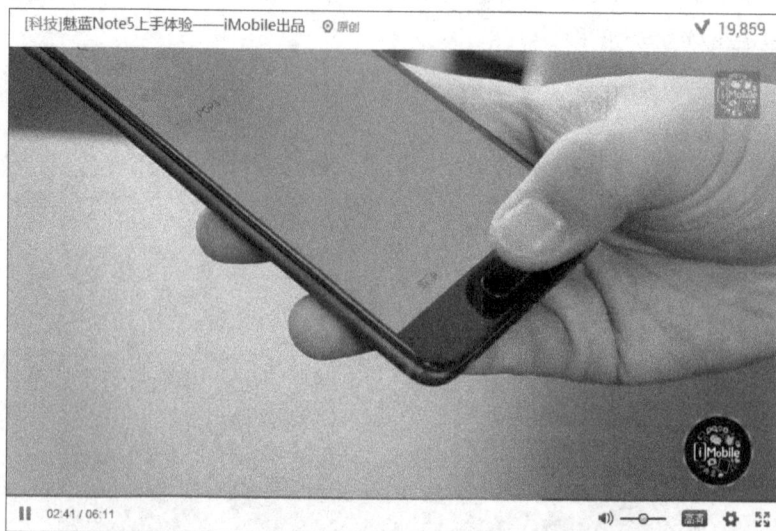

图 12-21　"魅族 Note5 手机"上手体验视频的截图

第 13 章

音频平台，新媒体原创音频在线化

学前提示

音频内容的传播适用范围更为多样，跑步、开车甚至工作等多种场景，都能在悠闲时收听音频节目，音频相比视频来说，更能满足人们的碎片化需求。

对于企业的新媒体网络营销者来说，利用音频节目来宣传推广产品，是一个很好的网络营销思路。

要点展示

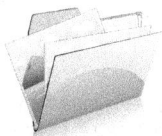

>> 互联网音频平台的营销方式
>> 常用于新媒体推广的音频平台

13.1 互联网音频平台的营销方式

音频营销是一种新兴的营销方式，它是主要以音频为内容的传播载体，通过音频节目运营品牌、推广产品。

随着移动互联网的发展，以音频节目为主的网络电台迎来了新机遇，与之对应的音频营销也进一步发展。

音频营销具有以下优势，具体如图 13-1 所示。

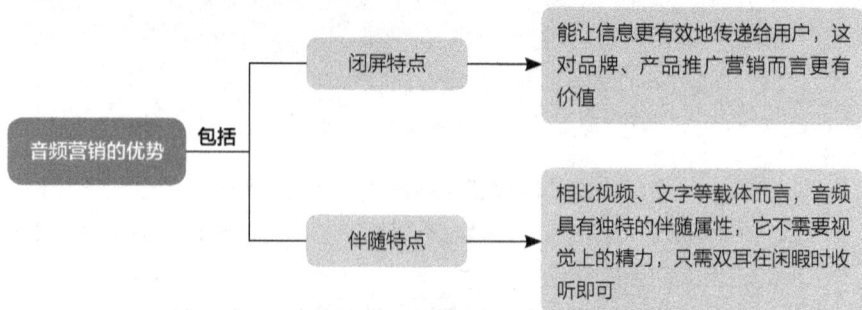

图 13-1 音频营销的优势

13.1.1 音频内容中植入广告

内容植入是网络营销推广中常用的方式，音频内容中植入广告的方式却有不一样的地方。用户能在开车、散步等多种场景中收听音频节目，因此音频广告效果要比平面广告、视频广告好得多。

除了用户在收听接收上的方便外，音频的广告植入效果主要受以下因素影响，具体如图 13-2 所示。

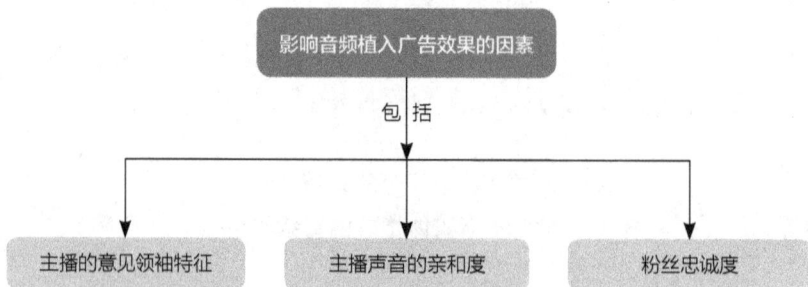

图 13-2 影响音频植入广告效果的因素

13.1.2 搭建音频自媒体

相比建立微信公众号、开通官方微博，企业搭建自己的音频自媒体，也是一种很好的拓展营销渠道方式，对于推广品牌、提高粉丝黏性具有积极效果。

当然，企业建立音频电台要结合自身特点，选择合适的电台定位和发展方向，具体可参考图 13-3 所示的几种类型。

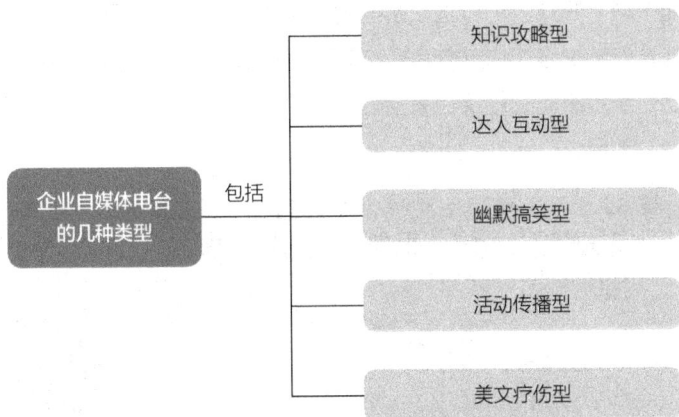

图 13-3　企业自媒体电台的几种类型

13.1.3　策划定制专题节目

策划定制专题节目，通过专题节目来促进营销，粉丝参与度最高，这也是最为常用的一种音频营销形式。

如图 13-4 所示，完整的音频专题节目营销，要经历以下 3 个阶段。

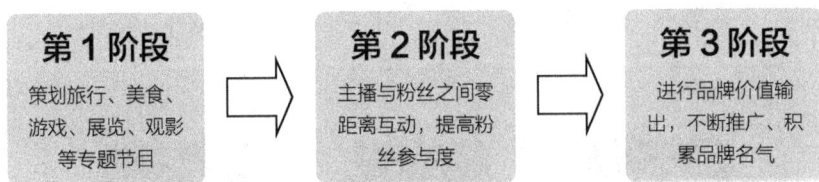

图 13-4　音频营销经历的 3 个阶段

"内容植入、自媒体搭建、专题节目策划"，这三种核心的音频营销方式可以有很多形式的创意玩法。企业要根据公司和产品的情况，选择一种方式或多种方式结合起来灵活运用，发挥出音频节目营销的潜力。

13.2　常用于新媒体推广的音频平台

在各种移动场景中，单纯的视频节目很难满足用户的碎片化需求，而音频节目恰好能作为视频节目的补充。

本节，笔者将详细介绍喜马拉雅、云听宝、蜻蜓 FM 等音频平台，通过对新媒体推广平台的介绍，使大家更加了解新媒体时代的音频营销。

13.2.1　喜马拉雅FM：在线移动音频分享平台

喜马拉雅FM（简称喜马拉雅）是国内顶尖的音频分享平台，用户可以在平台里上传、收听各种音频内容，它支持手机、电脑、车载终端等多种智能终端。

图13-5所示是喜马拉雅平台官网首页的"热门推荐"页面，此页面推荐了6个比较热门的音频节目。

图13-5　喜马拉雅首页的"热门推荐"页面

如图13-6所示，在"热门推荐"下，还有平台的"小编推荐"频道。

图13-6　喜马拉雅的"小编推荐"页面

喜马拉雅平台上有很多不同种类的音频节目，具体包括有声书、音乐、娱乐、相声评书、儿童、资讯、脱口秀、情感生活、历史、人文、教育培训、英语、广播剧、戏曲、电台、健康养生、旅游、汽车、动漫游戏、电影等多种节目类型。

图 13-7 所示是"有声书"分类中的一些音频节目，里面有多个热门小说的音频内容节目。

图 13-7　喜马拉雅"有声书"分类中的音频节目

图 13-8 所示是"儿童"分类中的一些音频节目，里面有《一千零一夜》《原汁原味磨耳朵》《粉红猪小妹》等适合儿童收听的音频内容节目。

图 13-8　喜马拉雅"儿童"分类中的音频节目

喜马拉雅平台的用户除了收听音频节目外，还可以进一步申请成为主播，从而发布自己的音频内容到平台上。图 13-9 所示是喜马拉雅平台的一些优势和特点。

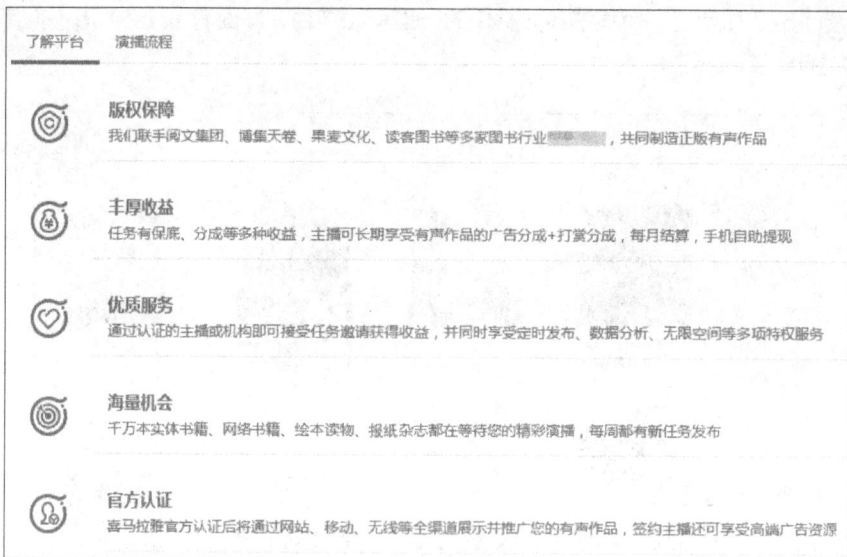

图 13-9　喜马拉雅的平台优势和特点

图 13-10 所示是成为主播的具体演播流程，主播可以在平台上领取音频任务，从而获取收益。任务的收益有分成、保底等多种方式，主播拥有有声作品的广告收益和打赏分成。

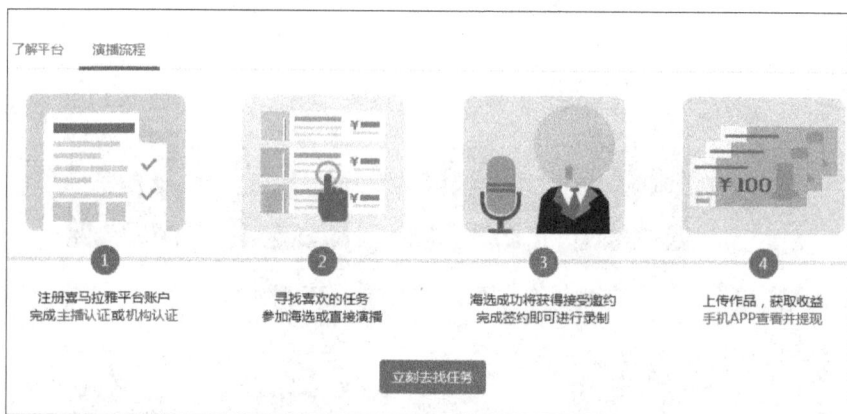

图 13-10　喜马拉雅主播的演播流程

喜马拉雅的音频任务有很多，例如实体书籍、网络书籍、绘本读物等，都是常见的发布演播任务的来源方。领取任务后演播的音频被发布方认可，那么通常收入会比较丰厚。

图 13-11 所示是喜马拉雅平台的"找任务"页面，里面的任务大多每小时 80 元左右，主播录制音频内容上传参选并被选中的话，即可进一步与任务发布方合作。

图 13-11　喜马拉雅"找任务"页面

　　图 13-12 所示是名为"独白者"的音频任务详情页面，任务发布方要求参选者按照提供的素材，来进行一段时长 5 分钟左右的演播，目前该音频任务已经有 50 多人参选。

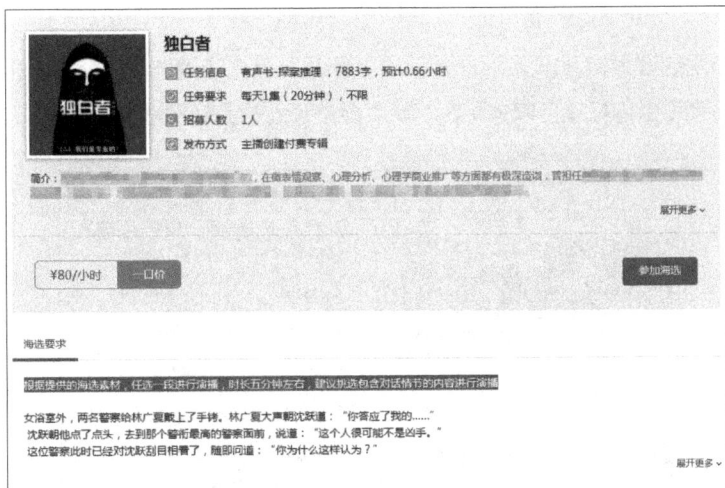

图 13-12　喜马拉雅"独白者"任务页面

　　对个人或企业而言，可以利用喜马拉雅平台来搭建自己的自媒体平台，也可以通过与其中的自媒体合作来推广产品。例如，上文的《独白者》小说作品，就是通过发布音频悬赏来寻求合作，通过打造小说的音频产品来扩大营销。

13.2.2 云听宝：新媒体广播云平台音箱

云听宝是由联汇数字科技有限公司推出的智能产品，它由云听宝 APP 软件、云端服务器和硬件播放器组成。

通过云听宝 APP 能实现对音响的遥控，享受云端服务器中的海量资源。云听宝 APP 还可实现定时播放、设备联网、定时关机等功能，具体如图 13-13 所示。

图 13-13 云听宝 APP 功能特色

云听宝里的音频资源丰富，图 13-14 所示是平台内容精选和内容分类界面。企业可以在云听宝平台内打造自媒体平台，从而促进企业的品牌积累和产品推广。

图 13-14 云听宝 APP "精选" 和 "内容分类" 界面

13.2.3 蜻蜓 FM：基于互联网的电台聚合服务平台

蜻蜓 FM 是一款强大的广播收听应用，用户可以通过它收听国内外数千个广播电台。而且蜻蜓 FM 相比其它音频平台，具有图 13-15 所示的功能特点。

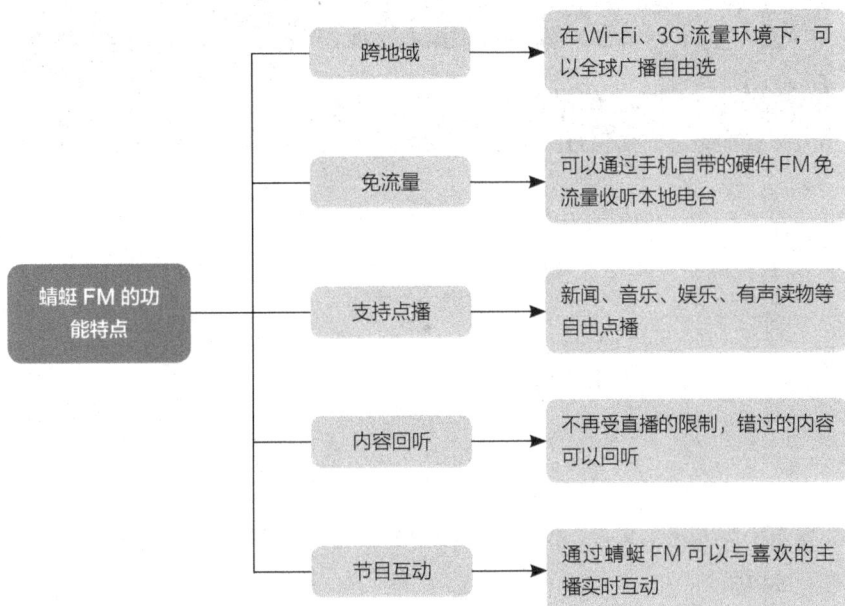

图 13-15 蜻蜓 FM 的功能特点

蜻蜓 FM 的内容分类十分丰富，包括小说、音乐、相声小品、脱口秀、情感、健康、历史、娱乐、教育、文化、评书等多种类别，具体如图 13-16 所示。

图 13-16 蜻蜓 FM 内容分类页面

在蜻蜓 FM 上，用户可以直接通过搜索栏寻找自己喜欢的音频节目，蜻蜓 FM 平台 PC 端的搜索页面如图 13-17 所示。

图 13-17 蜻蜓 FM 的平台搜索页面

如图 13-18 所示，笔者在蜻蜓 FM 平台搜索"房价"后，便出现了多个与"房价"相关的节目页面。

图 13-18 蜻蜓 FM "房价"话题的搜索结果

企业应该充分利用用户碎片化需求，通过蜻蜓FM音频平台来发布产品信息广告，音频广告的营销效果相比其它形式的广告要好，向听众群体的广告投放更为精准。而且，音频广告的运营成本也比较低廉，十分适合本地中小企业长期推广。

例如，房地产企业可以与"房价"相关的音频自媒体合作，因为这些平台通常有大批关注房价的用户收听，广告的精准度和效果会非常好。

第 14 章

新媒体写作平台，爆发出强大营销力量

随着互联网时代新媒体写作平台的兴起，信息资讯的传播变得更为迅捷与丰富，这种信息传递对于网络营销而言意味着巨大潜力，能爆发出强大的营销力量。本章将从自媒体的兴起开始说起，并且详细介绍多种用于新媒体推广的写作平台。

要点展示

≫ 互联网时代自媒体的兴起
≫ 常用于新媒体推广的写作平台

14.1 互联网时代自媒体的兴起

当社会信息化进入移动智能时代，每个人都可以成为信息的传播者，信息的发布越来越简易化、平民化、自由化，自媒体便应运而生。

近几年，自媒体的发展如烈火烹油，用户数量庞大且活跃程度高，在进行品牌或产品推广的时候，许多企业都会格外重视自媒体领域。

自媒体传播中，我们总是能因为一些消息而狂热讨论，也希望自己的发言能得到别人的关注和认同，并且自媒体运营还存在非常可观的利益前景和商机，这使自媒体变得炙手可热。

14.1.1 自媒体概念介绍

自媒体的主要特点突显在一个"自"字上——自我、自由、自主，利用现代化手段和简单平台传播信息，可以简单看作是一个"个人媒体"。

自媒体是一种私人化性质的传播介质，通常以个人为单位，依靠手机、电脑等简单工具，结合QQ、微信、微博、贴吧、网络社区等网络平台进行操作运营，非常简易、自主。

自媒体给人的直观感受就是一个单人的媒体，但其实它背后的操作有个人也有团队，并且操作的平台和盈利模式都大不相同，自媒体类型如图14-1所示。

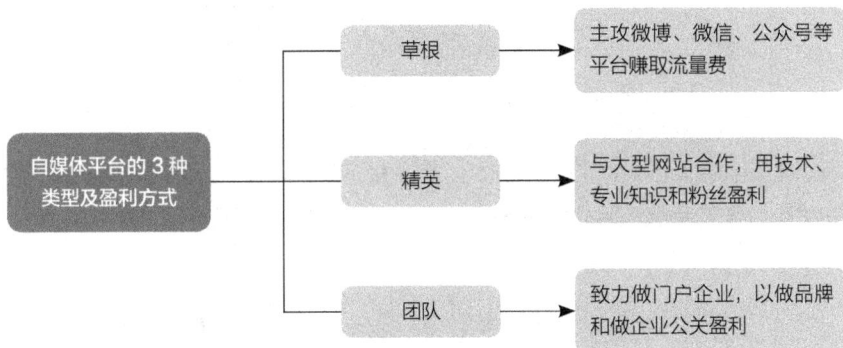

图 14-1 自媒体的3种类型及盈利方式

个人自媒体是自媒体经营的最初级模式，个人自媒体与团队自媒体之间存在着不公平的竞争，但也存在着合作，当个人自媒体发展到一定程度后，团队化、企业化也是个人自媒体发展必然的趋势。

14.1.2 自媒体优势劣势分析

对自媒体平台认识不深的人，印象里大概只有微博、微信、QQ 等初级个人平台，但自媒体的运营团队化、合作化特征，说明了有与之配套的自媒体平台。

自媒体平台有很多，具体可分为：视频平台、语音平台、网站平台、社交平台、论坛平台等。

1. 自媒体的优势

自媒体的优势在它区别于其它类型媒体，以自己独有的特点存在。我们可以从自媒体平台的特点来看它的优势，如图 14-2 所示。

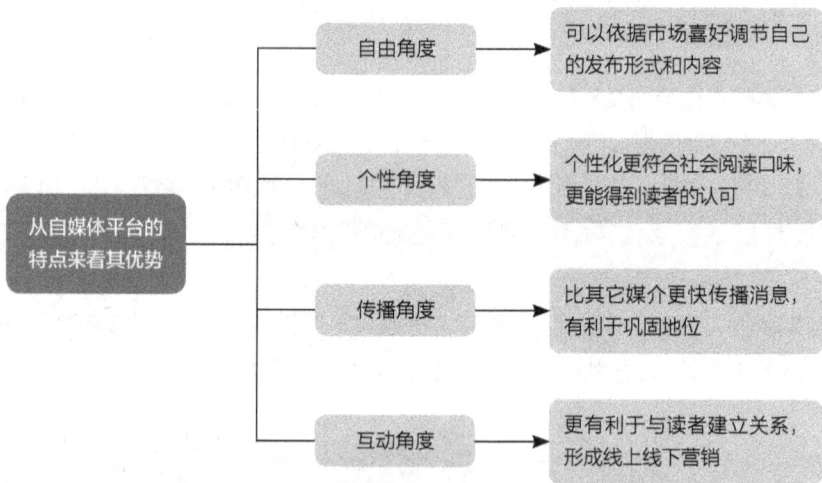

图 14-2 从自媒体平台的特点来看其优势

自媒体的优势要分 2 个方面来说，一是平台本身的优势，二是自媒体运营者后期积累的优势，这二者相辅相成缺一不可。因此，自媒体的优势分析如图 14-3 所示。

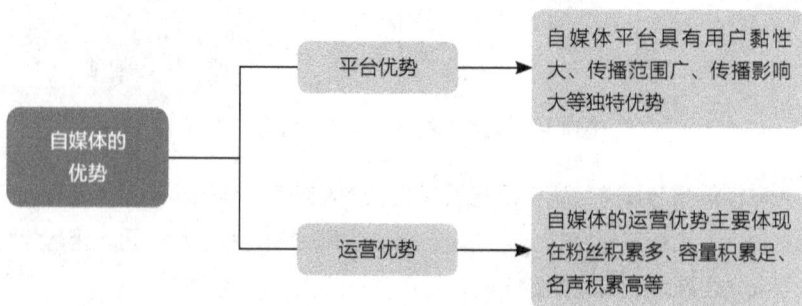

图 14-3 自媒体的优势

专家提醒

　　自媒体平台本身的优势只能起到为账户运营者提供一个机会的作用，最终的结果还要看账户运营者如何把握和利用这个机会，就像一大片现成的沃土踩在脚下，也得去耕种才能结出你想要的果，努力和机会一样重要。

2. 自媒体的劣势

　　自媒体本身的劣势，也和它的优势一样，主要来自于自媒体平台存在的特点。相对于自媒体优势的直观性，这种劣势更为隐蔽，是以一种漏洞的形式存在的。

　　从自媒体平台的特点来看它的劣势，具体如图 14-4 所示。

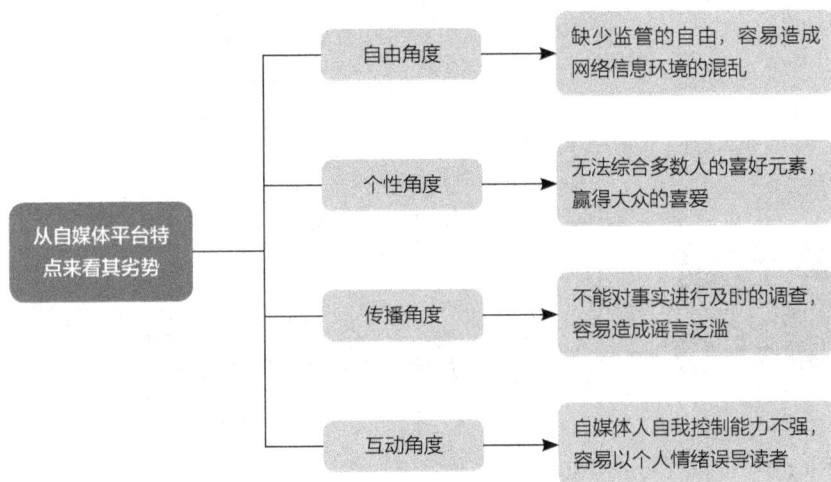

图 14-4　从自媒体平台的特点来看其劣势

　　自媒体的劣势除了平台本身存在的劣势外，主要还在于运营者本身的能力，比如账号管控技术能力、吸粉能力、文章原创能力等，这些运营能力的缺失也是自媒体的劣势因素。

专家提醒

　　自媒体平台虽然高度自由、自主，但是从另一方面看，就是在孤军奋战，如果不能做到全方面技能的精通，那么在经营的过程中将常常面临捉襟见肘的情况，一个人的智慧总是比不上群策群力的集体智慧。

14.1.3　自媒体运营的准则与误区

　　自媒体的运营不设门槛不设界限，只要有想法都可以进来凑个热闹，但也正因如此，自媒体的信息鱼龙混杂、良莠不齐，经常充斥着各种抱怨、怒骂等不和谐的信息，真正能把自媒体运营好的人并不多。

自媒体人的一言一行都具有公众性和影响性，需要格外严格细致，并主动维护自媒体网络的和谐。

运营好自媒体是需要把握好几个准则的，业内人士称之为运营自媒体的黄金准则，本小节将向读者介绍运营自媒体的一些准则及误区。

1. 自媒体运营的准则

对于自媒体人来说，严格细致对自己所发布内容的每一个字负责，就是对自己负责。自媒体人对发布的内容负责，应做到以下4点，如图14-5所示。

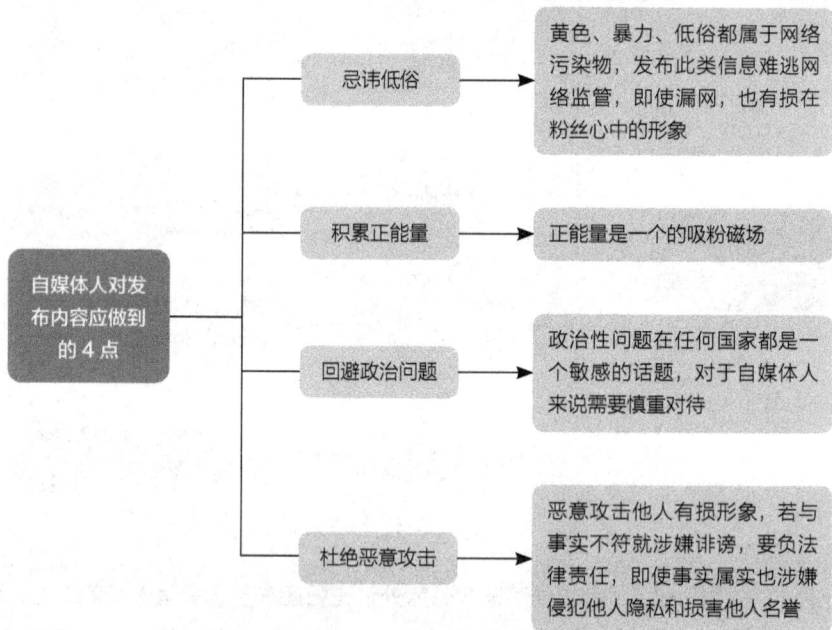

图14-5　自媒体人对发布内容应做到的4点

若把自媒体比作江湖，自媒体人就是漂泊在江湖上的一叶扁舟，自媒体江湖上多风波。对摆渡的自媒体人而言，除了要有小心驶得万年船的严谨态度外，还要有规避风险的意识，谨慎对待自媒体运营。

2. 自媒体运营的误区

自媒体运营的误区非常微妙，有的误区就存在于制胜的方法中，比如积累粉丝、植入广告、增加转载，这些是自媒体运营者需要做到的，但也容易让新手走入误区。

运营自媒体的方法和误区分析如图14-6所示。

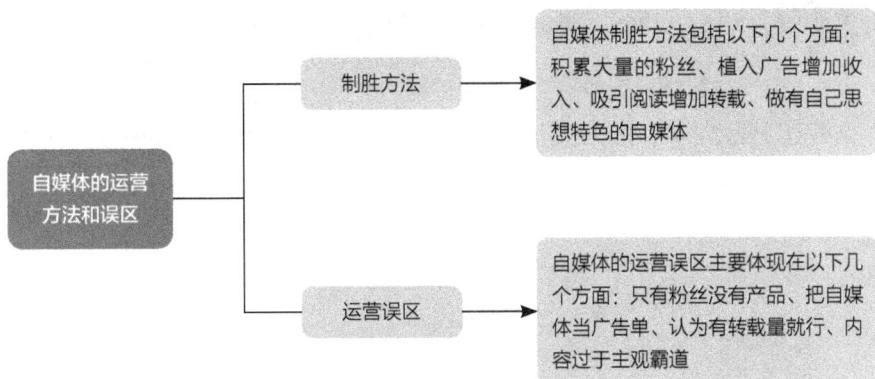

图 14-6　自媒体的运营方法和误区

　　自媒体运营一旦进入一个误区，运营会越来越无力，粉丝也不会继续喜欢。下面对自媒体运营误区的不利影响因素进行分析，如图 14-7 所示。

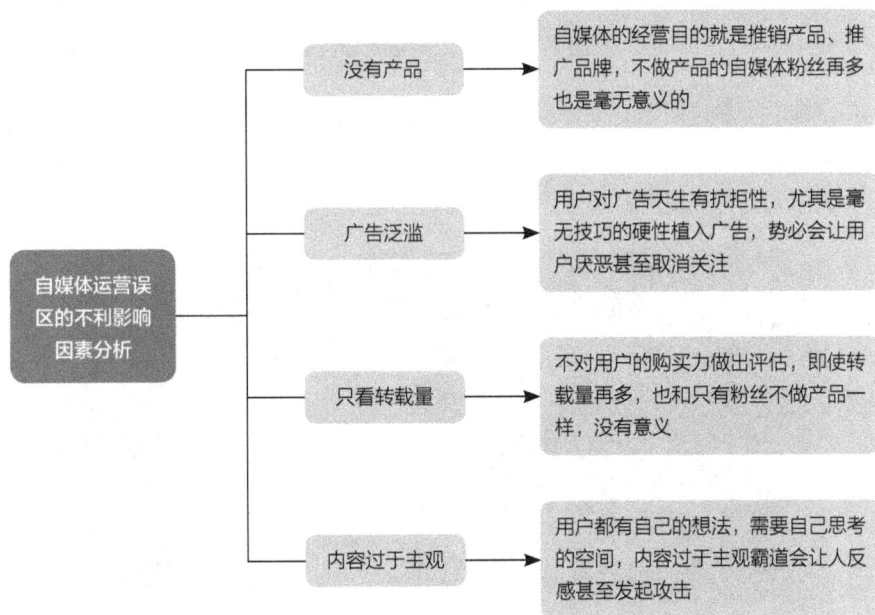

图 14-7　自媒体运营误区的不利影响因素分析

14.2　常用于新媒体推广的写作平台

　　常用于新媒体推广的写作平台有很多，本节将举例分析其中的一些平台，具体包括：QQ 公众平台、UC 自媒体平台、简书平台、头条号平台、企鹅媒体平台、搜狐公众平台、一点号、百家号、网易号、凤凰媒体平台、易信公众平台、第一热点平台。

14.2.1　QQ 公众平台：营销、推广、策划一体化服务

QQ 公众平台是腾讯继微信公众号之后推出的产品。QQ 公众号与微信公众号相比，其类型只分为 2 种，分别是订阅号、服务号。QQ 公众号的注册过程要简单得多，具体注册流程如图 14-8 所示。

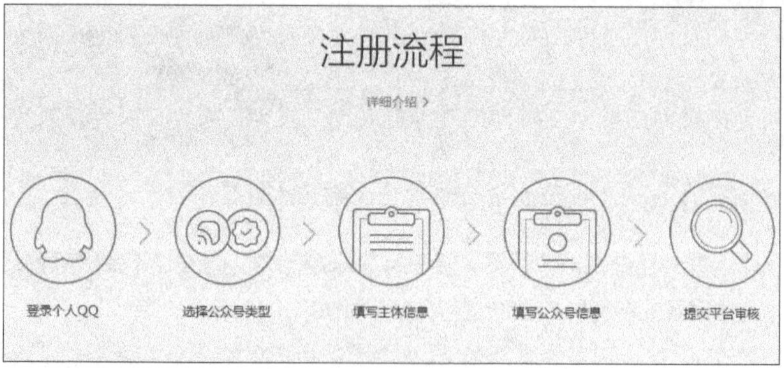

图 14-8　QQ 公众号注册流程

QQ 公众平台凭借着 QQ 积累下的众多用户以及平台自身的技术优势、大量的数据等资源，是 QQ 公众平台运营者用来获得流量的很好的平台。图 14-9 所示是 QQ 公众平台的官网登录页面。

图 14-9　QQ 公众平台官网登录页面

基于近 10 亿的腾讯用户规模，QQ 公众平台用户的来源几乎是不用愁的，据悉，在 QQ 公众平台公测期间，3000 个公测资格在 1 秒内就被抢完。

同时，有人统计，在公测期间，参与注册申请的人就有 11 万，而平台的页面访问量也达到了 300 万次，未来，注册用户和平台页面访问量数据将持续增长。

因此，这对于选择借助 QQ 公众平台的营销运营者来说，在营销推广过程中可以收获的粉丝量将不容小觑。

14.2.2 UC 自媒体平台：打造一站式媒体服务

UC 自媒体，全称是 UC 云观·媒体服务平台，它是中国资讯平台行业中第一家舆情真实公开展示的平台，在该平台上的媒体服务有 2 个部分，分别是订阅号、机构媒体。

UC 云观·媒体服务平台的订阅号具有强大的推送能力、商业变现能力和用户黏性高的媒体特点，同时该订阅号有 4 个核心功能，这 4 个功能具体包括：运营体系、赋能体系、创作、社区。

UC 云观·媒体服务平台在内容创作、流量分发、商业变现等方面具有优势，具体如图 14-10 所示。

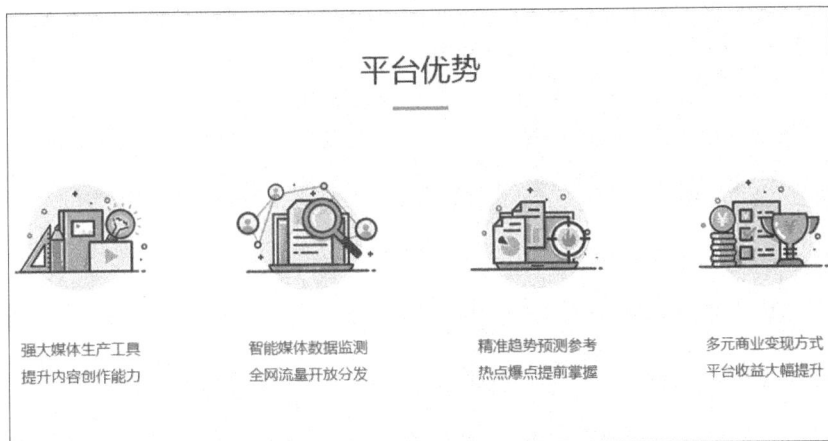

图 14-10 UC 云观·媒体服务平台的优势

UC 云观·媒体服务平台基于 UC 浏览器目前拥有的约 6 亿用户，以及每个月大约 4 亿的活跃用户，为营销运营者提供了绝佳的推文导粉条件。

据有关报道显示，营销运营者在 UC 云观上进行推广，有影响力的文章的单篇阅读量可以轻松上 10 万，好一些的文章的单篇阅读量甚至可以上百万。

14.2.3 简书平台：整合写作与阅读的网络产品

简书平台是一款结合了写作与阅读的互联网产品，同时它也是一个基于内容分享的社区。简书同样拥有 PC、手机两种客户端，图 14-11 所示是简书 PC 端首页。

图 14-11　简书平台 PC 端首页

如图 14-12 所示，用户注册、登录简书非常方便，可以通过邮箱或手机号快速注册，也可以通过 QQ、微信、微博、豆瓣、谷歌账号授权登录。

图 14-12　简书平台登录注册页面

登录简书平台后，用户可以阅读各种类型的文章；可以写文章并将其发表在平台上；可以通过评论的方式跟作者进行交流与沟通。简书对企业的营销推广而言，是一个很好的运营平台。

14.2.4 头条号平台：实现品牌传播和内容变现

头条号又称今日头条平台，是 2012 年推出的一款个性化推荐引擎软件，它能为平台的用户提供最有价值的各种信息。

今日头条从创立日开始，其用户数量不断突破。

平台庞大的用户量，为企业营销推广的运营吸粉、引流提供了强有力的支撑。而且今日头条平台具有以下 6 个方面的特点。

1. 登录方式多样

用户登录今日头条的方式是多样的，除了手机号、邮箱等方式之外，它还支持新浪微博、腾讯微博、QQ 空间、人人网、微信等平台授权登录。

2. 推送内容全面、及时

今日头条平台上新闻内容更新的速度非常及时，用户几分钟就可以刷新一次页面，浏览新信息。而且今日头条平台涵盖面非常广，用户能够看见各种类型的内容，以及其它平台上推送的信息。

图 14-13 所示是今日头条平台上内容涵盖的范围，具体包括热点、视频、图片、社会、娱乐、体育、汽车、财经等频道。

图 14-13 今日头条平台上内容涵盖的范围

3. 精准推送

今日头条能根据用户所在的位置，精准地将当地新闻推送给用户，并且还能根据用户的性别、年龄层次、兴趣爱好等特征，将用户最感兴趣的信息推送给用户。

4．互动性强

在今日头条大部分推送的信息下，用户都可以对该信息进行评论，不同用户之间也可以进行互动。

5．信息分享与传播便捷

今日头条平台为用户提供了方便快捷的信息分享功能，用户在看见自己感兴趣的信息之后，只要点击页面上的转发按钮即可将该信息分享、传播到其它平台上，例如新浪微博、微信等。

6．云端存储

用户只要登录自己的今日头条账户，在该平台上评论或者是收藏的信息就可以自动存储起来。只要用户自己不删除，不论是在手机端还是电脑端，登录平台账号后用户都可以查看到这些信息，完全不用担心这些信息丢失。

14.2.5 企鹅媒体平台：让内容能更多、更准确地曝光

企鹅媒体平台，它是由腾讯推出的一个媒体平台，原名是腾讯开放媒体平台，经由"芒种大会"之后改为现在这个名字。企鹅媒体平台虽然也是由腾讯公司推出的产品，但它和 QQ 公众平台并不是同一个产品。

图 14-14 所示是企鹅媒体平台的官网登录页面。

图 14-14　企鹅媒体平台的官网登录页面

据悉，企鹅媒体平台正在迅猛发展，目前为止约有 8 万个企鹅号入驻平台，并在持续增长中，因此这对营销运营者来说，是个很有前景的推文导粉之处。企鹅媒体平台主要拥有以下 5 个特点。

1. 全网流量优势

企鹅媒体平台借由腾讯庞大的用户群体，以及腾讯旗下腾讯新闻、微信新闻插件、天天快报等产品的支撑，在流量数据方面拥有得天独厚的优势。

2. 强大的内容生产支持

企鹅媒体平台为平台上的内容生产者提供了强大、实用的内容生产工具，且为创作者提供了图文编排、数据分析、文章统计等功能，让平台内容创作者可以简单、便捷地进行内容生产。

3. 商业变现支持

腾讯给予了企鹅媒体平台上优质原创型自媒体、媒体全年共计 2 亿元的补贴，以及创作者在此平台上所有的广告收入全部归作者本人的鼓励政策，为平台上的自媒体、媒体提供了盈利渠道。

4. 开放的用户连接

企鹅媒体平台为平台上的自媒体、媒体创作的内容提供了更多的曝光机会，让他们的文章能够出现在天天快报等腾讯旗下产品中，而且还能更加方便地与平台的用户、粉丝进行互动、进行社群管理等。

5. 多样的媒体入驻类型

企鹅媒体平台上提供了6种可入驻的媒体类型，这6种媒体类型如图 14-15 所示。

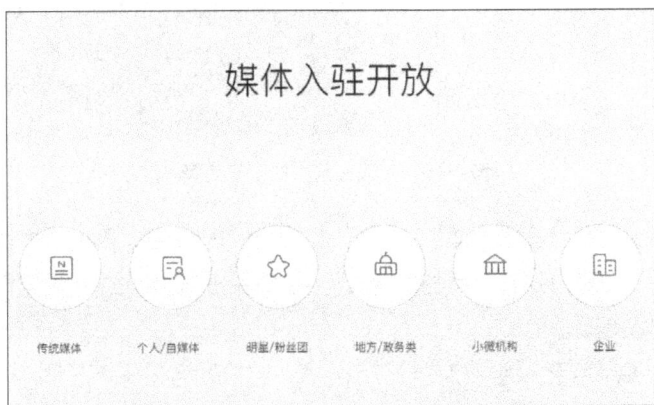

图 14-15　企鹅平台上的 6 种入驻媒体类型

14.2.6 搜狐公众平台：为具有原创能力的自媒体谋福利

搜狐公众平台，是搜狐门户下一个融合搜狐网、手机搜狐、搜狐新闻客户端三大资源于一体的平台。

搜狐公众平台的内容类别包括时尚、美食、健康、教育、旅游、科技、汽车、母婴、体育、公益、评论等内容。搜狐公众平台凭借搜狐旗下一系列的资源，拥有自身独特的平台优势，图 14-16 所示为搜狐公众平台的主要特色。

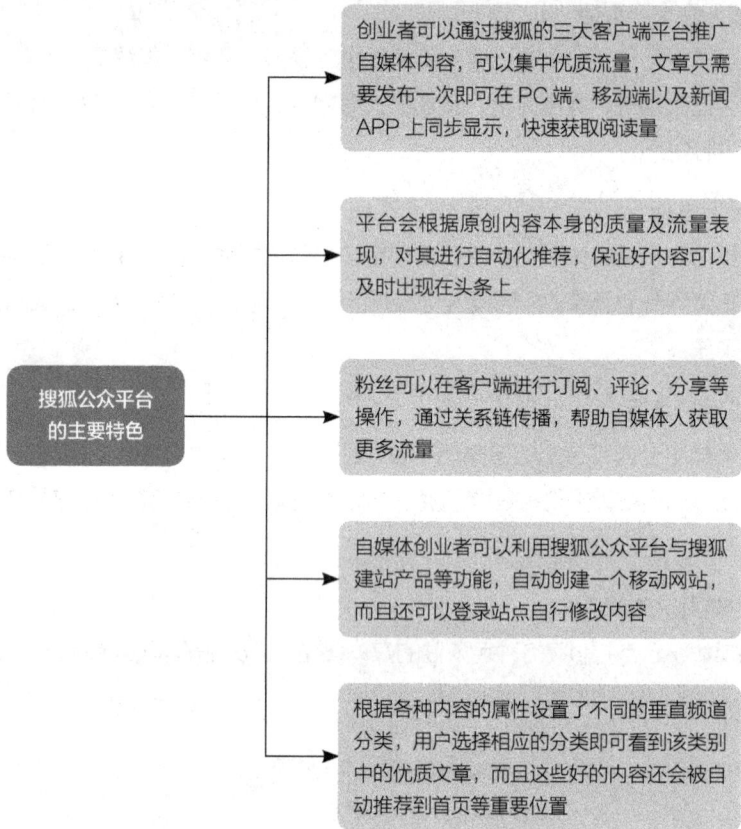

图 14-16 搜狐公众平台的主要特色

正如搜狐公众平台登录页面的广告语："亿级用户流量，再小个体也能打造自己的媒体影响力"所言，结合平台的自身优势，此平台确实是网络营销运营者用来为公众平台引流的好渠道。

搜狐公众平台为用户提供了多种登录方式，且只要拥有一个账号，即可登录搜狐旗下的搜狐视频、搜狐新闻、搜狐博客等产品，这在很大程度上为用户提供了方便，减少了用户注册账号的麻烦。

图 14-17 所示是搜狐公众平台的登录页面。

图 14-17　搜狐公众平台登录页面

搜狐公众平台是由搜狐网推出的一个新媒体平台，个人、媒体、企业、机构等各行业的优质内容创作者均可免费申请入驻。图 14-18 所示为搜狐公众平台的主要服务对象以及部分成功入驻的代表。

图 14-18　搜狐公众平台的服务对象以及成功入驻的部分代表

14.2.7　一点号：一款高度智能的新闻资讯应用

一点号又称一点资讯，是由一点网聚科技有限公司推出的一款为兴趣而生、有机融合搜索和个性化推荐技术的兴趣引擎软件。

图 14-19 所示是一点资讯的官网首页，用户可以浏览各个领域的最新资讯，首页主要包括社会、股票、搞笑、科技、财经、军事、体育、汽车、健康、时尚、科学等资讯频道。

图 14-19　一点资讯平台首页的资讯频道

一点资讯平台对自己品牌的定位是："我想要的，一点就够"。该平台致力于基于用户兴趣为用户提供定制化内容。

一点资讯平台与其它的新闻资讯平台相比，对企业的营销推广具有以下 2 个方面的特点，具体如图 14-20 所示。

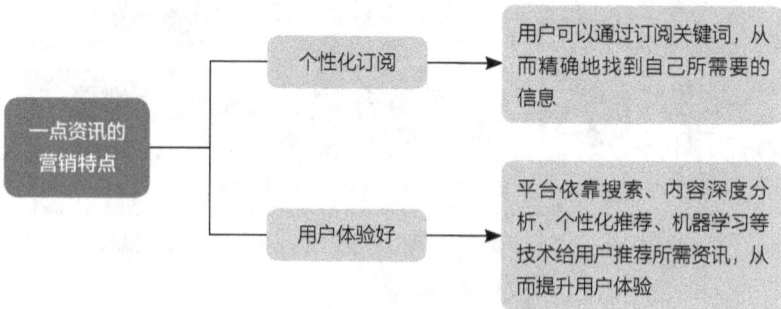

图 14-20　一点资讯的营销特点

14.2.8　百家号：百度旗下的内容生产和分析平台

百家号又称百度百家平台，它是百度旗下的一个自媒体平台，于 2013 年 12 月正式推出。运营者入驻百度百家平台后，可以在该平台上发布文章，然后平台会根据文章阅读量给予运营者收入。

与此同时，百度百家平台还以百度新闻的流量资源作为支撑，能够帮助运营者进行文章推广、流量扩大。

图 14-21 所示是百度百家平台官网首页。百度百家平台排版十分清晰明了，用户在浏览新闻时非常方便。

图 14-21　百度百家平台官网首页

百度百家平台上涵盖的新闻有 4 大模块，具体如图 14-22 所示。

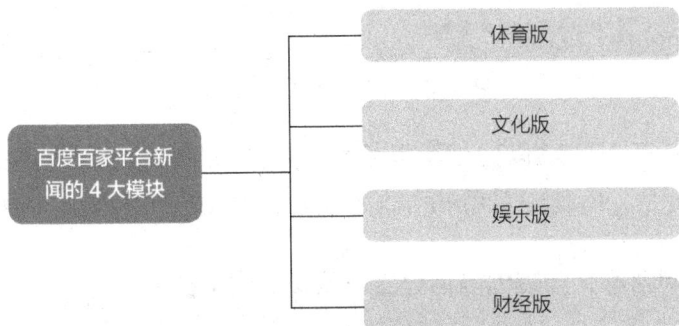

图 14-22　百度百家平台新闻的 4 大模块

在每个新闻模块的左边是该模块的最新新闻，右边是该模块新闻的相关作家和文章排行，图 14-23 所示是财经版示例。图 14-24 所示是百度百家文化版示例。

图 14-23　百度百家财经版示例

图 14-24　百度百家文化版示例

百度号的受欢迎程度以及收益的可观性，使得它对网络营销运营者来说是一个毋庸置疑的好平台。借助庞大的用户群体，运营者能实现较好的营销推广效果。

14.2.9　网易号：自媒体内容分发与品牌助推平台

网易号，又称网易媒体开放平台，是网易旗下推出的一个新媒体平台，在网易媒体开放平台，运营者可以利用多种形式进行软性吸粉引流。

网易媒体开放平台为入驻用户提供了 5 种类型的账号，它们分别是订阅号、本地号、政务号、直播号以及企业号，不同账号其功能也会有所不同。

关于这 5 种类型的账号的相关信息，具体如图 14-25 所示。

图 14-25　网易媒体开放平台提供的 5 种账号

运营者要入驻网易媒体开放平台，就必须要有网易通行证或者网易邮箱，图 14-26 所示是网易媒体开放平台的用户登录页面。

图 14-26　网易媒体开放平台的用户登录页面

网易媒体开放平台拥有 4 大平台特色，具体如图 14-27 所示。

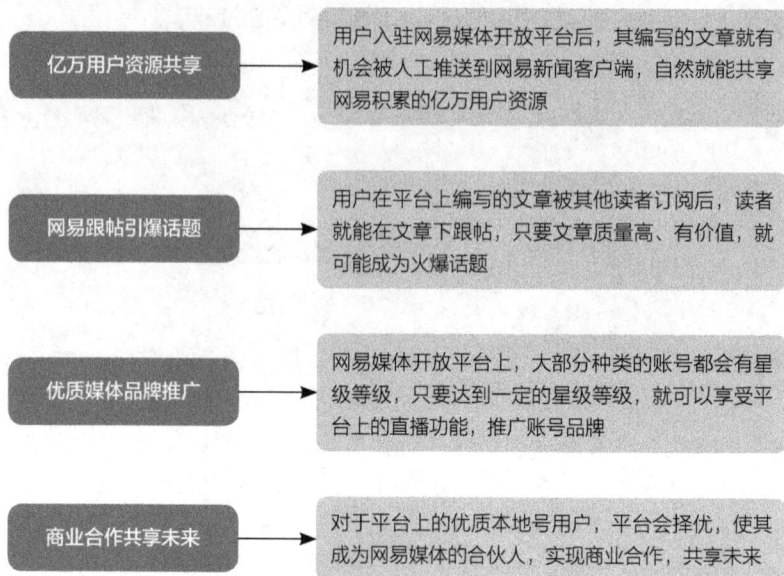

图 14-27　网易媒体开放平台的 4 大特色

网络营销运营企业可以选择与网易平台合作，推广品牌和产品。图 14-28 所示是网易媒体开放平台官网上的合作案列。

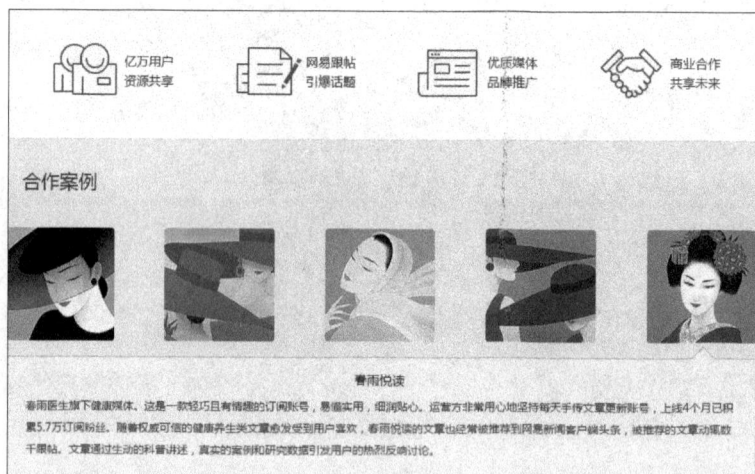

图 14-28　网易媒体开放平台合作案列

14.2.10　凤凰媒体平台：图文、音频、视频综合资讯网站

凤凰号又称凤凰媒体平台，是由凤凰网推出，旨在打造"有温度、真性情、敢担当、有风骨"的开放媒体平台。图 14-29 所示是凤凰媒体平台首页。

图 14-29　凤凰媒体平台首页

凤凰媒体平台主要有 2 种用户类型，一种是个人自媒体，另外一种是媒体机构。图 14-30 所示是两种用户类型的具体说明。

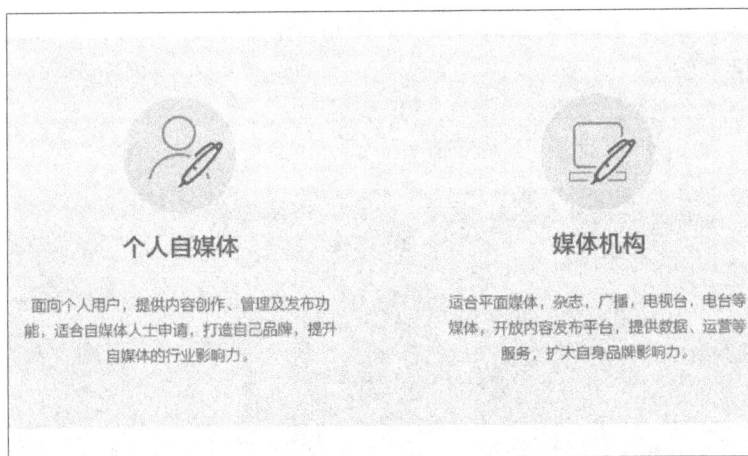

图 14-30　凤凰媒体平台用户类型

个人自媒体账号适用于个人自媒体人士申请，平台提供内容创作、管理及发布功能，这些对企业营销推广而言，在打造品牌、提高影响力方面很有帮助。媒体机构账号适用于平面媒体、杂志、广播、电台等媒体，平台提供数据、运营等服务。

14.2.11　易信公众平台：让一切，更容易一些

易信公众平台是由网易和电信推出的一款社交平台，易信的平台主旨是"让一切，更容易一些"。

图 14-31 所示是易信公众平台的官网首页，用户可以通过易信账号登录，进入易信平台的管理页面。

图 14-31　易信公众平台首页

易信公众平台不断拓展特色服务，让用户的营销运营推广更为便捷，易信平台具体特色服务如图 14-32 所示。

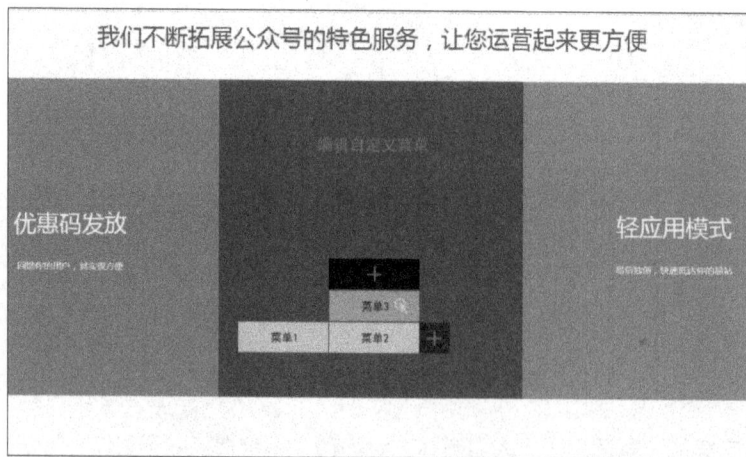

图 14-32　易信公众平台特色服务

14.2.12　第一热点平台：汇集高品质的实时热点资讯

第一热点平台旨在汇集高品质的实时热点资讯，其首页包括社会、财经、科技、游戏、人物、时尚、娱乐、健康、美图、历史、汽车、体育等频道，具体如图 14-33 所示。

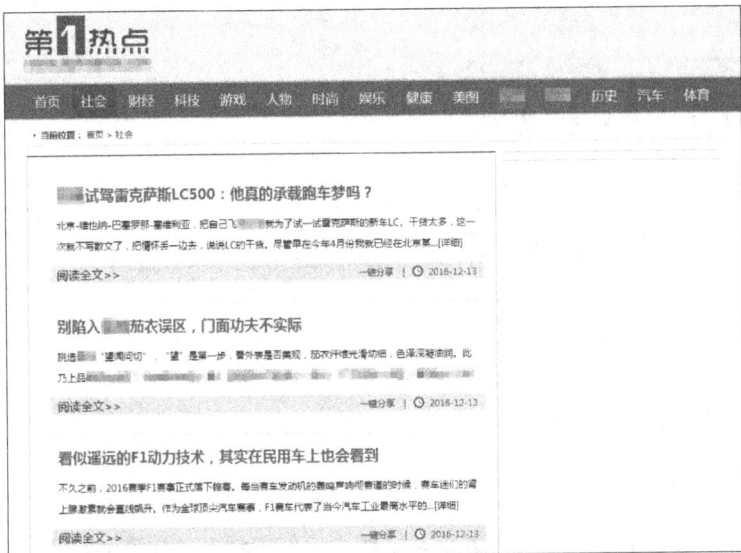

图 14-33　第一热点官网页面

第 15 章

论坛平台，让你的帖子迅速火起来

学前提示

在互联网的社交平台中，网络虚拟论坛因为其开放性强、黏性高等特点，在活跃度和话题方面都保持着比较高的人气。论坛营销正是利用论坛的优势，通过发布帖子积累人气，带动论坛用户向企业客户转变。本章主要介绍论坛平台定位以及常用于新媒体推广的论坛平台。

要点展示

>> 论坛平台的功能定位
>> 常用于新媒体推广的论坛平台

15.1 论坛平台的功能定位

互联网时代，企业可以通过网络虚拟论坛，发布企业的产品和服务等相关的信息，从而达到企业品牌营销推广的目的。这种利用论坛进行营销的方式，也是网络营销的方式之一。

对企业而言，论坛营销有助于企业积累人气，从而提升知名度，形成传播的口碑效应。对用户而言，论坛的开放性、低门槛，使得大多数网友都能参与其中，用户的很多诉求都会在论坛里表达，这使论坛充满活力和人气。

15.1.1 辅助 SEM

论坛的用户人气是企业营销的基础，企业可以通过图片、文字等内容帖子，与论坛用户交流互动，这也是辅助 SEM（搜索引擎营销）的重要手段。

如图 15-1 所示，论坛平台在 SEM 具有以下一些优势，这些优势进一步促进了营销推广，使得论坛营销的内容更为丰富。

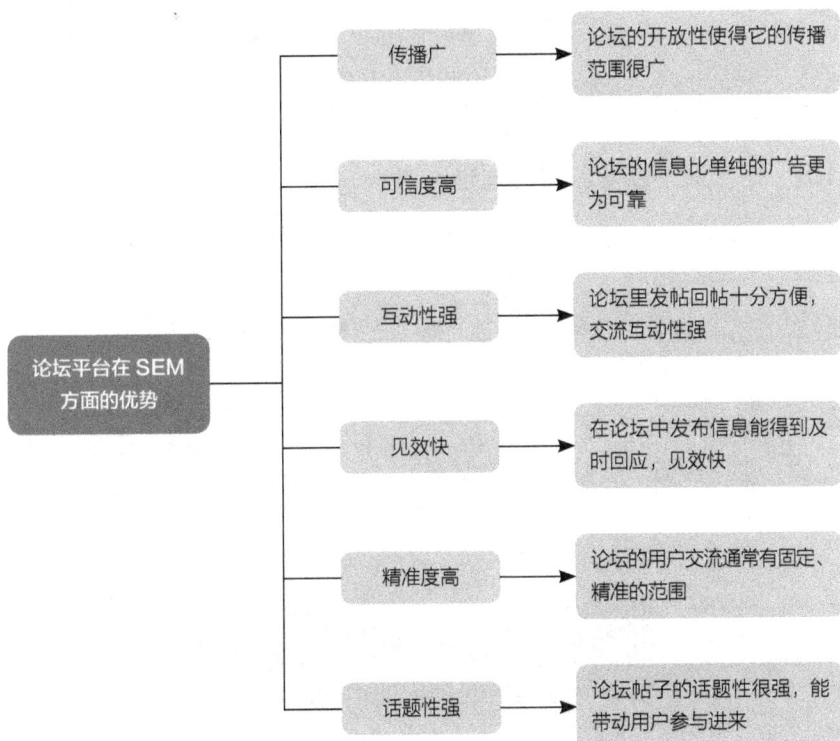

图 15-1　论坛平台在 SEM 方面的优势

15.1.2 用户社群运营

论坛可以说是一个有共同兴趣和话题的社群，所以企业在论坛中运营推广产品和服务，主要是对论坛用户的社群运营。

企业的论坛运营推广需要注意以下几点，具体如图 15-2 所示。

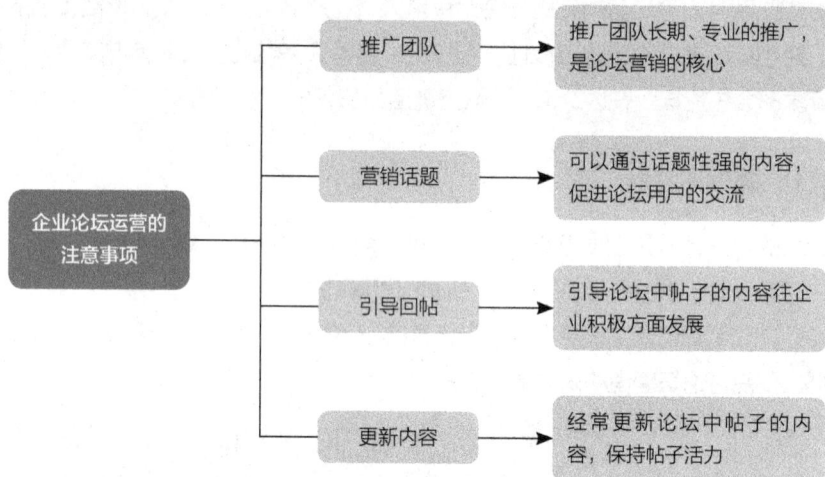

图 15-2 企业论坛运营的注意事项

15.1.3 培养意见领袖，塑造领导人物

在论坛中培养意见领袖、塑造领导人物，能在很大程度上带动其他用户参与，从而进一步引导潜在用户关注企业产品。

图 15-3 所示是企业培养意见领袖、推广产品和服务的具体步骤。

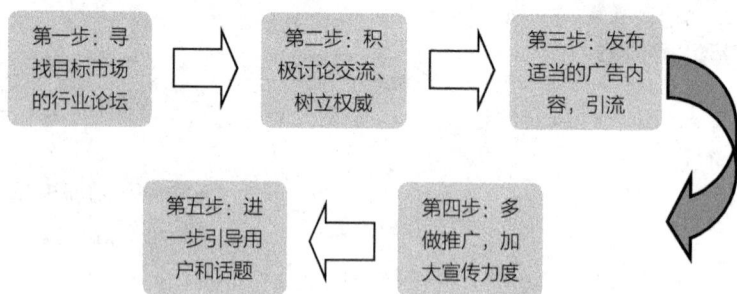

图 15-3 企业培养意见领袖、推广产品和服务的步骤

15.1.4 发帖推广

企业论坛营销最主要的方式是发帖推广，通过内容合适恰当的帖子来引导话题，

带动潜在用户积极参与，进一步引流。

如图 15-4 所示，在论坛发帖推广主要有以下 6 种类型。

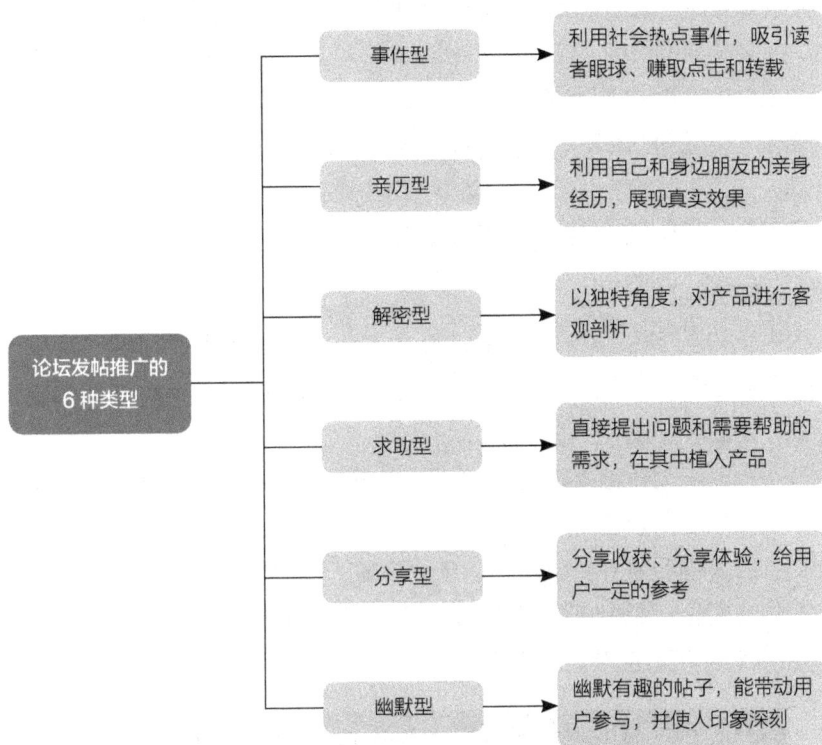

图 15-4　论坛发帖推广的 6 种类型

15.2　常用于新媒体推广的论坛平台

在上节中，笔者介绍了论坛平台的一些功能定位，让大家了解论坛对网络营销的意义。本节，笔者将具体介绍用于推广的论坛平台，主要包括以下 3 种：

- 百度贴吧平台；
- 豆瓣平台；
- 天涯论坛平台。

15.2.1　百度贴吧：以兴趣聚合志同道合者的互动平台

社交平台历经了论坛、Blog、SNS、微博、微信等历代更迭，很多比较好的社交平台逐渐销声匿迹，唯独贴吧长盛不衰。历经多年风雨后，贴吧用户还是呈现出了一种年轻化的趋势，不得不说这是很值得研究的一个现象。

百度贴吧作为一个以用户原创内容为核心的社交平台，积累了庞大的用户群，这为贴吧成为连接者创造了先决条件，所以百度贴吧从 2013 年年底开始平台化，邀请品牌入驻，根据用户关注话题进行细分的各种主题"吧"来开展社群营销。

作为搜索引擎的百度，具有天然流量和入口优势，也意识到用户搜索的关键字很有可能正是他们想要讨论的话题，与其费劲心思把优质论坛顺序排到搜索结果的前面，还不如直接利用用户的搜索关键字来生成贴近用户需求的论坛。

于是，一个利用搜索引擎内容作为补充的贴吧就这样油然而生了。而作为一个去中心化的平台，百度贴吧也迅速成为网络社群最主要的孕育之地。

1. 百度贴吧的特点

百度贴吧的低门槛、娱乐性、开放性、草根性深深地吸引住了用户。从产品的定位来说，百度贴吧从一开始就是以"主题互动社区"定位的。与当时同为社区的 BBS 论坛相比，还是存在很大不同的。

BBS 论坛强调对于整体的交流，而百度贴吧是基于兴趣点的拓展，非常细化，针对一个人、一个关键词兴趣点就能建立贴吧，聚集起一批用户，一起交流、互动。

例如，百度贴吧里的"美容吧"，就是聚集了一批为了美丽蜕变，且共同坚持并努力追求着的人群。如图 15-5 所示，此吧的关注人数已高达 160 多万人，帖子个数有 514 万多个，可见贴吧是多么吸引人。

图 15-5 "美容吧"百度贴吧页面

下面就来进一步了解百度贴吧吸引人的一些特点，主要包括平台开放性、信息搜索便捷性等特点。

- 平台开放性。这个平台成为了人们的理想社交平台，主题范围非常广，让那些小众话题的用户同样可以找到志同道合的人，用户黏性非常强，用户愿意花费长时间在贴吧中活动。

- 信息搜索便捷性。当用户在网上搜索信息时，又多了一条搜索路径，用户可以进入关键词相关的贴吧查看信息。并且贴吧内的信息都会由贴吧管理者在众多帖子中筛选，筛掉一些广告性较强、不文明的帖子。

2. 贴吧版块的介绍

百度贴吧有很多版块，在版块下又细分了不少个"吧"，将某一个笼统的局面，细分、精分成为不少的细小"吧"，让用户可以根据自己的喜好、兴趣来选择，哪怕是小众的爱好，在百度贴吧上也能找到或建立相应的"吧"，从而找到志同道合的朋友。

例如，百度贴吧的"看电影"版块，被分成多个小类别，具体如图 15-6 所示。

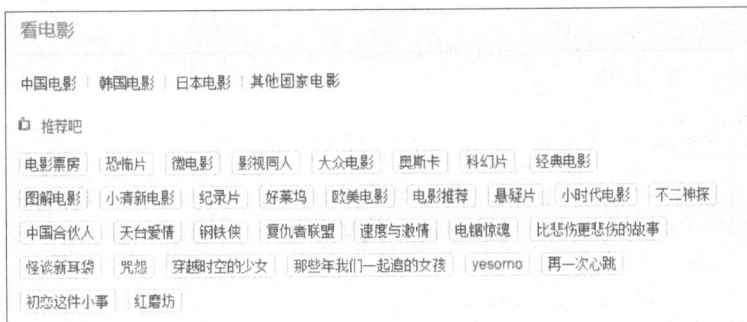

图 15-6　贴吧"看电影"版块类别

在电影版块"中国电影"类别中，有多个细分的"小吧"，如图 15-7 所示。

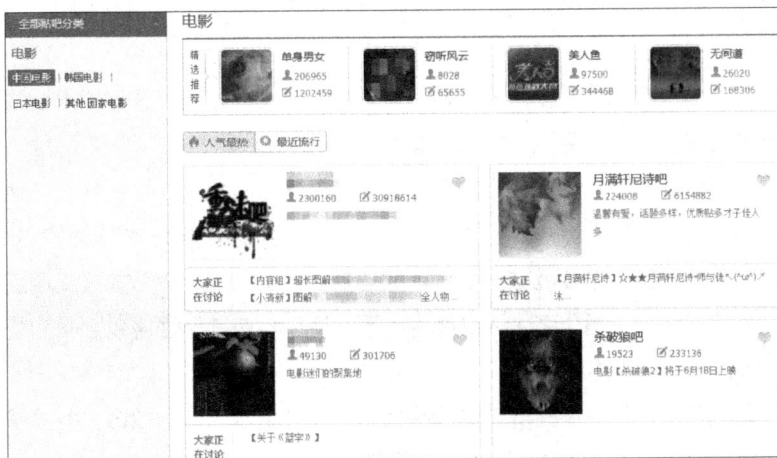

图 15-7　贴吧"电影"版块的"中国电影"分类

3. 基于兴趣话题的社群

贴吧给予用户之间平等的对话权，分割出不同类型的封闭环境。

在百度贴吧里，社群成员可以搜索、跳转不同的关键词，这一功能能让社群成员自己掌握自己的行动，而无需等待任何人，可随时随地进行。

无论是摄影还是旅行，只需要用一个关键词搜索，就能在百度贴吧中聚集一群有共同想法、兴趣爱好的人，一起畅谈对话题的看法，进而一起寻求有关话题的不解之谜，一起创造出其它的话题。

并且，百度贴吧也从来不是一成不变的，而是随着社群的不断壮大，社群成员的兴趣可以随时进行调整。社群成员在贴吧里可以自由畅谈，贴吧的自由性是它的魅力所在。

用户能在百度贴吧里找到真实的自我，释放压力、分享喜悦甚至交流传递情感，这也是百度贴吧经久不衰的原因之一。

百度帖子和用户串接在一起所形成关键词、话题，缔造出了"喵星人""lolita"等流行热词和异彩纷呈的网络文化，这也为百度贴吧建立了一座护城墙，使贴吧不会在互联网更迭如此快的时代倒下。

> **专家提醒**
>
> 正是基于围绕用户的兴趣爱好的因素，让贴吧得以长盛不衰。截至 2014 年，贴吧已突破 10 亿注册用户，820 万个兴趣贴吧，日均话题总量过亿，日均浏览量超过 27 亿次。

4. 企业社群营销的基石

当百度贴吧聚集了大量年轻用户，影响力日益扩大的时候，百度贴吧的商业价值也在不断扩大，这无疑不验证了凯文·凯利在《技术元素》一书中所说的："目光聚集的地方，金钱必将追随。"

百度贴吧是一个用户原创内容平台，正是因为这样，也在很大程度上增强了百度整体的媒体属性，制造了搜索热点和话题，提升了社会影响力。

中国互联网的"粉丝文化"就发源于百度贴吧。贴吧因其"社会性""话题性"特征，在如今这个需要"新"的社会时代下，能让网友找到放松、感兴趣的切入点。

社交需求是人们的重要需求，我们首先寻找到社群归属，然后才是使用工具。而在百度贴吧的推动下，强化了个人的账号体系，同时也有助于百度以账号为基础，逐步构建庞大的百度生态体系。

百度贴吧在给人们提供社群交流的平台时，还会积累大量的数据，能够帮助百度更好地建立起用户的兴趣图谱，这是未来百度人工智能战略的重要组成部分。

由此可见，百度贴吧是企业进行社群营销的基石之一。

15.2.2　豆瓣：集品味、表达和交流于一体的服务平台

豆瓣是一个集品味、表达和交流于一体的社区网站，其中豆瓣品味系统主要包括：读书、电影、音乐；豆瓣表达系统主要包括：我读、我看、我听；豆瓣交流系统主要包括：同城、小组、友邻。

图 15-8 所示是豆瓣 PC 端官网首页，用户可以在豆瓣平台浏览各种信息。

图 15-8　豆瓣官网首页

在豆瓣上，用户可以搜索、浏览感兴趣的话题专栏，观看其他用户对话题和作品的相关评价，同时也可以在注册登录豆瓣账号后，自由地发表有关书籍、电影、音乐等的评论。

例如，单击进入豆瓣读书页面，此页面除了"新书速递"推荐的一些作品外，还有许多不同类型的热门标签，如图 15-9 所示，包括：文学、流行、文化、生活、经管、科技等。

图 15-9　豆瓣读书页面

如图 15-10 所示，笔者单击豆瓣读书"流行"类型中的"武侠"标签，跳转进入武侠类图书的相关页面。"武侠"标签下有《天龙八部》《笑傲江湖》《三少爷的剑》《白马啸西风》等著名武侠作品。

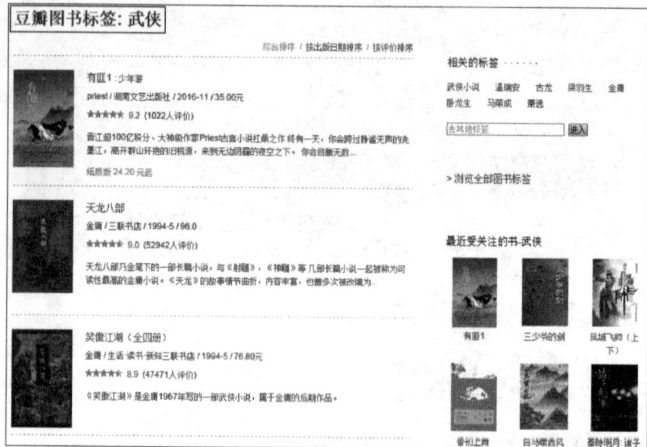

图 15-10 豆瓣读书"武侠"标签页面

图 15-11 所示是豆瓣电影版块相关页面，此页面除了显示正在热映的电影外，还有"选电影""电视剧""排行榜"等专栏。而且豆瓣平台支持选座购票观看，用户单击页面中的"选座购票"按钮，即可进入相关的购票页面。

图 15-11 豆瓣"电影"版块

豆瓣最为特别的地方，在于它评论的自由、互动性。用户既能通过浏览他人的评论来侧面了解作品的质量，也可以发表自己观看过的作品的评论，这些评论能为其他用户提供参考。

图 15-12 所示是动漫电影《你的名字》的评论页面。该电影目前已有 20 多万用户点评，豆瓣评分 8.7 分，电影口碑非常不错。

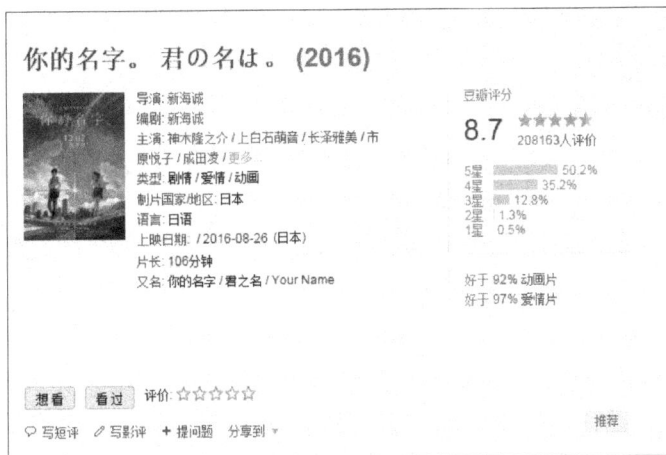

图 15-12　豆瓣电影《你的名字》评论页面

对于图书、影视等相关企业的网络营销推广人员来说，可以充分利用豆瓣的评分系统，引导发布评论以提高产品评分，用更多的正面评论来吸引潜在用户。

15.2.3　天涯论坛：以人文情感为核心的综合性虚拟社区

天涯论坛是一个综合性虚拟社区，在全球范围内都具有较大影响力。天涯社区自创建后，以其充满人文关怀为核心特点，受到国内用户乃至国外华人用户的关注。

天涯论坛首页主要包括天涯主版、天涯网事、天涯别院、区域论坛、旅游论坛、职业交流、大学校园、天涯问答等主题版块，具体如图 15-13 所示。

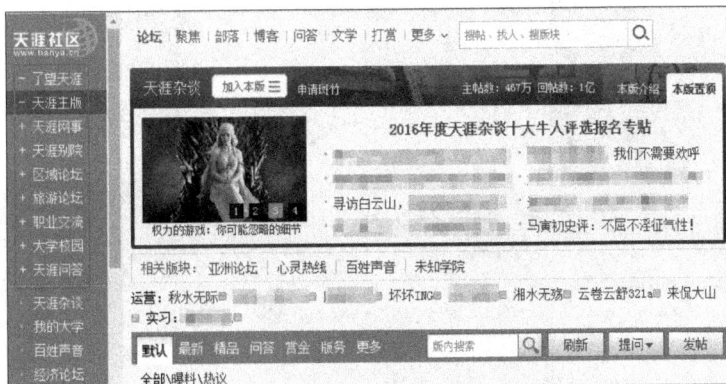

图 15-13　天涯论坛首页

用户可以根据自己的喜好进入浏览相关版块的内容，图 15-14 所示是"天涯问答"版块的"敢问敢答"专栏。用户可以在此提问和作答，结交各地的天涯网友。

图 15-14 "天涯问答"版块"敢问敢答"专栏

除了论坛模块外，天涯社区还有聚焦、部落、博客、问答、文学、打赏、游戏、理财、众筹等主题模块。

图 15-15 所示是天涯部落模块页面，用户在"部落"里可以分享、观看各种趣味帖子，除此之外天涯部落还举办部落活动、推选部落英雄。

图 15-15 天涯部落模块

图 15-16 所示是天涯文学模块页面，里面有各种类型的文学作品，具体包括现代都市、现代言情、浪漫青春、古代言情、奇幻玄幻、武侠仙侠等多种类型。

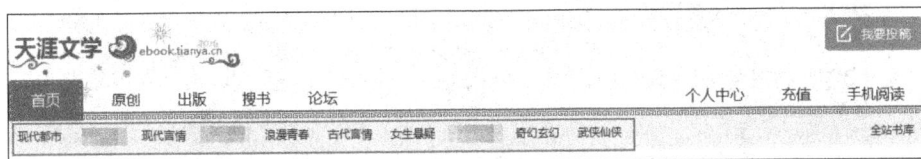

图 15-16　天涯文学模块

浏览天涯社区里帖子的内容是不需要注册登录的，但个人用户要想使用评论、发帖、打赏等功能需要先登录。如图 15-17 所示，登录天涯社区需要先注册一个天涯账号，用户可以通过天涯账号来登录，也可以通过 QQ、微信、微博等应用授权登录。

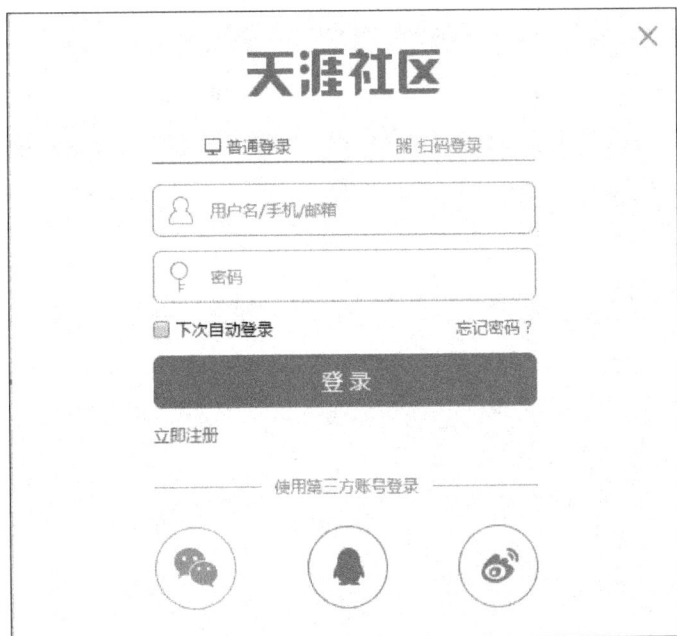

图 15-17　天涯社区用户登录页面

图 15-18 所示是用户登录天涯社区后的个人中心，在个人中心里有我的帖子、我的回帖、我的相册、所属部落、我的随记、我的徽章、我的书架、我的订单、我的问答等主题专栏，用户通过相关专栏能方便快捷地管理自己的账号。

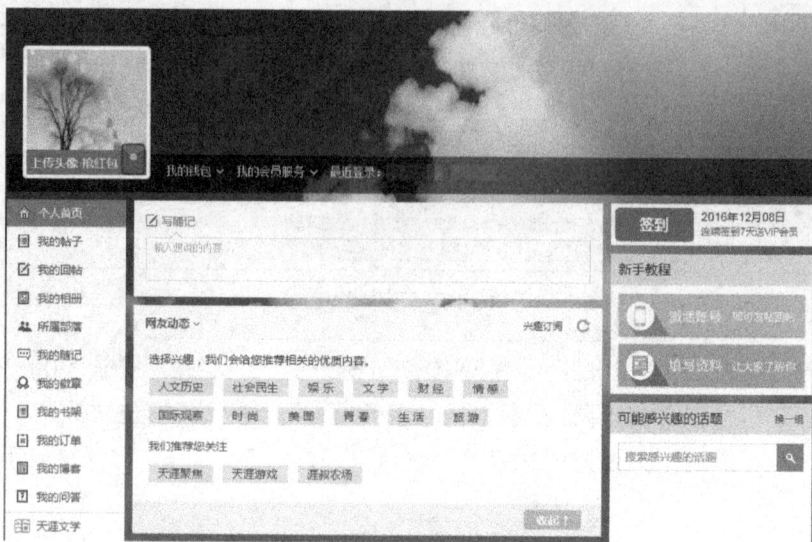

图 15-18　用户个人中心页面

天涯社区是热点的聚集地，对企业的运营推广而言，应该充分利用天涯庞大的用户群体，积极发帖引导话题来促进营销推广，也可以寻找与自己产品相关的知名天涯版主来合作，打响企业品牌，推广企业产品。

第16章

垂直领域内容平台，轻松解决各种营销难题

作为新型媒体营销推广方式，网络营销具有传播广、见效快等优势，互联网企业要突破传统营销的思维限制，发挥新媒体网络营销的巨大潜力。当然，要想做好这一点，企业需要学习新媒体的运营技巧，了解新媒体推广的垂直领域内容平台，而以上内容也正是本章的重点。

学前提示

要点展示

>> 垂直领域内容平台的运营技巧
>> 常用于新媒体推广的垂直领域内容平台

16.1　垂直领域内容平台的运营技巧

俗话说，"磨刀不误砍柴工"，企业在进行新媒体运营之前也要做好一系列的准备。例如，企业对新媒体运营的规划策略、运营准则、热点参考、编写要素、发布技巧等方面，都需要进行相应的学习和了解，这样企业才能将新媒体运营得更好。

16.1.1　规划的策略

新媒体运营规划方面，一般是通过线上线下的配合来完成的。线上运营者主要负责内容的制作、吸粉、互动、营销推广等方面的内容。线下的工作人员则负责一些线下的推广活动，比如宣传、线下活动、商业合作等。

线上的推广需要线下的一些地推才能实现，同时，在线下的营销推广之前，也需要利用新媒体平台预先发布信息，提前告知用户相关情况。由于互联网快速传播的特点，在活动举办之前就先进行线上的预热，这有利于快速地扩大活动推广范围。

16.1.2　运营的准则

对于新媒体运营者来说，掌握运营技巧的一个重要方面就是了解平台的运营准则。只有掌握运营准则，才能在运营过程中条理清晰，不被轻易误导，因此，新媒体运营者需要掌握以下 4 个方面的准则，具体如图 16-1 所示。

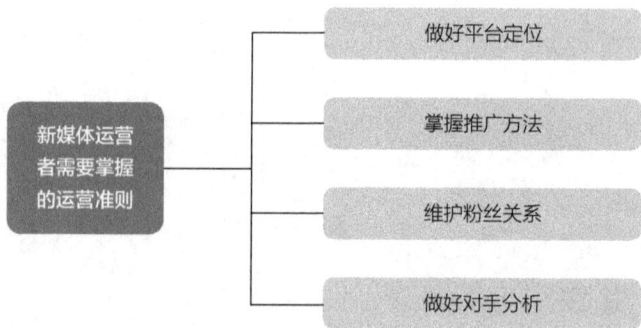

图 16-1　新媒体运营者需要掌握的运营准则

1. 做好平台定位

关于平台定位，主要是指运营者根据所处领域、服务的对象等方面的因素，来定位自己的平台，可以说平台定位是新媒体营销运营的基础。

2. 掌握推广方法

做好公众平台推广对新媒体运营者来说是至关重要的，因此掌握一些可行、有效的平台推广方法是每个运营者必备的技能。

3. 维护粉丝关系

公众平台的粉丝是平台实现盈利的根本，因此维护好与粉丝之间的关系是每个运营者的必修课程。

4. 做好对手分析

对于同行业的竞争者，运营者要认真做好分析，找出对方平台上值得自己学习的优势，并将这些优势适量、适时地运用到自己平台上，提高自己的竞争力，同时也要进一步挖掘自身优势，并将自身优势做得更好。

16.1.3　热点的参考

对新媒体运营者来说，内容应该是让其最头疼的事。因为，要想每天都有高质量的内容，确实挺难的。现如今，新媒体的各大平台对文章的转载非常频繁，这样做可以使某些优秀的推文更火热，但也会使用户产生审美疲劳。

那么，到底应该怎样来选题呢？要寻找热点选题，就要了解当前的热点资讯。其中，搜狐新闻、今日头条、新浪微博等媒体平台的门户网站是寻找热点选题的首选。例如想要了解某次比赛的动态，就可以进入微博查看新闻。

16.1.4　编写的要素

对新媒体平台上的文章来说，文章内容是一篇文章最重要的部分，它决定了读者对这篇文章的印象，因此新媒体运营者对它要加强重视。

新媒体平台上，对一篇优秀的文章来说，在撰写内容时一定要做到以下4点，具体如图16-2所示。

图16-2　撰写文章内容的4点要素

1. 紧扣文章主题

新媒体文章内容的编写要紧扣主题思想，只有主题切合，文章才会严谨，读者阅读后才能抓住文章中心思想，那些走题偏题的内容很少有人会坚持看下去。

2. 语言风格吸引人

语言风格就和电影的色彩基调一样，可以用搞笑、悲情、趣味等形式展示，但只有那些独具特色的语言风格，才能吸引读者观看。

3. 陈述部分事实

新媒体网络营销运营者要经常写些干货内容，通过陈述部分事实来吸引用户关注。

4. 内容有创意

传统老旧的内容已经不能满足广大互联网用户的需求，只有不断地打造有创意、创新的内容，才能打动营销推广的受众。

16.1.5 发布的技巧

对企业而言，内容营销是给用户呈现信息，也是一种重要的营销手段。因此，对内容的编辑和发布是要多加思考。下面笔者对新媒体内容发布技巧进行简单介绍。

- 企业在进行某个活动或者某种推广之前，可以在新媒体平台上对其具体内容进行相应的预告；
- 对于那些原创内容，可以在文章的开始或结束时添加一个版权声明，并注明"未经同意不得非法转载"的字样。在进行版权声明之后，别人转载你的文章也会注明出处，这无疑也为你的公众号增加了一个吸粉的入口；
- 为避免出错，微信运营者在编辑完具体的内容之后，在群发之前一定要先进行预览，这是一种避免出错的办法；
- 使用自定义菜单，进行自定义回复。在提高工作效率的同时，也可以一定程度上保持与用户的互动，以达到稳固粉丝的目的；
- 多进行好文推荐以及软文推广。此外，还可以设置"每天一问"，加强与粉丝的互动，进而进一步了解粉丝的需求。

16.2 常用于新媒体推广的垂直领域内容平台

随着互联网技术的发展，人们享受到越来越多的互联网福利，而对企业而言，互联网上的新媒体运营技巧以及新媒体垂直领域内容平台，是企业营销推广必须要了解和掌握的。本节，笔者将介绍几种主流的垂直领域内容平台。

16.2.1 品途网：一家 O2O 专业研究与服务机构

品途网是一家专业线上线下研究与服务的平台，自上线后吸引了大批 O2O 创业者、投资人的关注和使用，用户可以在该平台获取信息、交流经验。

图 16-3 所示是品途网官网首页，品途网官网的频道包括报告、企业服务、品途晨讯、品读、投资人说、消费升级等版块。

图 16-3 品途网官网首页

例如，单击"报告"频道可以浏览一些最新报告。图 16-4 所示是《互联网趋势报告：7 大最具创业前景的项目》。

图 16-4 品途网"报告"频道的《互联网趋势报告》

品途网中涉及的行业有很多，主要包括服务商、餐饮、社区、美业、家居、旅游、教育、医疗、汽车、出行、房产、金融等类别，具体如图 16-5 所示。

图 16-5　品途网中的各种行业资讯

单击"餐饮"行业可以查看许多餐饮相关资讯，如图 16-6 所示。这些资讯信息，既可以为企业的营销提供参考，也能作为企业营销推广内容的展现形式。

图 16-6　品途网"餐饮"行业相关资讯

16.2.2　A5 站长网：互联网创业者必看的网站

A5 站长网是提供站长服务和资讯服务的信息平台，网站提供互联网站长交易、公众号交易、域名交易等中介服务，为企业的网络营销交易提供了便利。

如图 16-7 所示，在 A5 站长网的首页有创业、站长、营销、电商、科技、访谈、域名、会议、A5 交易、A5 营销等频道。

A5 站长网上有很多网络运营相关的资讯，图 16-8 所示为"营销"频道的内容页面，里面有许多与营销有关的内容，这些内容可以帮助企业打开视野，供网络营销运营者参考和学习。

图 16-7　A5 站长网首页

图 16-8　A5 站长网"营销"频道内容页面

A5 站长网"A5 交易"频道主要包括网站交易、公众号交易、域名交易等项目，这为企业和个人提供便利的网站交易渠道，也为网络营销运营提供新的思路，即通过购买网站、公众号等自媒体来营销推广。图 16-9 所示是网站"交易"频道页面。

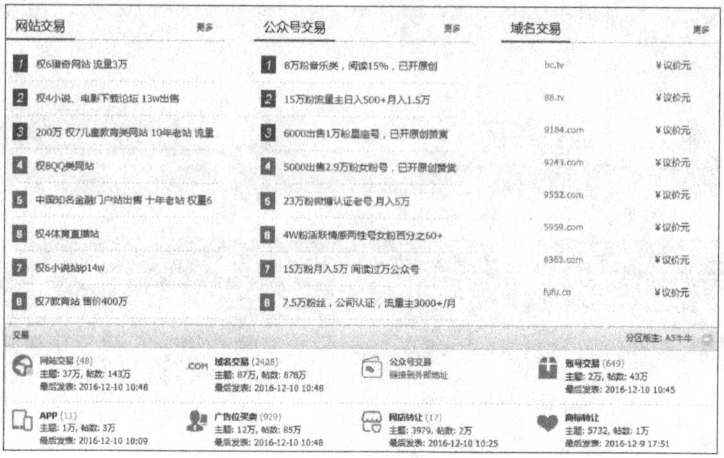

图 16-9　A5 站长网"交易"频道页面

企业可以通过购买网站或者公众号等来推广品牌，这些自媒体平台本身就有一定的用户粉丝群，能为企业运营节省很多时间和精力成本，同时也有利于企业快速推广传播，积累品牌知名度。

16.2.3　钛媒体：首家 TMT 公司人社群媒体

钛媒体（Technology Media Telecom，TMT），括号里的三个英文单词分别是科技、媒体、通信的意思，它是目前国内最主流的科技信息服务平台。

钛媒体平台有许多优秀的专栏作家，为用户提供众多有价值的高质量内容，是最受欢迎的新兴媒体平台之一。图 16-10 所示是钛媒体的官网首页。

图 16-10　钛媒体官网首页

钛媒体平台有很多频道版块，具体包括阅读、TiVi TV、潜在投资、我造社区、活动等版块。其中阅读版块有商业价值杂志、投资者说、汽车、钛极客、在线、晨报等专栏。图 16-11 所示是商业价值杂志专栏。

图 16-11　钛媒体"商业价值杂志"专栏

商业价值杂志里有最新的、有价值的行业信息文章，这些文章对企业的营销推广有很好的参考启发作用。

例如，如图 16-12 所示，《从 T 系列到 M1，锤子手机从偏执走向取舍》和《资讯类短视频浪潮渐起，新媒体要翻开新一页了？》这两篇文章，通过独特和专业的角度解析新媒体推广，文章中有很多干货资料。

图 16-12　钛媒体"商业价值杂志"的内容文章

16.2.4 虎嗅网：有视角的个性化商业资讯与交流平台

虎嗅网是以商业资讯和观点表达为主的新媒体网络平台，其主旨是原创、深度、优质的资讯和内容，致力于打造用户创造、获取、交流商业资讯的平台。

虎嗅网的官网首页主要包括资讯、热议、活动、创业白板、会员专享等内容频道，具体如图 16-13 所示。

图 16-13　虎嗅网官网首页

图 16-14 所示是虎嗅网的"热议"频道，它为用户提供话题和资讯，同时也为企业提供行业风向标。对企业网络营销推广而言，可以积极参与引导"热议"频道中的话题，通过热议话题来打响品牌知名度。

图 16-14　虎嗅网"热议"频道

16.2.5　i黑马网：面向创业者的创新型综合服务平台

i黑马网是一个新型的综合服务平台，它主要面向"可资本化创业项目"，换而言之，它致力于帮助企业寻找合适的投资项目，帮助创业者获取企业的投资、宣传经验等方面的资源。

i黑马网的官网首页如图 16-15 所示，主要包括资讯、找投资人、找项目、黑马学院、黑马活动频道。

图 16-15　i黑马网官网首页

例如，互联网创业者可以通过"找投资人"来推广项目产品，如果能获得投资人投资的话，就可以进入项目产品的制造和营销环节。

图 16-16 所示是 i黑马网"找投资人"频道页面。

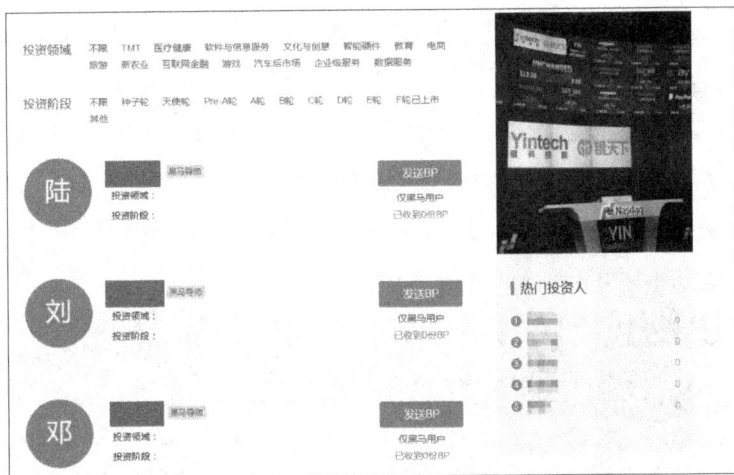

图 16-16　i黑马网"找投资人"频道页面

16.2.6 猎云网：聚焦互联网创业创新的互动交流平台

猎云网是国内著名的互联网服务平台，平台目前拥有以下服务频道，包括资讯、创投爆料、投资人、活动等服务频道。

图 16-17 所示是猎云网平台的官网首页。

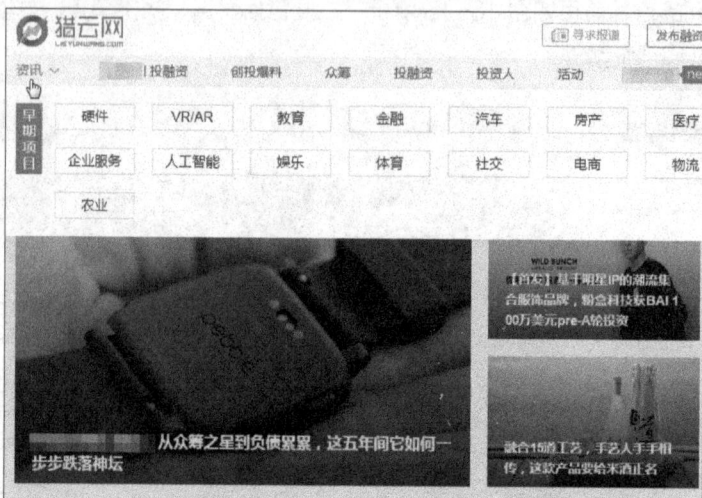

图 16-17 猎云网官网首页

猎云网的"资讯"频道包括硬件、VR、教育、金融、汽车、房产、医疗、旅游、企业服务、人工智能、娱乐、社交、电商、物流等专栏。

如图 16-18 所示，单击"企业服务"便可浏览与企业服务相关的项目资讯，这对企业运营推广品牌和产品很有帮助。

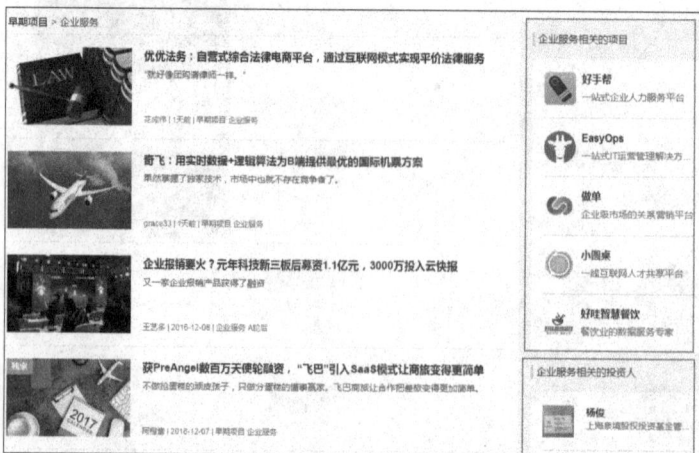

图 16-18 猎云网"企业服务"频道